宫迅伟 · 等著

采购之道

The Art of Purchasing

机械工业出版社
China Machine Press

图书在版编目（CIP）数据

采购之道 / 宫迅伟等著 . —北京：机械工业出版社，2020.6（2023.3 重印）

ISBN 978-7-111-65664-7

I. 采… II. 宫… III. 采购管理 IV. F253

中国版本图书馆 CIP 数据核字（2020）第 085891 号

本书内容源自"宫迅伟采购频道"公众号，甄选 4 大类共 100 篇文章，文章作者均是来自实践界的采购高手。文章有趣有料，讲解采购四大核心能力、供应链、管理常识、采购人职业发展等内容，为读者提供了不同角度的感悟和经验。

采购之道

出版发行：	机械工业出版社（北京市西城区百万庄大街 22 号　邮政编码：100037）		
责任编辑：	宋学文	责任校对：	殷　虹
印　　刷：	固安县铭成印刷有限公司	版　　次：	2023 年 3 月第 1 版第 3 次印刷
开　　本：	170mm×230mm　1/16	印　　张：	24.75
书　　号：	ISBN 978-7-111-65664-7	定　　价：	89.00 元

客服电话：(010) 88361066　68326294

版权所有·侵权必究
封底无防伪标均为盗版

序言
宫迅伟采购频道,传播采购之道

据《2019微信年度数据报告》,中国微信月活跃账户数超过11亿,大家每天必做的一件事就是刷朋友圈。

大家为什么都喜欢刷朋友圈?因为朋友圈的很多文章有趣又有料。

作为一名培训讲师,如何通过朋友圈传递知识、经验、智慧?"**宫迅伟采购频道,传播采购之道**",这是我创建微信公众号的初衷,也是它的使命。

公众号文章通过朋友圈传播,朋友圈都是朋友、熟人。我期待给大家提供一些真实的想法,因此,只发原创文章,是我给自己公众号的定位。我通过文章与大家一起探讨采购,文章里有采购人的做法,也有采购人的想法。

这几年来,我写了大量文章,有一些文章非常受欢迎,发表在《进出口经理人》《国际市场》《全球采购》等杂志上;也被很多公众号转载,如"总经理在采购管理中常犯的八个错误""采购腐败不等于采购人员腐败"等,就有几十个公众号以不同的标题进行过转载。

文章被转载，总是期待在文章中写上自己的名字，这是知识分子的一点小私心，因为原创真的不易，都是经过一个字一个字推敲的。尽管有的时候，我也会发现文章被转载时并没有署上原创作者的名字，但看到自己的观点被传播，还是很高兴，因为被转载代表着被认可。如果自己的观点能够被采购朋友们认可，甚至能够影响到一些人，那不就是在践行"宫迅伟采购频道，传播采购之道"的使命吗？

一知名汽车公司的采购经理告诉我，我的**"能力显性化、知识结构化、个人品牌化"**观点深深触动了他，现在他改变了，升职了。某外企经理偷偷告诉我，我讲的那几招特别好用，他轻松通过面试，跳槽当总监去了。每每听到"真有用"的那一刻，我就很有成就感，因为自己的观点帮到了别人。当然，这也使得我写文章时更加觉得责任重大，必须仔细推敲、发自肺腑、激发人向上，不能误导朋友啊。我也发过几篇吐槽的文章，这在教练技术上叫"情绪导泄"，采购人在职场上有点"憋屈"，这些文章就给大家一个管道吧，日本松下等很多企业还有一个"发泄屋"呢，请大家多包容。公众号文章属于网络文章，满足碎片化阅读，不求严谨、系统，也请大家多理解。

我一个人的能力有限，要完成"传播采购之道"这一使命需要大家的共同努力。因此我的公众号也邀请一些优秀的实践者，把他们的工作经验、工作感悟梳理出来，形成文字，通过公众号传播分享采购与供应链管理经验和职场智慧。

公众号文章是电子版本，随时在线，随处可见，可以互动，这是互联网时代的优势。但我总觉得与电子版本相比，纸质书籍依然有着不可替代的优势，因为你可以随时把阅读感悟写下来，圈圈点点，涂涂抹抹，可以同意，也可以不同意，并引发新的思考，这是我读书的习惯。或许朋友们也有这个习惯，"纸感"有着不一样的"质感"。

因此，我一直有一个想法，就是从众多已发表的文章中筛选出一批优秀文章结集出版，期待给大家带来阅读方便，期待把"采购之道"传播给更多人。

书名之所以用《采购之道》，是因为我觉得采购不是简单的"术"，而是要上升到"道"这个层面。道，可以说是方法，可以说是技术，但又高于方法，高于技术。

每个采购决策的背后都是利益的取舍，供应链上任何一个环节发生变化，它相邻的供应节点都会发生变化。供应链，你可以说是一条链，但它其实是一张网，甚至是一个生态系统。

就如蝴蝶效应，一只南美洲亚马逊河流域热带雨林中的蝴蝶，偶尔扇动几下翅膀，可以在两周以后引起美国得克萨斯州的一场龙卷风。采购工作中有很多看不见的力量，在影响着采购决策。所以，我觉得采购决策不是一个简单的决策，采购管理也不是简单的管理。这其中需要各种智慧，我把这种智慧称为"采购之道"。

中国著名物流专家、《物流技术与应用》原主编、北京科技大学王国华教授，多次跟我讲过，要我好好诠释这个"采购之道"，因为"道"在中华文化中有非常深刻的内涵。

《道德经》是一部中国古代的哲学著作，老子开篇就讲"道可道，非常道"，即真正的道理，可能讲不出来，说不清楚，完全靠感悟，采购这项工作有时就是这样。

我写的第一本书《如何专业做采购》非常畅销，CCTV-2 也专门做过推荐。机械工业出版社的编辑告诉我，它一直位列同类书畅销榜第一名，到目前为止已经印刷了 15 次。最初写这本书的时候，我也曾考虑过用《采购之道》作为书名。

所以，"采购之道"这个名字在我心中挥之不去，这么多年来，我一直不断地去感悟它，组建"宫采道"团队，专门研究它。

今天我们把这本公众号文集《采购之道》出版了，想通过这种方式，传播采购专业知识、工作感悟，让更多人了解采购，感悟采购。

互联网时代还在出版纸质书，是想方便大家阅读，省去搜索的烦恼，读者可以随时记下感悟。欢迎读者朋友把自己的所思所想，包括不同意见和建议，发邮件给我（gongxunwei@cipm-china.com）。

在此，要感谢宫采道弟子汪浩花了大量时间编辑整理，感谢唐振来、陆婉清、盖启明等给予很多宝贵意见，他们都是采购一线的优秀实践者。

感谢一直关注"宫迅伟采购频道"公众号的朋友们，感谢你们经常点赞、转发、点"在看"，给了我很多鼓励；也非常感谢经常留言参与讨论的朋友；当然，特别感谢的就是正在阅读《采购之道》的朋友。欢迎大家加入采购朋友圈，加入"宫迅伟采购频道"。用中国科学院浙江数字内容研究院主任李哲峰先生的话说，就是"加入宫采道，驶入快车道"，这是他在2019年12月7日"中国好采购"大会上演讲的最后一句调侃的话。

"宫迅伟采购频道"有10万人关注，"中国好采购"大会有100万人次在线收看，这让我诚惶诚恐，生怕辜负了采购朋友们，我必须不断学习，创作更多更好的作品。职业的天花板来自认知的局限，我也很愿意以文会友，与大家一起探讨。写作是最好的投资，"宫迅伟采购频道"欢迎投稿。期待更多同道者加入"宫采道"，让我们共同"传播采购之道"。

宫迅伟

中采商学首席专家

上海跨国采购中心核心专家

中国机械工程学会国家级继续教育基地采购与供应链培训中心首席专家

目录

序言　宫迅伟采购频道，传播采购之道

第一部分　采购四大核心能力

001. 采购最怕什么　/ 2
002. 你怎样对待供应商，供应商也会怎样对待你　/ 5
003. 为什么交货总是要催　/ 7
004. 供应商评估，就用老中医四绝招　/ 11
005. 向日本人学习如何对待供应商　/ 16
006. 安全管理体现供应商素质　/ 19
007. 采购如何控制货期风险　/ 22
008. 供应商管理，难就难在选择和管理的不是同一拨人　/ 25
009. 供应商免费增开模具，好事还是坏事　/ 30
010. 跟康熙皇帝学供应商管理　/ 32

011. 为什么采购不能决定选择哪个供应商 / 35

012. 供应商为什么提无理要求，不答应就撂挑子 / 38

013. 国企、外企、民企分别用什么方法找供应商 / 41

014. 指定供应商，你能换掉吗 / 44

015. 采购绩效管理要这么干 / 48

016. 多品种小批量，也许可以这样解决 / 55

017. 缺货碰上暴雪和交通中断，日本上司给我上过的一课 / 59

018. 多品种小批量、ETO、集中采购难、指定供应商，该怎么办 / 62

019. 兵马未动，粮草先行，交付战争第一现场 / 69

020. 采购办公室里的交付战争是如何打响的 / 72

021. 浅谈8D报告在采购管理中的应用 / 75

022. 供应商现场质量审核之六脉神剑 / 79

023. 自制还是外购 / 85

024. 为什么这个采购总监没有降本指标 / 92

025. 掀开被包着的降本空间 / 97

026. 合理利润就是一个真实的谎言 / 100

027. 价格的真实性、合理性与合规性哪个更重要 / 104

028. 控制成本是不是都是采购的事 / 110

029. 为什么老板不会像奖励销售一样奖励采购 / 114

030. 为什么采购部设了一个新岗位 / 117

031. 采购腐败不等于采购人员腐败 / 119

032. 采购反腐，一定要轮岗吗 / 123

033. 如果有供应商想贿赂你，怎么办 / 126

034. 从DJ腐败损失10亿元探讨其背后的原因 / 130

035. 副总突然问我，供应商是不是给采购留了10个点 / 136

036. 很多采购并非真的腐败，而是糊涂 / 139

037. 千万别以为报价单就是一个简单的文件 / 142

038. 供应商改名可能暗藏猫腻 / 146

039. 《财富》500强公司如何玩转集团化采购管理 / 149

040. 采购部还有存在的必要吗 / 152

041. 采购面对被动补单是否可以拒绝 / 156

042. 如何编制企业采购手册 / 159

043. 一台空调让采购员下岗 / 164

044. 不会做采购，可你会订外卖啊 / 168

045. 掌握四种开局策略，把握谈判主动权 / 172

046. 谈判，如何"打群架" / 175

047. 谈判中，必要时可以以势压人 / 178

第二部分　解密供应链

048. 信息流问题解决了，供应链问题就解决了一半 / 182

049. 供应链管理最高境界：无声胜有声 / 187

050. 预测为什么都是不准的 / 190

051. 供应链经理的苦境：难走的料箱循环之路 / 193

052. 如何治疗供应链并发症（高库存、高断货） / 195

053. 从中兴事件看供应链风险管理 / 200

054. 只有实现采购供应链的4.0，才能真正实现制造业的4.0 / 205

055. 供应链思维到底是什么 / 208

056. FMEA在供应链上的应用 / 215

057. 从S&OP到IBP，升级的背后隐藏了什么商业逻辑 / 218

058. 你以为做了供应商管理库存，实际是供应商保管库存 / 225

059. 没有供应链战略，公司大目标能实现吗 / 228

060. 供应链风险管理史诗级案例：拯救福特汽车 / 230

061. 新冠疫情暴露的五个供应链短板及解决方案 / 239

062. 降低成本，勿以利小而不为 / 242

063. 仓库降本七大方法，降本不再是采购孤军作战 / 244

064. 库存总是降不下来的七个原因 / 247

065. 数字化供应链，"双11"阿里京东谁更快 / 253

第三部分　管理的学问

066. 总经理在采购管理中常犯的八个错误 / 258

067. "传达"的学问 / 264

068. 食堂管理怎么才能让大家都满意 / 267

069. 为什么对外资公司来说，EBITDA比净利润重要 / 270

070. 上ERP是找死，不上ERP是等死 / 274

071. 凭本事竞争，不要抱怨别人低价 / 278

072. 员工离职的真相是什么 / 283

073. 流程也有性格 / 287

074. 新来的出口部经理 / 290

075. 缺乏全球化思维是跨国采购的最大瓶颈 / 292

076. 利用时差"降"库存 / 297

077. 为什么过量生产能够降低成本 / 299

078. 外来和尚会念经 / 303

079. 工作中取个英文名，有没有必要 / 306

080. 警惕处理缺料问题的误区 / 309

081. 如何不让会议沦落为"浪费时间" / 313

082. 为什么有"权"力的人容易没出息 / 316

083. 缺料之痛：愿采购的世界里再无缺料 / 319

084. 向供应商催货的三个段位 / 323

085. 领导为什么让你去供应商现场追料 / 328

086. 不会搞气氛，怎么带团队 / 331

第四部分　职场快车道

087. 为什么采购"干不过"销售 / 336

088. 是什么限制了采购人的职业生涯 / 338

089. 采购人，要避免被"卸磨杀驴" / 340

090. 好的职业生涯有三条标准 / 343

091. 猎头告诉我的四个采购职业发展趋势 / 346

092. 如何成功避开同事挖下的坑 / 349

093. 没晋升过就跳槽的人往往越跳越"糟" / 354

094. 如何克服当众演讲的三重障碍 / 357

095. 做斜杠青年，享受SOHO生活 / 361

096. 做最好的自己，活着踏实 / 363

097. 升职的事谁说了算 / 367

098. 采购要管好自己的嘴 / 371

099. 职场人士如何保持竞争力 / 374

100. 领导让我帮他代买保健品，这释放了什么信号 / 379

后记 / 382

第一部分
采购四大核心能力

采购是个专业活儿，专业采购必备四大核心能力，即必须有能力回答四大核心问题：

为什么选择这个供应商？

为什么是这个价格？

如何控制合同风险和合规？

如何进行一场双赢的谈判？

为了回答这四个问题，我开设了四门课，也写了四本书《供应商全生命周期管理》《全面采购成本控制》《采购全流程风险控制与合规》《全情景采购谈判技巧》，这四本书已被选作中国机械工程学会国家级培训基地的指定教材。

本部分收录了有关四大核心能力的文章，供大家参考。

001

采购最怕什么

作者：宫迅伟

最怕选错供应商。

俗话说，男怕入错行，女怕嫁错郎。**采购最怕什么？怕选错供应商。**有人说，选错供应商有什么关系，换掉就得了呗。

我讲个例子，我在S集团工作时，有个部下Tony，他之前是做技术的，后来做采购。在采购部没干多久，Tony就被猎头公司挖走，去了一家美国公司做采购经理。他是搞技术出身，我们常开玩笑，说他脑袋是方的。他的采购经验其实并不多，就好比我们常说的"阳澄湖洗澡蟹"，在采购部稍微进修了一下，就去外资公司做采购经理。

新公司的总经理对一个供应商不太满意，说要终止与这个供应商的合作。Tony就立即照办了，解决了这个供应商之后，他感觉不错，想想自己以前做技术时哪有这个权力。

当天下班，Tony踏着落日的余晖，唱着歌就回家了。没想到走到小区门口，他看到那个供应商正等着他呢。供应商看见他，对他深鞠一躬，说Tony经理，你把我们的供货资格给取消了，搞得我们公司一百多人下岗了。我今天是作为代表来找你，本来我们一百多人都想来的，但我没让他们来。反正我也知道你家在哪里……

有人说，这是威胁啊，要报警！可怎么报警？人家威胁什么了？什么也没说啊，一百多人也没来啊。但这时采购经理Tony就面临了很大的压力，你不妨假设自己是他，切身感受一下。

这个例子很极端，但说明供应商不是随随便便就能砍掉的，这涉及很多事情。我们也不要过于理论化，毕竟人在江湖漂，做采购的不懂点做人做事的道理，就会很难做。因为任何一个采购决策，其实都是利益的取舍，面对利益时人的本性就会暴露出来，你要砸人饭碗，那人一定暴露出最疯狂的一面。

所以**选供应商的时候，第一要义就是要选对**。那么选大的还是选小的？选新的还是选老的？选国内的还是选国外的？没有绝对的对与错，各有各的好处，不同的公司考虑不一样。

我们来看一个实际的案例，体会一家生产制造轴的公司在做供应链策划时考虑的要素。

这家企业原来整条供应链，从设计到原材料采购，到粗加工、精加工，再到装配，都在美国。现在设计工作一部分搬到中国，中国和美国同时进行。这样安排有什么好处呢？可以24小时开发，中国人睡觉，美国人工作；等美国人睡觉了，中国人又开始干活。粗加工和精加工工作都搬到中国来了，因为中国成本低。装配在美国和中国分别进行。

为什么这么安排呢？

首先，可以保证质量，不同地区客户的要求不一样，技术标准不一样，在当地生产可以贴近当地客户的要求。

其次，可以避免运输过程中产生质量问题。最后的检测和物流也是在中美两国分别进行。这家公司在做供应链策划时，有全球视角，考虑得全面。

我在做全球采购经理时，有一次要买笔，笔杆是塑料件，笔帽也是塑料件，这两个合起来是一支笔。

一般人会想，为何不在中国找一个供应商，让它同时生产笔杆和笔帽，难道不行吗？老外为什么要选择把笔杆放在中国生产，笔帽放在印度生产呢？

以前我也不太理解，中国成本也很低，效率还高，如果放在一起生产，不仅便于管理，还可以减少物流成本，为什么要分开呢？

时间久了，我就明白了，选择放在两个地方生产，是担心中国人逆向工程能力太强。

如果都放在中国生产，竞争对手一看就知道这玩意儿是怎么回事，很快就学会了。分开以后，采购商甚至都不告诉供应商这东西是做什么用的，只是对具体的零件提出技术参数要求，测试以后告诉供应商是否合格，就避免了这个问题。

所以，对供应商的选择，需要考虑很多，上面这个案例就体现了一种解决问题的策略。

002

你怎样对待供应商，供应商也会怎样对待你

作者：周敏

> 再难搞的供应商，好的采购也可以搞定；再好的供应商，差的采购也能管坏。

公司的采购和供应商的销售，各自代表着自己的公司，都是企业对外的窗口，各为其主。同时，人的脾气、性格会带到工作中，这也会体现出个人的素质。

采购由于经常受供应商的吹捧，自我感觉良好，面对供应商时往往显得较为强势，一副居高临下的姿态，甚至有时会蛮横无理。其实在很多销售和供应商眼里，忍让只是出于礼貌与客气。

我们应该避免让自己成为那种蛮横的采购，采购与供应商打交道，要像平常人与人之间交往一样：**尊重他人就是尊重自己。**

对供应商的尊重和扶持，会换来供应商加倍的努力和执着的追随，哪怕在非常时期也愿意牺牲自己的部分利润，来维系这份珍贵的合作关系。这在日企里很常见，很多供应商随着客户的不断壮大而壮大，合作共赢的基础来自采购行为，来自客户的信任。

如果采购只是一味地将供应商的价格压到极致，甚至低于供应商的成本，供应商自然无法提供好的产品和服务。这个问题很容易理解，想象自己

是供应商，体会一下这样的情景就知道了。

好的采购懂得以理服人，让供应商心服口服，愿意和他合作。把供应商真正当成合作伙伴，供应商也必滴水之恩涌泉相报。

而有时候，有些供应商则会做出比较消极的事，那么这又是怎样的情况呢？

我们经常会看到，有些供应商并未将自己的客户放在心上，也可以说：客户对他们来说根本没有重要性可言。这种客户要么是压榨得供应商几乎没有利润，或者付款拖拉，要么就是态度很牛气，甚至不尊重人，让供应商觉得合作食之无味、弃之可惜。当前人们越来越注重人与人之间的交往体验，采购的个人做事风格对供应商也会起到较大的作用。

如果采购是一位非常积极又注意礼仪的人，那么他的供应商也定会努力做好自己的供货和服务工作。而有些很出色的供应商，也会被业务水平低下的采购管坏。供应商自身的优势会在温水煮青蛙的状态下渐渐消失，直到被同行超越或者被市场淘汰。

采购没有目标，没有供应商培养意识，就会将优秀的供应商养成中庸的供应商，让其安于现状而不思进取。这种情况较多的是，供应商傍住了一家大客户，以为大客户能持续经营。而一旦该大客户不再有订单或者停止营业，这个供应商的生存能力就会受到极大的挑战。

其实，人与人之间都是将心比心的，你对供应商怎么样，供应商也会对你怎么样。你想要什么样的供应商，就以什么样的态度去对待，自然也就会获得最合适的供应商。

003

为什么交货总是要催

作者：汪浩

供应商回复交期[一]越快，风险越高。

如何成为一个好采购？好采购要具备哪些技能？

懂生产管理是好采购的必备技能之一！

也许很多人并不能认同。为什么采购要懂生产管理呢？有人觉得，做采购已经不易，事情那么多，哪有时间和精力去研究生产管理？又有人说，采购又不是万能的，还要我懂生产管理，这样是否太过分？还有人说，采购就把采购本职工作做好，去研究生产管理的问题，不是不务正业吗？

然而，如果不懂生产管理，不懂生产排程和生产计划，供应商给的交期是否准确和靠谱，是无法确定的。但凡做过原料采购、外加工采购的人，对此都深有感触。

相信每一个做过采购的人，都经历过催货，甚至有人说，**没有经历过催货的采购，不能算成熟的采购。**

对于采购来说，催货是痛苦的，催货是恼火的，催货也是无奈的。

为什么采购总是要催货呢？供应商为什么不能自觉点儿，按时按量把货交了呢？

按常理说，供应商既然确定了订单，就应该自觉，必须按照订单的交期准时交货，这有什么疑问吗？

[一] 本书的"交期""交货日期""交货期""货期"等说法，均指供应商交货的时间。

但是，制造业的很多事情不能按常理来说。

现实情况是，仍然有大量供应商不能在承诺的交期交货，他们会给你一大堆原因。比如，设备坏了，查环保了，工人不够了，或者是没有预料到生产的难度……

但**真正的原因**可能是：

a）供应商压根没有生产计划，也不知道怎么排计划。

b）生产计划形同虚设，工人挑顺手的、熟练的、产出高的产品做（计件工资驱动）。

c）供应商不了解自己的产能，客户需求高于产能，无法满足客户需求。

d）供应商物料采购时间过长。

e）新的订单利润更高，或者客户更重要，供应商把别的订单排到你的前面。

除了 d）物料采购问题、e）诚信问题，其他都是生产管理问题。

如果我们不懂生产管理，不能及时发现供应商的问题，并找到解决办法，那么无论我们怎么抱怨供应商，也解决不了他们不能准时交货的问题。

每当我们要求供应商报价时，除了价格，我们也要跟供应商确认交期。有人喜欢那些一口就能报出交货期的供应商，而这往往是有问题的，因为供应商的销售人员，甚至是老板，往往并不了解生产计划的安排和物料的可得性，他们报给你的只是一个大概的、估算的日期，销售人员以订单成交为己任，不管怎么样，先把订单接下来再说，尽量满足客户对交货期的要求，后面有问题再想办法。

遗憾的是，我们很多采购对此习以为常。我们总是轻信供应商的承诺，对供应商不假思索给出的交期信以为真，我们总是要求交期固定，尽快交货，但没有对供应商的产能进行分析，没有对供应商的生产流程进行现场考察，没有留下足够的采购前置时间，结果供应商延误交期，采购就会遭到公司生产部门的投诉和总经理的责备。

几年前，我与一家日本供应商合作。这家供应商是知名的跨国公司，但交期令人头疼，问题并不在于交期延误，而是交期不固定。

每次采购时，供应商都要花一两天时间确认交期。他们要跟自己公司的采购部门确认物料采购的时间；跟生产部门确认计划排程，即要看目前已经在计划中的生产订单有多少，排到了什么时候。而这样算出来的交期都是可靠的，一旦供应商确定了交期，告诉我们几月几日出货，实际出货时间从来不会延误哪怕一天，相当准确。

我一直抱怨日本这家供应商不能给出固定交期，并要求他们按照我们的要求给出固定交期，但对方回答做不到。

其实，这就是日本公司生产排程的方式与我们不一样，他们是**前向排程**，根据目前在手订单的状况排计划，算出新订单到哪一天可以完成生产，非常准确。

而我们通常是用**后向排程**，根据客户要求的交货时间，反过来推算什么时候开始生产。目前中国的制造企业大部分采用后向排程。后向排程并非不好，交期是否准确，还是取决于公司生产排程和计划的能力以及诚信度。

我们不但要知道供应商的生产计划，我们还要去供应商的现场观察，看看现场的生产工序是怎样的，哪些地方有问题，并帮助供应商提出改善建议和改善方法。

实际上，**每种产品在每道工序的生产时间**包括：

a）排队时间（在开始调机之前排队等待的时间）。

b）调机时间（换模时间或者为生产该产品调设备参数或程序所需要的时间）。

c）运行时间（这批产品在这道工序加工所需要的实际时间）。

d）等待时间（从加工完成后直到被搬到下一道工序之间的时间）。

e）搬运时间（搬到下一个工序的运输时间）。

这些时间里，只有运行时间是真正的生产时间，其余都是等待时间。

要提高供应商交货期的准确性，并帮助供应商缩短生产时间，从精益生产的角度来说，就是要消除一切浪费，要尽量把其他几项的时间减到最少。

但怎样可以做到呢？这就需要用到 TOC（**约束理论，也叫瓶颈理论**）这个工具。比如说，如果我们在现场发现某个工序前面堆积的半成品最多，那很可能这个工序就是瓶颈。

瓶颈有两种，一种是因物理性能不足而产生的，被称为**物理瓶颈**。

无论是产能大于销售能力（市场瓶颈），还是有很多订单却无法按时完成的产能不足，都是物理瓶颈。

另一种是企业的方针和经营管理手段阻碍了企业实现最终目的，被称为**方针瓶颈**。

上文所说的因计件工资驱动，工人们优先生产顺手、产出高但交期并不紧急的订单，这就是典型的方针瓶颈。

TOC 创始人高德拉特博士提出了**约束理论五步法**：

a）找出系统的瓶颈。

b）挖掘瓶颈的潜能。

c）迁就瓶颈因素。

d）给瓶颈松绑。

e）重复这一流程。

通过这样的方法，帮助供应商有效地解决生产管理的瓶颈问题，对采购专业人员控制和追踪供应商的产品交期，必然有很大的帮助。

004

供应商评估，就用老中医四绝招

作者：盖启明

> 通过望、闻、问、切诊断供应商质量。

电视剧《老中医》的热播，在网络上掀起了一波关于"中医"和"西医"谁更科学的讨论。对于医学，我是一个十足的门外汉，不过，经过这几天"望、闻、问、切"的高频轰炸，我突发奇想，用中医的"四诊法"来总结我们采购部门对供应商的考核与评估，也很有乐趣。

从业多年，请允许我从"老中医"的角度，结合以往工作实践，来"生搬硬套"一下。

（1）望

中医的望诊，就是用眼睛望病人的整体和局部情况。首先要看病人是不是有神。有神为眼睛明亮，神志清楚，语言流畅，反应灵敏；无神为目光晦暗，表情呆滞，语无伦次，反应迟钝。局部的望诊主要是望舌，舌的不同部位代表不同的脏腑，望舌包括望舌质和望舌苔两方面。

采购"老中医"的"望"，也是指**对整体和局部的观察，是对供应商整体和局部的观察**。

中医有"气"的概念，"气"就是人体内物质和信息交换的媒介。"气"是一种特殊东西，看不见摸不着，但中医认为它确实存在，而且影响巨大。

各个供应商当中也存在"气",通俗地说,就是企业当中真正起作用,却看不见的东西,或者说是"隐性文化"。

供应商写在制度文件中的,挂在墙上的,固然是其文化的一部分,但并不是全部,甚至是很小的一部分。供应商往往是,"说的不做,做的不说"。

采购人员需要对供应商的"气"场有一定的感受度。这需要采购人员的经验积累和细致观察,并且需要一些独特"气功"心法,将隐性的东西显性化。

采购"老中医"的"气功"心法是:**中层比高层重要,库房比现场重要,流程比能力重要**!

中层比高层重要。两家企业无论由多高的层级谈下来的合作协议,也无论各自的高层有多强的合作意愿,最终业务具体执行都要落到企业中层。采供双方和供应商内部的、各部门的中层管理人员,能够进行有效的协作与顺畅的沟通,才是采购业务顺利进行的基础保障。

库房比现场重要。现场可以短时间清理好,而库房不行。库房管理是一个持续、动态的过程。库房管得好,现场也不会太差,反之亦然。

流程比能力重要。流程是业务有序进行的保障。企业经常出现这样的情况,即针对某个供应商,只要某个人在,业务就有结果,而这个人一旦不在,业务马上停顿。这种情况要避免。

(2) 闻

中医的闻诊,就是用耳朵听,用鼻子闻,听讲话声、咳嗽声、呼吸声,闻气味。采购"老中医"的"闻"是指去听你能在供应商处获得的全部信息。

倾听,是一种能力。

有的人说话比较绕,"顾左右而言他"。采购人员要训练从众多杂乱的信息中总结核心思想的能力。

此外,采购人员要管住嘴巴,也就是要控制自己的表达欲。直白点就是,你要做的是获得信息,而不是提供信息(对于应当提供的信息,以简单直接的方式表达就好），正所谓言多必失。

至于怎么听，听什么，采购"老中医"给的建议是：一听老板"画饼"；二听业务"画线"；三听技术"画图"；四听品质"画圈"；五听生产"画虎"。

听老板"画饼"。这就是听供应商老板对自己公司未来的规划，可以作为判断供应商能否同本公司同步发展的参考。

听业务"画线"。这就是听业务人员对采供双方业务对接流程"线"的说明，从而对供应商的交付保障能力，有一个判断的基础。

听技术"画图"。供应商最终交付的是"产品"，了解了供应商在产品生产过程中的"技术路线图"，就可以判断出"产品"最终可完成的程度。

听品质"画圈"。"圈"里面的是合格品，"圈"外面的是不合格品，供应商要有能力清楚地表述，其原有产品"圈"的边界在哪里，说明保证"圈"里"圈"外界限清晰的体系、程序、制度和记录是如何执行的。

听生产"画虎"。古语说"画虎不成反类犬"，生产部门是"产品"最终的实现部门，要明确其设备和人员是否真的有能力百分之百实现产品的功能。重点要放在批量生产上。采购"老中医"（我）就遇到很多次因生产"能力"不足导致产品研发失败的情况。

（3）问

中医问诊，会仔细询问病人的病情。中医流传有十问歌：一问寒热二问汗，三问头身四问便，五问饮食六胸腹，七聋八渴均当辨，九问旧病十问因，妇女尤必问经带。

问是在听的基础上进行的。要有一个问题清单，也就是想听到的信息。供应商根据问题清单阐述，采购人员根据问题清单补充提问。

采购"老中医"也总结出了十类问题：一问客户，二问业绩，三问资源，四问体系，五问产能，六问交期，七问质量，八问价格，九问付款，十问服务。

问客户。供应商有哪些主要客户？这些客户的体量和行业地位处于什么水平？这些可以从侧面反映出，供应商的管理水平和履约能力。例如，汽车行业里大众、丰田的供应商，小家电行业里美的、九阳的供应商，零售行业里沃尔玛、宜家的供应商……都是有能力的代表。

问业绩。了解供应商近三年的经营业绩，配上供应商老板"画的大饼"，有助于了解供应商未来可能的发展水平。

问资源。这里的"资源"，包括但不限于供应商的资产、财力、设备、人员、技术、信息系统、市场等内外部的资源情况。

问体系。这里的"体系"主要是指企业的管理体系、文化体系和质量管理体系。虽然前文提到供应商会"说的不做，做的不说"，但如果能够了解供应商公开阐述的管理体系，配合实际的观察，还是可以对供应商做出一个"由表及里"的分析判断的。

问产能。这里的"产能"主要是指剩余产能的总量，以及扩大产能的可能性与时效性。这些在因开发新品而导入新供应商的情况下特别重要。千万不要忙活半天，最后供应商两手一摊，批量无法保证交付。

问交期。无论采购人员对产品的工艺流程有多熟悉，也要供应商给出明确的交期承诺。对采购人员来说，最可恨的就是供应商做不到自己的承诺，不过大多数供应商还是有"羞耻感"的。

问质量。双方要确认好设计要求达到的标准，以及供应商当前可能达到的标准，是否能为双方所接受。确定质量改进方案，并为最终达到设计标准制订计划和设定时限。质量活动是持续、动态的。

问价格。双方不可避免会谈到价格，不过采购"老中医"一定不会最先谈价格，因为价格（成本）的构成是复杂的，需要把因素（特别是质量）确定好，才可以谈价格。但也切不可放在最后谈，放在最后，采购方的回旋余地会比较小。价格谈判也是持续、动态的。

问付款。双方需要确定，可以接受的付款方式。付款方式是采购进行价格调节的手段之一。

问服务。服务是供应商对技术支持、交付异常处理和客户投诉应对所做出的承诺。采购"老中医"认为，服务应尽可能放在最后谈。原因是，不能让供应商在不确定质量、交付要求的情况下，做出轻率的承诺，也不能让供应商将服务可能产生的成本支出，加入产品报价中。

（4）切

中医切诊，就是切脉、候脉。切脉部位多在寸口，寸口为手太阴肺经之脉，因五脏六腑的脉都会合于此脉，所以从这里可以了解到全身脏腑经脉气血的情况。一般常见的脉有浮脉、数脉、滑脉、弦脉。

采购"老中医"所谓的切，说白了，就是给供应商把把脉。不过，我们不用戴着金丝眼镜，捋着山羊胡。我们有更加科学的工具。

给供应商的财务把脉——看懂财务报表。资产负债表提供资产、负债和所有者权益的全貌，反映企业的负债总额以及结构。**利润表**反映企业的获利能力，预测企业未来的现金流量。**现金流量表**可以用来分析企业未来获取现金的能力、企业的偿债能力。

当然，供应商（除上市公司可以公开查询外）一般不会提供这些信息，这就需要在"望""闻""问"的过程中，将隐含的信息挖掘出来，甚至可以为此设计一些问题。

给供应商的风险把脉——天眼查、启信宝。这个太好用了，不用解释。

给供应商的综合能力把脉——QCDTES。QCDTES（质量、成本、交期、技术水平、环境、服务）是企业供应商评估与绩效考核的基本因素，也有的企业只有QCD，这没关系，各个企业会根据自身情况设定不同的权重。QCDTES有更权威的解释，这里不再赘述。

005

向日本人学习如何对待供应商

作者：宫迅伟

企业间的竞争，是供应链间的
竞争。

　　企业的成败和做采购供应链管理的人有很大关系。

　　道理很简单，我们都在竞争这个市场。那么，我们一定要比竞争对手做得好。什么叫好？质量要好一点，价格要便宜一点，交货要及时一点。

　　客户希望我们的产品质量好，价格便宜，交货及时，那么我们也要求供应商一定要有同样的水准，供应商对他们的供应商也是一样。客户、我们、供应商，以及供应商的供应商就组成了一个供应链，所以**企业与企业之间的竞争是供应链间的竞争**。

　　这样一想，采购在企业中的作用就非常大。为什么呢？

　　因为供应商是采购负责管理的，采购要把供应商当作资源来看，当作供应链条中非常重要的一环。甚至，供应链这个"链条"的总体强度不是取决于最强的一环，而是最弱的一环。如果企业有一个供应商不好，就会出问题。

　　举一个例子，前几年发生了昆山中荣爆炸事件。昆山中荣是中国台湾地区的一家企业，是戴卡的供应商，戴卡是通用的供应商。昆山中荣爆炸了，戴卡缺货，结果通用也缺货了。这不就是供应链的事吗！

　　三聚氰胺事件也是一样，为什么会发生这件事？是奶制品企业的上游供应商有问题，他们没有把他们的供应商管好。所以说采购如果不把供应商管好，就可能让企业倒闭，严重的还会让法人代表蹲监狱，比如三鹿奶粉。

所以说，企业和企业的竞争，就是供应链和供应链的竞争。

供应商是资源，甚至有的企业可以把供应商资源垄断。举个铁矿石的例子。我以前以为铁矿石买的量大，一定会便宜。做采购的很多人都这么认为。结果中国企业在国际市场上发现，买的量大，反而贵了，中国买什么，什么就涨价。为什么会这样呢？日本的新日铁、韩国的浦项钢铁，为什么它们购买时，铁矿石就不涨价呢？那是因为它们有铁矿石公司的股份，而中国企业没有。也就是说，我们对供应链缺少控制，缺少控制就竞争不过人家。

讲课时我常问企业里的学员，大家觉得供应商是资源吗？

学员们想想，都说是。但又有不少学员说，他们会频繁更换供应商。这样还叫"把供应商当资源对待"吗？有人说，供应商不好，我就换啊。如果不好就换，这就是"竞争"关系，供应商还会跟你保持长期合作关系吗？

如果供应商认为跟你们公司不属于长期合作关系，还会为了你们增加投入吗？还会很好地配合你们吗？会很好地把成本对你们公开吗？会跟你们团结一致，来共同应对客户吗？我觉得都不会。

如果我们把供应商当成对手，双方就有很多地方彼此设防。比方说，成本不公开，评审时不让你看到真实情况，报价时投机。信息沟通不充分，可能带来很多成本浪费，失去很多改进机会，那你的供应链就会变得很脆弱。

如果我们想跟供应商保持长期合作，那我们就要很好地培养供应商。然而，很多企业没有这样做。在这方面日系企业做得比较好，不管是丰田还是索尼、松下，日企非常在意对供应商的培养。它们在选择供应商时，会先做个简单的评估，然后派人进行辅导，甚至辅导两三年，直到供应商能满足要求，才能成为合格的供应商，这样就形成了长期合作关系。

我曾在一个日系的汽车零部件公司做总经理，日本的本田汽车公司是我们的客户。我们在给本田供货前，本田就会派人来工厂进行很多次考察和辅导，看到哪里不好，就会耐心地帮你改正，有时还会派技术人员来陪伴你改正，慢慢把你这个资源培养好了，放心了，才开始让你供货。一旦供货，本田也不轻易换供应商。

所以，日本企业买卖双方的关系比较持久，是真正的长期伙伴关系。供应商作为资源，也源源不断地提供产品和输入改进意见。

再换一个角度，我经常问一些采购朋友，什么叫好的采购。

是找的供应商价格便宜、质量好，还是送货及时？这些只能叫满足基本需要，叫60分水平，还不能叫好的采购、优秀的采购、卓越的采购。

有次，我在上海参加一个俱乐部的活动，大家谈到这个问题——什么叫好的采购。当时，我脱口而出：能让供应商的价值最大化。

我这样说，跟我当时的情况有点关系。当时我在一家民营企业工作。到这家民企来之前，老板来挖我，说你来我这里吧，我可以让你的价值最大化。

这句话很吸引人，因为自己之前在外资企业，觉得浑身武功无处施展。

这时碰到一个老板对我说，一定让你的价值最大化，那我听了当然非常高兴。于是我问这位老板，具体怎样把我的价值最大化。

他说，你是Y集团出来的，你在Y集团人脉广，给我介绍几个人认识认识。另外，你在外资企业工作，英语好，正好我们这里有几个外资项目，需要谈判，你参与这个项目……很多重要的事情都让我参与，工资还高，是不是价值最大化呢？是啊！我就高兴地跳槽过去，干得很开心。

有时判断一个领导是不是好的领导，就看他能否将手下员工的能力发挥出来。

同样，判断一个采购好不好，就看他能否让供应商的价值最大化。

这个理念如何用在供应商身上呢？很多供应商在技术、质量甚至物流方式上有很多好的主意。我们认真听过吗？接受了吗？如果都没有，那供应商的资源被最大化了吗？

我认为一个优秀、卓越的采购人员，要善于倾听供应商的声音，倾听供应商在交付方式、质量上，是否有一些改进的意见，甚至在合作方式上是否可以改进。

能把供应商当作资源，让供应商价值最大化，才是一位优秀的采购。

006

安全管理体现供应商素质

作者：颜家平

> 安全管理不能只挂墙上，而要落实到行动中。

在选择供应商时，大家总是会关注QCD（质量、成本、交期）的因素。我认为除此之外，还应该关注供应商的安全管理，这是衡量供应商企业素质的重要标准之一。

企业素质指的是企业各要素的质量及其相互结合的本质特征，它是决定企业生产经营活动必须具备的基本要素的有机结合所产生的整体功能。

从这个定义可以看出，**企业素质是一个质的概念而不是量的概念**，因此看企业不能只看其规模，而是要注重其内在素质。而我从一些企业对待安全管理的态度与现状，就可以看出其内在素质一二。

我们走访供应商时，不管是工厂还是物流公司，往往会看到墙上挂着"安全第一"的巨幅标语，或者类似的巨幅警句。

在企业内部，各种安全标语、警句与设施也是随处可见；有的还设有安全专栏，告知人们该企业的无事故天数达到了多少天；有的在接待室里挂着各类安全证书。以上都说明这些企业对安全是非常重视的。在我走访过的企业中，的确不乏在安全管理上做得比较到位的企业。

我们进入库区，全部穿戴好安全防护用品。叉车工在驾驶叉车时，系着安全带。车辆是被强制限速的。仓库里安装着自动防火喷淋装置，高料架后面装着防跌落栏杆。道路上清晰地划着人行专用道与穿过马路的横道线，当我们不注意，没有在横道线上穿过干道时，保安立刻就吹响哨子，提醒你必须走横道线。陪同人员告诉我，如果客人不走横道线，他将受到罚款处理。我问企业领导，在外的卡车司机的行驶安全如何控制，他向我介绍了一套严格的管理制度，最后他说了一句话，安全制度大家都有，关键是如何管理执行力的问题。

安全管理体现着企业素质，我们必须万分重视！

但这样的企业太少了。我看到相当一部分企业的情况是这样的：陈旧而破碎的横幅随风飘荡，巨大的安全警句牌缺胳膊少腿；参观者走进大门，一路畅通，无须穿戴防护用品，无须考虑走横道线，只是经常会被陪同人员拉一下，提醒注意卡车或者叉车的驶过；仓库里的灭火器放得很规范，但厚厚的积灰与陈旧的标牌，让人怀疑里面的灭火剂是否有效。它们也有制度，也有证书，但能够说明什么呢？在外的卡车司机如何管理，我无须再问，肯定是由交警来管理了。这仅仅是我走马观花看到的。因此，多年过去了，企业的安全事故发生率仍然居高不下。

为什么许多企业轻视安全管理呢？主要是领导在思想上不重视，对安全问题不敏感。我们国家每年举办很多论坛，在演讲嘉宾的PPT中，我们不难发现在他们介绍经验时，无意中暴露出不少安全管理问题。而听者却没有对此提出疑问。我与一些企业的领导谈过此类情况，他们感叹：安全管理是需要投入的，招聘优秀的安全管理人员需要成本，而事故只是偶发性的；而且你投入了，规定了，工人还不愿意这样规范操作，嫌"麻烦"。

我在一个仓库里看到这样的情景，各类大型叉车开得"飞快"，他们的操作场地犹如叉车司机的车技表演场，各类车辆几乎擦肩而过。我问司机，为什么要这么快，他回答说，不快完不成任务，奖金会受影响。那么安全呢？他回答说，很少出事，关系不大，我们习惯了。这样的安全氛围下，安全管理怎么会得到重视呢？

走在大街上，看到乱闯红灯的车辆与行人，许多人会耻笑这些人素质差。对个人来讲，安全意识与行为体现人的素质，同样，安全管理与安全操作体现出企业的素质。我们的企业不能仅将"以人为本"张贴在横幅上，而将"以钱为本"落实在行动上，这样做与我们的企业责任背道而驰。

事实上，我们在选择供应商时，很少有企业关注供应商的安全管理，基本上不会将其作为选择标准。但我认为去看看供应商的安全管理是否落实到位，就知道该企业的管理深度与控制力度了，可谓"窥安全一斑而知企业管理全豹"。我们应该将安全管理作为供应商选择标准之一，这样也体现出企业自身素质。

我们一定要选择那些重视安全管理的供应商，特别是物流服务供应商。对仅将"安全第一"停留在口头的供应商，则要求他们进行整改，或者给予否决。只有素质高的供应商，才能与我们合作共赢，共创未来。

007

采购如何控制货期风险

作者：周敏

注意安全库存和物流影响，与供应商多保持沟通，更要关注时事动态。

采购工作中，供应商的交货期一直是比较让人烦恼的问题。尤其是那些国外进口产品，更是因货期的不确定性，给采购人员带来了很多困扰。那么作为专业采购人员，我们可以从哪些方面对货期进行控制，让货期风险降至最低呢？

（1）安全库存

很多企业追求零库存，但现实中很多生产型企业是比较难真正做到零库存的。采购和库存管理人员做好常用生产物料的安全库存是有必要的。要确保持续稳定的物料供应，参考历史使用量进行分析，然后有针对性地设置某物料的安全库存量。一旦低于该库存量，仓库就应该马上提出增补申请，让库存物料能在消耗尽前得到及时补充。

如果没有安全库存标准，仅靠仓库管理人员自我检查，发现某个物料已库存不足再申请补货，往往会影响到货时间，影响生产车间正常使用，甚至有时会极大地影响生产计划的完成。

（2）物流方面的影响

现在物流运输业日益发达，给很多生产企业带来了更多便利。货物在途时间变得越来越短，但这种便利却在特殊的时间段给采购带来了不便利：春节前后是物流快递行业对客户货期造成影响最突出的时间段。很多快递从业者、运货司机都提前回老家过年，春节后有不少人还得过了元宵节才回来正常上班，这前前后后一个月的时间，给无数采购人员带来了无穷的麻烦。

尽管企业也会有不少职工提前请假回家过年，但还是有不少企业面向国外客户，需要在春节期间赶货期并按时发货。所以采购人员需要在特殊的时间段提前做出准备：该备货的备货，该催货的催货，尽量减少节假日因素给货期带来的影响。

（3）与供应商保持沟通

我们在与供应商询价、报价以及沟通订货合同的时候，需要明确交货期。订货合同一旦签订完毕，需要供应商严格按双方确认的货期执行。如果有订单金额巨大或者是非标定制、货期又很长的货物，则应该让供应商排出生产计划（时间节点）并严格按计划执行，确保能在要求的货期内如期交货。如果其间碰到较大的问题，则有必要让项目组、供应商一起开会协商，尽快制订相应的解决方案，使交货期的影响降至最低。

夏季高温时期需要注意的是，有些行业为避免工作人员高温作业中暑，生产需要临时关停，或者由于有些地区限电等，供应商的产能会受到影响。这些都会造成交货期延误。

另外，每年夏季出行游玩的人越来越多。很多销售人员也会选择在夏季陪家人、朋友一起去外面度假，出行一周是很普遍的。这个时候很多订单的交货容易被忽略，销售和商务的沟通也容易产生脱节，从而导致交货延期。

因此采购人员需要与供应商频繁沟通，密切关注进度，做到提前沟通、预先准备，将延期交货的隐患尽早排除。

（4）关注国外实时事件动态

近年来，很多欧美国家由于工会的独立存在，经常会发生罢工，特别是法国，经常出现各行业劳动人员罢工，给很多物资的货期造成了很大的影响。

所以，当企业有国外的供应商时，采购人员也需要对这方面给予关注。需要特别注意国外相关政策变化和供应商本身的情况变化。

如果近期物料原产国已经发生各种容易对货期造成影响的情况，则采购人员有必要向技术部门建议使用其他替换物料，最好是能在国内买到的。实在不能替换的，就需要考虑是否在国内找现货了。毕竟由于物料原因导致项目延期交货，或者无法发货，都会对企业造成不可估量的影响。

以上仅从几个方面简单做了总结，我们可以在这几个方面从自己做起，和供应商一起更好地控制交货期。因为自然灾害等不可抗力因素而导致货期延迟，是采购人员所无能为力的，这种情况应该马上汇报领导，请领导协助处理。

008

供应商管理，
难就难在选择和管理的不是同一拨人

作者：汪浩

一家年产值5亿元的民企采购经理的困惑。

（1）读者问题

我目前所在公司是一家民营制造型企业，年产值接近5亿元，公司今年想在管理和运营方面上一个新台阶，从去年开始陆续外聘了好几个部门的经理。

我也是刚进公司一年，现担任采购部经理。

采购部目前七个人，其中四个采购员、一个采购副经理（是老板的亲戚），另外还有一个今年外聘来的高级采购经理，是我的上司。以前的采购总监现在负责车间的生产管理。

我们采购部的分工是副经理、高级经理负责样品开发及降本工作，我负责采购计划下达，跟踪日常事务的处理。现在公司会议很多，几乎每天都有，所有会议我都要参加，这占用了我大量时间。

会议太多主要是因为我们外协精加工件的品质问题和配件的品质异常状况太频繁，我要花大量的时间去跟进和处理异常。

来料异常单平均每天有二三十笔，不良品率很高，这种情况下我没有更多精力去做其他事情。

品质部门几乎不出去做供应商品质辅导及改善，出现品质问题就让我们通知供应商过来拉回去返工，几万只产品发现有几只不良，就出品质报告评定不合格，要求退回挑选返工。每天大批的产品在全检组，一个全检组就有30多人在全检产品（在同行业我至今还没有遇见过一家有这样规模的全检组在检产品，挑产品的问题的，我认为品质是做出来的，不是检出来的）。

我们现有供应商常用的有30家左右，大部分是老板的亲属，有些供应商不好打交道，脾气差，有事情找他们处理，我的话还没讲完他们就挂电话了。

老板其实知道这些，当面在会上常说让我们一视同仁，不要顾及供应商是他的亲戚，但是总经理交代说同等价格和品质，老板的亲戚要优先考虑。

我提出安排品质人员去外协进行品质管控，公司认为安排人出去会增加成本，认为自己公司有巡检，对做好的产品也要全检，没必要出去！

上周因一客户的品质投诉，公司罚了外协和质检部20万元。现在公司对品质要求越来越严格了，我每天处理品质异常也越来越多，真的很头疼！

我准备去和公司领导谈谈。但我接下来该怎么做呢？又该怎么谈呢？我认为现在的工作分配不均，我又该怎么向上级领导反馈这些事呢？

（2）我们的回复

1）问题出在哪里

这位采购经理将问题表达得很清楚，他遇到的这些情况，说实话，在民营企业里并不少见。一个制造型企业，年产值接近5亿元，不算小企业了。

不过，看到这位采购经理说的这些问题和烦恼，我还是觉得这个公司在采购管理上需要动大手术才行。

在民企里做采购，顾忌确实比较多。在很多民企里，选择供应商的是一拨人，管理供应商的是另一拨人。

什么意思呢？

一方面，老板为了防止贪腐，同时也是效仿一些跨国公司的做法，通常把采购分成寻源和采购执行，也就是把选和用分开。

另一方面，就像前文说的，很多供应商是老板的亲戚，或者有特殊关系，那么用谁不用谁都是老板决定的。所以选择供应商的是老板，价格他们也会谈好。

这个采购经理要做的，就是管好交付，在订单下发之后，跟踪供应商的生产进度，保证按时到货。

但问题是，那些跨国公司对供应商的选择有严格的标准和流程，供应商要经过层层筛选，才能进入企业的供应商名录。

而在民企，供应商不是按照标准筛选出来的，这些供应商的质量管理水平、生产管理水平都很难保证，特别是外协工厂，管理起来非常难。

既然这些供应商是老板的亲戚，他们多半不会把你当回事。

所以你这个采购经理被外协供应商糟糕的质量弄得焦头烂额，每天处理这些不良品要费好大的劲。

从你们部门的人员分配可以看出，他们把最难啃的骨头交给你了。副经理是老板的亲戚，名义上是副经理，实际上是老板最信任的人，他去负责谈价格可以理解。奇怪的是采购高级经理和副经理一起管样品和降本，为什么这个采购高级经理不帮你管交付呢？

你一定要找个机会，和你的顶头上司，包括老板，好好聊聊关于供应商管理的三大要素（质量、成本、交期）怎么排序。

2）解决办法

很多民营企业对采购的理解是价格第一；而一个值得客户信赖的企业，一定是把质量排第一。

为什么呢？

如果质量有问题，产品是不是需要返工或者退换？供应商的成本是不是会增加？这个成本是不是要算在客户头上？

同样，质量有问题，返工和退换货都需要更多的时间，是不是耽误交期了？耽误交期使得车间不能连续生产，产能没有充分利用，成本又增加了。

如果延误了客户的交期，说不定客户还有罚金。

所以，质量对成本的影响太大了。

降本，不要理解成砍价，很多质量缺陷造成的损失是看不见的。

关于质量，你讲的很对，质量不是检验出来的。

一个企业，要做出好的产品，一定要坚持三不原则，**"不采购不良品，不制造不良品，不放行不良品"**。

看到你们有30多人的全检组，而且每天忙得不可开交，我感到不寒而栗。不知道你在哪个城市，但这30多人一年的薪水，至少也得有200万元吧。这都是质量成本啊！加上供应商返工的成本，一年的质量成本惊人，你有必要给老板算算账。

美国质量大师、著名的"零缺陷之父"菲利浦·克劳斯比曾经说过一句话：**根本没有什么质量问题，我们有的只是研发问题、采购问题、制造问题等，所以我们要从问题的源头去找解决的办法。**

如果认同质量第一的理念，当下要做的就是把供应商绩效做起来，改善绩效不好的供应商。供应商质量改善了，成本自然降低了。

总之，你们公司最大的问题，就是质量管理问题。自身内部的质量管理，对供应商的质量管理，都要加强。

前期没选择好供应商，或者选择时没有主动权，后期管理就需要花很大的力气。

要加强质量管理意识，要知道，质量体系流程不真正运营起来，是没办法保证质量的。

3）五个建议

第一，你的客户既然能给你们开罚单，你们为什么不能给那些品质很差的供应商开罚单？

第二，把质量检验的数据要过来，统计并分析一下，看看哪些供应商表现最差，让老板看看，这样的供应商难道不该淘汰吗？

第三，找你的高级采购经理，他既然负责开发供应商，你要赶紧请求得到他的支持，开发一些新供应商。引进一两家好的，让老板的那些亲戚看看，为什么别人质量能做好。

第四，对于现有的供应商，品质改善暂时指望不上质量部了，采购自己去做吧。

第五，处理好与现有供应商的关系，有空找以前的采购总监单独聊一聊，也许他能告诉你一些关于供应商的错综复杂的关系。

009

供应商免费增开模具，好事还是坏事

作者：姚何

有异常情况，需要及时反馈，这
是责任也是义务。

对于产品数量较大的公司，模具是非常重要的生产工具，模具状况的好坏、模具的数量多少等，都直接关系到产品的品质和生产的秩序。

作为采购的你，假如有一天遇到如下问题，你会怎么处理？

某个产品只有一副模具，经过批量生产，模具寿命即将到期，可你没有关注到这个问题，供应商自己用以前的资料及钢材等增开了一副新模具，生产没有受到任何影响。

直到有一天，你突然意识到，哎呀，这副模具已经过期了，赶紧增开一副吧，供应商这时告诉你，我们早就开好了，要不然早就停产了！

作为采购的你，会怎么看这个问题？

"这个供应商好，干活积极主动，要不是他主动开模，估计早就停产了，真要那样，我就该被干掉了。"我不知道你的想法是什么，如果你真有这样的想法，那就该检视一下自己，是不是不适合做采购管理这项工作了。

为什么？听我慢慢道来。

作为一名采购管理人员，你的职责就是保证生产物料按时、按质、按量供应，还要保证有竞争优势的采购成本，这些职责的核心就是供应商管理，也就是说采购就是管理好供应商。

但上面的案例表现出来的是供应商管理已经失控，乍一看，在这件事情中供应商帮了采购的大忙。可你仔细想一下，如果供应商在开模之前知会你一下，不管你的决定是不是在他们家增开模具，是不是也能保证生产的正常进行？

再有，假如已经决定要在另一家供应商增开一副模具以形成竞争，那在这样的情况下，既定的策略如何实施？

假如本打算新开模具时要做些设计变更，那变还是不变？

还有将来涉及移模或者一些纠纷的时候，这副模具的所有权是谁的？公司要停产这款产品，供应商能否利用这套模具给别的公司加工产品？

这些问题看似吹毛求疵，但真的发生时，你就体会到什么叫郁闷之极了！

案例中的情况，在采购管理的工作当中，应该被禁止。**采购与供应商之间应该保持良好的沟通，有异常情况，要及时反馈，这是责任也是义务。**

比如在这个案例中，模具寿命快到了，采购不说，供应商应该主动告知，沟通接续事宜。如果案例中的情况发生，那就说明采购对供应商的管理已经失控。表面上看是好事，并不一定真的是好事。类似的事情必须立即严厉制止，以防止其他供应商效仿，确保供应商管理落到实处，而不是畏首畏尾，担心风言风语不敢行动。

上面这个案例并不是我杜撰出来的，而是我曾经在实际工作中遇到的情况。在把供应商斥责一番后，我修订了模具合同的标准模板，增加了一条："在未得到我司书面许可的情况下，供应商禁止增开模具，即使是免费增开，一旦发生此类情况，供应商也需支付我司违约金10万元，且该模具的所有权无条件归属我司。"

当时很多人不理解，但后面的事实证明，不允许供应商私自增开模具没有给生产造成任何影响。相反，供应商都知道了有什么情况要及时沟通，否则就算做了好事，也会被责罚，后面的工作也就更加顺畅了。在平时的采购管理当中，采购管理者不管怎么做，都会有人说闲话，因此采购管理者不用太在意别人说什么，而要关注问题的本质。采购工作的本质就是管好供应商，重点在"管"，如果连"管"都失去了，那采购工作如何能做得好呢？

010

跟康熙皇帝学供应商管理

作者：汪浩

> 首先要稳住，然后迷惑对手，并培
> 养自己的力量，等待时机成熟。

看到这个标题，你可能觉得莫名其妙，康熙皇帝怎么能跟供应商管理扯上关系呢？在那个年代，也没有供应商管理的概念啊，我们又能学到什么呢？没错，康熙虽然没有做过采购供应链的工作，但他教会了我们如何应对强势供应商。有一句话不是这么说的吗，客户就是上帝！

强势供应商对于采购供应链人士，就相当于鳌拜对于康熙皇帝——虽然你是客户，你是皇帝，表面上看我为你服务，必须按照你的要求来做，然而实际上我很清楚，你奈何不了我，我并不把你放在眼里，我甚至会打压你。所以，我们应对强势供应商，跟康熙皇帝应对鳌拜，在某种程度上有着相似之处。

一个采购供应链专业人士，在工作中难免会遇到一些强势供应商。

所谓的强势供应商，是指它的产品有质量或技术优势，你无法找到替代品，而且你的需求量很大，因而依赖供应商。

目前你无法改变这种现状，对于这一点，你很清楚，更重要的是，你的供应商比你更清楚。这样的供应商，管理起来是比较困难的，因为你有求于它，所以它有强势的资本，特别是对于价格，它一般是不会让步的。而且由于无法替代，它是独家供应商。

作为客户，我们就会一直受制于人，这对供应来说也是很大的风险。跟这样的供应商合作，质量是不用担心的，但是价格、交货、付款方式，都是它说了算，你提的要求它不予理睬，没有任何商量的余地。

如果你的供应商有类似的情况，很遗憾，你碰到鳌拜了，面对这样的供应商，你很无奈，气得直咬牙，那也没有办法，你还不能表现出来。如果你表现出来不满，言辞激烈，得罪了供应商，说不定第二天供应商会给你发一个通知，"出于安全生产的原因，我公司需要停产对设备进行检修，交货期顺延，具体时间不确定"。如果这样的话，你就捅了娄子，亲自登门谢罪都不一定能解决问题。

对于这样类似鳌拜供应商，采购人员千万不能硬来，绝对不能跟它正面交锋，你如果敢打压它，它会让你非常被动和难堪。那怎么办呢？几百年前，康熙皇帝就告诉我们，生气是没用的，慢慢来，忍着吧，首先要稳住鳌拜，迷惑鳌拜，然后暗中培养自己的新生力量，等到时机成熟，新生力量足够强大，就可以一举铲除鳌拜。

西门子就遇到过这样的情况。最初西门子耳机助听器的供应商是楼氏电子，而楼氏电子也确实做得很过分，卖给西门子的耳机助听器价格40美元一个。这个价格高得离谱，但西门子不得不接受，因为双方都很清楚，当时世界上只有楼氏电子可以生产这种耳机助听器。

西门子也找楼氏电子好好谈过，尝试过跟楼氏电子协商，看是否可以降价。楼氏电子拒绝了，不但拒绝降价，而且还提出，由于人工成本的上升，每年都要涨价，这让西门子憋了一肚子火。

很显然，楼氏电子没有认真学习中国清代历史，只顾眼前的利益，毫不客气地就做了"鳌拜"。

不得不说，西门子像康熙皇帝一样做得很好，他们明白"鳌拜"是不会让步的，生气也没有用。西门子就开始到处寻找供应商，来帮自己做耳机助听器，而这些供应商一听要让自己去跟楼氏电子竞争，就打了退堂鼓，对西门子说，您这位"鳌拜"太厉害了，我们没那能力，我们的技术水平跟楼氏电子不是一个级别的,这活儿我们干不了。

经过西门子的苦心劝说,加上对供应商的承诺和利益诱惑,最后终于有一家名为声扬电子的公司勉为其难地接下了这个活儿。

由于技术水平差距实在太大,声扬电子一开始做出来的耳机助听器质量确实太差了,根本无法使用,但西门子知道这事急不来,不断地指导和鼓励声扬电子,声扬电子也不断地改进,经过三年时间的磨合,声扬电子做出来的耳机助听器的质量已经非常接近楼氏电子的耳机助听器的质量水平了。

这时候,由于手上有了筹码,西门子一改前几年的低调,明确要求楼氏电子必须大幅度降价,否则就会大量减少对楼氏电子的采购数量,改从声扬电子采购。

到了这个时候,楼氏电子如梦方醒,想不接受也不行了。

通过几年的努力,西门子逐渐降低耳机助听器的采购价格,从40美元降低到了1美元。

对采购供应链人士来说,我们承担了太多的压力,特别是降低采购成本、确保供应商的准时交货等。如果遇到这样的强势供应商,它们完全不受我们的控制,会给我们的工作带来很大的麻烦,所以,我们必须想想康熙皇帝是怎么做的,先学会委屈一下自己,制订一个计划,谋定而后动。

011

为什么采购不能决定选择哪个供应商

作者：颜家平

选择供应商至少涉及质量、成本、交付。

在许多企业中，选择与决定供应商已经不取决于采购部的一家之言，更不会由一个采购员说了算，而是通过相关的流程，经过采购委员会的同意和企业最高层领导的批准。其中一个流程，就是听取相关部门的意见，其中包括了供应链部门。

谈起选择供应商，我们脑海里马上跳出三个要求：质量、成本、交付（即QCD）。我们也会联想到，质量由质量部门关心，成本自然由财务部门主管，供应链主要是对交付能力进行评价。

其实不然，供应链部门在参与选择供应商时，必须站在供应链的角度去审视这三个要求。

（1）质量

对于质量，供应链要关注供应商的质量控制能力与自我检验能力，就是供应商是否能够做到避免质量问题的发生与及时发现质量问题。

因为质量问题会影响交付，有的会影响对制造企业的交付，有的会直接影响对最终客户的交付。

前天接到一个供应链老朋友的电话，他说他们的产品发到客户仓库后，突然发现有质量问题，于是启动应急措施，花了大价钱将新的产品运过去，不合格的运回来，还差点停了客户的生产线。

原因在于供应商没有控制好质量，也没有发现质量隐患。这样的案例几乎每个单位每年都会发生。谁承担后果？账是记在供应链头上的，因为这属于没有按时交付！

（2）成本

谈起成本，一句俗话说得好："便宜没好货。"成本下降是有一定限度的，供应商能够提供低价，肯定有它的招数。

我曾经与一位民营企业的总经理谈起过低价的事，他说，你们有来招，我们肯定有去路。我们会在"降成本"上下功夫，而且绝对不会让你们感觉到，否则我们怎样活下去呢？

有一次，我遇到一个供货问题，请供应商支持，他却回答我，价格已经低成这样了，我实在无能为力了。结果我眼睁睁地看着交付受到了影响。

对此我有切肤之痛。我非常赞同一汽大众前总经理陆林奎先生的话，"低价策略没有前途"。

价格水平应该按照陆先生的倡议，要基于倒推分析，进而做详细成本结构可行性分析。

（3）交付

交付是供应链最关心的，不管是谁的原因，一切交付问题的后果都是由供应链承担。我们必须从供应商的产能、制造体系、供应链运行上去考察与观察供应商。不仅看当前，而且要看将来。不仅要看一级供应商，还要关注二、三级的关键供应商。

在这方面，上汽通用公司为我们做了榜样。他们搜集了各供应商的上游供应商的资料，制作了分布图。当发生天灾人祸时，他们可以立刻发现哪一家供应商会受到影响，从而及早采取对策。在日本的两次大地震发生时，这个措施的作用非常明显。

　　上述这些内容都是供应链所关心的，在选择供应商时必须提出，而且需要得到满意的答复。我们需要供应商有合适的质量、价格与产能，同时要给供应商以发展的空间，只有这样，才能够为今后的合作打下基础，为大家的共赢创造条件。

012

供应商为什么提无理要求，不答应就撂挑子

作者：汪洋

了解背后的原因，想想我们的
选择。

CC公司是国内一家成立相对较晚的合资汽车公司，最近，采购经理Tim遇到一个很令人头疼的问题。他所采购的一个零部件，合同已经签订，首付款也按期支付给对方，供应商进入试制过程。一个多月后，他突然接到该供应商邮件，供应商要求再支付一笔款项，否则将停止继续试制。

得知对方要求后，Tim十分恼火，因为CC公司给供应商的每一笔付款，都是严格按照合同要求执行，现在产品的影子还没见到，供应商就要求支付进度款！

在Tim与该供应商沟通的过程中，对方丝毫没有表现出可以商讨的态度。如果开发新的供应商，那么会延误交期，甚至可能拖延整车的生产进度。为此，Tim面临巨大的压力。

Tim在来CC公司之前，一直在一家大的合资汽车公司做采购，他坦言，这么多年他还没见过这么不守信用的供应商。

在十几年外企供应链管理生涯中，这样情形我也遇到过，只不过，我所遇到的供应商，其表达没有这么明目张胆。

我们需要从以下两个方面分析。

（1）该供应商为什么要这样做

a）对方资金确实紧张。由于公司经营不善，资金周转十分紧张，如果没有这笔额外付款，公司将面临关门倒闭的风险。如果供应商到了这种生死关头，那么它就不会顾及商业信誉和脸面了。

b）供应商觉得合同签亏了。供应商在合同执行的过程中，发现前期实际投入的资金，远比自己预想的要多很多，于是想通过威胁的方式变更合同付款进度，从而达到自身目的。

c）发现CC公司经营风险突然增大。为了降低与CC公司后期合作风险，提出增加付款要求。

d）事后才得知CC公司付款信誉不好。供应商签订合同后通过别的渠道得知，CC公司在付款上口碑一直不佳，为降低收款的风险，供应商不惜违约。

（2）如果拒绝其无理要求，我们是否还有别的选择

a）有别的选择。立即重新开发供应商，而且要保证时间来得及。

这里面有一个需要注意的问题，即使来得及，采购人员还必须考虑到，如何处理与该供应商的商务纠纷，预付款还能要回来吗？供应商前期已经投入资源，且供应商态度这么强势，想要回首付款其难度可想而知。所以，实际操作上，不建议将另起炉灶作为首选项，除非万不得已。

但是，它可以增加CC公司与供应商谈判的筹码和底气。

b）没有别的选择。如果重新开发供应商，项目时间来不及，所以暂时别无选择。

此时可以采取如下几种策略：

- 与对方谈判解决。这时候最能体现出采购Tim的谈判技巧。Tim需要将自己能用的筹码发挥到极致。

- 谈判未果，问题升级。请公司最高管理者介入，和对方高层沟通。
- 如果对方确实陷入财务危机，Tim 可以根据了解到的真实信息，向公司领导陈述利害关系，力争该项目特事特办，暂且答应该供应商的不合理要求。但需要和供应商高层签署一个书面承诺，同时，CC 公司需要派专人在供应商财务现场，紧盯每一笔款的付款用途，做到专款专用。

013

国企、外企、民企分别用什么方法找供应商

作者：宫迅伟

> 国企偏招标，外企重流程，民企看老板。

在现实工作中，国企、外企、民企的供应链管理呈现不同的特点，这些特点是由企业的成长背景、企业竞争态势、管理成熟度等决定的。

（1）国企

目前的国企，主要是一些大型国有企业，都是地方或中央直属企业，具有相当的规模，其中绝大部分都是在计划经济环境下成长起来的，具有一定的垄断地位。国企尽管也经历了市场经济的变革，但在管理上，还是遗留了很多计划经济的管理痕迹，并且国企还承担着很多社会变革时期的特殊任务。尤其是在应对经济危机时，国企在关键时刻发挥了一定的作用。因此，在一些关系国计民生的领域，国企还处在垄断地位，还受到国家一定程度的保护。但随着市场经济的发展，随着民企的逐步壮大，一定会有越来越多的领域向民企开放，准许民企参与竞争。

在这样的大背景下，国企的采购管理呈现下面的特点。

1）大量采用招标采购，但往往是走形式

为求公开、公平、公正，很多国企都规定要公开招标。想法虽然非常

好，但由于这些国企派生出来的子公司、"三产"、改制企业等都需要吃饭，因此这些国企或受制于社会稳定，或利益相关，招标往往有倾斜，如近年出现在报端的武汉地铁招标案、上海静安房地产招标案、广州财政局格力空调招标案等。

所以，国企招标很大程度上取决于投标企业与招标企业的隶属关系。

2）设采购委员会，或相应的集体决策机制，但往往是领导说了算

由于有的国企的人事任免决策机制、等级观念、管理习惯，虽然有集体决策机制，但往往权责不清，集体负责导致集体不负责，最后还是领导说了算。

在这种背景下，很多时候人们会研究领导的"心智模式"，要不怎么会有"用人失察"这个说法呢。我们看一下，哪一次任命不是组织部门考察、集体讨论决定的，但为什么被任命的干部出了问题，就说是主要领导用人失察呢。

所以，有的国企的事还是主要领导说了算，供应链上的事，跟领导个体的管理风格、学识水平、职业道德有很大关系。

3）组织架构呈矩阵式，但职能条线和业务条线指挥链不明确

现存的国企，都是规模非常大的企业，在全国各地甚至世界各地都有很多分子公司。或由于客气，或由于推诿，或由于干部考核权限，或大家不习惯矩阵式管理，往往形式上有矩阵式组织架构，实际上管理失灵，没有信息共享，权责不明，没有操作平台，还是"人治"，缺乏管理共识，缺乏适应矩阵式管理的系统有效的流程。

国企流程意识较弱，事情的成败很大程度上取决于操作此事的人的能力和"情商"，取决于人与人的关系。

当然，外企、民企也有类似的问题，但外企，尤其是《财富》500强企业，成长在发达的市场经济环境下，都具有成熟完整的供应链管理流程，流程意识已经成为企业发展的基因，对供应商选择评估有完整的流程体系。

（2）外企

外企，从评估的标准、选择的策略，到供应商数据库的建立，再到供应商的进入、淘汰、提升、发展都有完整的路程，最大程度上减少了人的因素。从预算管理、采购申请、供应商选择及绩效考评，到价格的确认、下单及材料入库，都是信息化管理，企业有成熟的 ERP 系统，甚至 SRM 系统（供应商关系管理系统）。

矩阵式管理条线清晰，虽然有多个上级，但总体权责清晰，因此，虽然沟通层级、沟通环节多些，沟通慢些，但还是畅通有效的；并且由于经过了多角度沟通，经过了充分协商达成共识，决策也比较科学，也容易推进。还有强大的审计保证流程运转，在这些公司，流程就是纪律，就是"天条"，外企普遍把流程看得非常重，如果违反，处罚非常严厉。

（3）民企

民企成长在中国改革开放后，基本是"草根"，并且是在有些恶劣的市场环境下生存的，像"杂草"，带有随意性，但生命力极其旺盛，生存是其第一法则。这些企业还带有明显的老板文化，因为这些企业大部分是由家庭作坊或家族公司成长起来的。

因此，创业者的管理习惯和管理认识就是这个企业的管理文化。这些企业的成长主要基于人的因素，因此管理上也主要靠人。所以，人与人之间的信赖关系很重要，从管理决策到职责分工、流程执行都带有很大的"信赖"特点。有流程，但还是老板说了算；有流程，但利益优先；流程虽简单，但也实用。

国企、外企、民企在采购管理上各有特点，不能简单评价其优劣，因为这些特点都符合其自身的需要。但随着市场经济的发展，随着国企对市场的不断融入，随着民企的发展壮大，随着外企的逐步本土化，这些企业间一定会相互学习。尤其是国企、民企向外企学习，这是市场经济发展的要求，是企业国际化的要求，是自身所处发展阶段的要求。

014

指定供应商，你能换掉吗

作者：宫迅伟

组织保证、流程保证、人员保证，管控好指定供应商。

"关系"供应商是采购的一个痛点，往往比较难处理。

我最近看到一篇文章，麦肯锡副总裁 James 写的。

他讲了一个现象：本该激烈竞争的供应市场，为何只有一家供应商？

想换掉一家明显没有竞争力的供应商，却遭遇内部阻力，困难重重……都是因为有一条看不见的"影响链"。

他总结为，这是中国采购必须关注到的人性因素。

我们也经常听到很多采购人抱怨，领导推荐的供应商、开发部门指定的供应商、使用部门指定的供应商，比较难管理，"关系"难处理。

大约 20 年前，那时我在一家外资公司做采购部部长，外籍同事带我一起去参加一个采购论坛，这是一个由外国人在中国举办的论坛，参会者几乎都是外国人。

我发现，这些外国人骨子里就非常不信任中国人，会上大谈中国人的"关系"学。

说得我有些脸红，但心里又有些不服。

脸红是因为他们说的是真的，不服是因为不像他们说的那么普遍，那么严重。

外籍同事就像那个怀疑邻居偷了斧子的人一样，我怎么解释他都不信，一心认为中国人所有事都讲关系。

关系户供应商屡见不鲜。在 2019 年 1 月 12 日宫采道走进深圳 1+N 活动上，一位学员拉住我问了 15 分钟，她的痛苦是，自己的上级主管力推一家供应商，而使用部门主管认为它质量不行应该坚决换掉，她夹在中间左右为难，因为这边不愿意得罪领导，那边又觉得使用部门有道理。㊀

2018 年 12 月 8 日在第四届"中国好采购"千人大会上，一位同学也提问，如何处理"关系"供应商。㊁

平时课堂上也有很多同学提出"关系供应商"难处理。㊂

麦肯锡副总裁 James 曾经说过，"影响链"带来的常见后果之一，就是单一供应商垄断企业某个品类的供给，而其他更有实力的潜在竞争者无缘参与。

那企业到底该如何破解这些问题，如何营造供应商之间的公平竞争环境呢？

企业常用方法是，请三家以上的合格供应商提供报价。

这种方法是否有效呢？真能破解吗？

来看看这些"影响链"的参与者是如何"玩猫腻"的，James 列举了几种常见情形。

a）知名供应商品牌本来是吸引客户的一个卖点，最后却成了客户的硬性要求；

b）产品的设计或测试方法成了现有供应商的专属品，只有现行供应商才能达到标准；

c）各家供应商的业绩数据并不准确，或者采集、分析和报告方法不统一；

㊀ 宫迅伟注：采购人一定要有自己的价值观，懂得拒绝，人生不纠结。
㊁ 宫迅伟注：那得看看是什么关系。
㊂ 宫迅伟注：其实也没那么难，要掌握一些人际关系处理技巧。

d）供应商谈判工作错漏百出，或者口径不一；

e）现行供应商更快拿到货款，从而能够提供更有优势的报价；

f）口头上大力支持新供应商的引进，却无任何积极的后续行动，有意放慢合作进度。

表面上货比三家了，实际上还是或明或暗地"指定"供应商。

CEO 没有时间也没有资源整顿采购流程中的潜在运行机制，那么该怎么办呢？

James 给出了这样的建议：设计出一条路径，让利益相关者坦陈自己对供应商的取舍偏好，通过以下四个步骤，更好地掌控在中国采购中的人性面因素。

1）赢取利益相关者的信任

与自己的组织为敌不会有任何好处。相反，你应投入时间，消除那些与你基本立场一致又具备一定影响力的人的顾虑。你可以与他们谈话沟通，询问顾虑所在，然后努力通过一种透明、合作的方式来消除他们的顾虑。

2）削弱"影响链"的作用

对于那些能影响供应商筛选的人来说，只要他们无从得知供应商的激励分配机制，就能配合行动。公司可告知利益相关者，激励因素的分配并不平均，从而破坏他们帮助现行供应商保住地位的协调行动。

3）提供简单的退出路径

企业内部的利益相关者需要采用一种简单无风险的方法退出现有的供应商关系。企业可帮助他们与新供应商建立关系，并为替换供应商的过渡期做好储备。

4）创造理由终止与现有供应商的合作

降低企业在现行供应商中的客户价值。具体方法可以是制定更加不利的应付账款政策，降低对缺陷的容忍度，或者告知对方预测需求将有显著下降等。

还有什么办法吗？

我觉得可以从三个维度思考，即组织保证、流程保证、人员保证。

a）**组织保证**，就是要有权责明确的分工、互相协作的企业文化。这句话，说起来容易，做起来不容易，难点在于要根据企业发展阶段和运营实际来设计，而不是照搬。这就是为什么企业需要外请咨询顾问。

b）**流程保证**，就是要有严谨的流程，如供应商准入、退出、考核机制，而不是简单地审批"同意"。有些公司就是某人说进供应商就进来了，说出供应商就出去了；或者一堆人签字同意，供应商就进来了，根本没有评估供应商的量化标准。成本控制方面，要建立"标准成本"或"应该成本"控制体系，而不是简单地靠一个人审核另一个人的价格，有些公司就是用一个"资历深的"审核"资历浅的"，或者用一个"信任的"控制一个"不信任的"。这种方法的作用十分有限。

c）**人员保证**，是要花钱投入，培养专业的采购人员。人员不专业，有时比腐败还可怕，因为不专业就无法找到合适的供应商，无法谈到合适的价格，签订的合同可能漏洞百出，风险巨大。

企业可以建立丰富的供应商池，关键供应商要有候补供应商，坚决执行供应商退出机制。

另外，集中采购管理也能起到帮助作用。

有人可能认为权力集中，腐败岂不是更严重？并非如此。

将影响力的所有关键节点都集中到少数负有明确责任的人员手中，能够简化与供应商相关的决策过程。这种方法会给相关人员赋予更大权力，但是驾驭一条只包含两三位利益相关者的"影响链"，可比驾驭包含了二三十位利益相关者的"影响链"容易得多。这也是James的观点。

015

采购绩效管理要这么干

作者：刘成

从质量、交货、价格三方面做评估。

    采购绩效管理贯穿于整个采购管理过程。采购绩效管理有两个主要目的：其一，确保采购达到绩效期望，满足公司的需求；其二，帮助供应商持续改进，使其更好地与公司合作。

    采购绩效管理指明了采购工作的目标和方向，并且考核和督促个人。

    供应商是公司的延伸，采购绩效的好坏很大程度上取决于供应商绩效的好坏。合理的采购管理指标，不但有利于激励采购团队达到目标，也可帮助供应商不断改善提高。

    一般而言，采购管理指标包括：供应商质量，供应商交货，物料采购成本，以及采购人员的培训、离职率，采购流程审核等指标。质量、成本与交货，不同行业可以通用，相对易于统计，属于硬性指标，是采购和供应商绩效管理的直接表现。

    不同行业、不同企业，在制定采购绩效评估的指标时，可以根据自身的需要，有自己的侧重点，在下面这个基础上进行增减。

（1）供应商质量评估

    "Quality is the first"，质量优先。我们在做采购绩效评估时，供应商质量指标当然是第一位的。我们对供应商的供货质量进行评估，常用的指标是百万次品率，即 DPME（Defect Parts per Million External）。这个指标的单位是 PPM（Part Per Million），即一百万件产品中不良的件数。

这个指标可以体现供应商交货的质量水平。我们对百万次品率的定义如下。

$$DPME = \frac{DP1 + DP2 + DP3}{Total\ Parts\ Received} \times 1\,000\,000$$

式中　　　DP1——在进厂检验时发现的不良品的零件数量；

DP2——在生产线上发现的不良品的零件数量；

DP3——根据追溯性在客户处发现的不良零件或产品的数量；

Total Parts Received——当月收到供应商的零件的总数。

这种统计方法的优点是简单易行，缺点是几分钱一个的螺丝钉和几万元一个的发动机所占比例一样。这一指标在不同行业，标准也大不相同。在多品种、小批量的行业，百万次品率能到 1000PPM 就是很高的水平了，但是在大批量加工行业，1000PPM 的供应商是不达标的。

于是，我们会用 NQC（Non-Quality Cost）质量成本来弥补百万次品率指标的不足。不同的产品的质量问题带来的影响不同。同一次品出现在供应链的不同位置，影响也不一样。次品出现在验货处（IQC），即 DP1，退回供应商要求更换即可；如果发现在生产线上，即 DP2，就有可能导致生产线停线；如果装到成品上发给客户了，即 DP3，那成本可就高了，包括保修、退货以及失去以后业务的风险。

在客户端发生质量问题造成的质量成本是非常高的，越早发现并管控好供应商的质量问题，影响就越小，损失就越小。但可怕的是，供应商的质量在很多公司并没有被系统地管理。因此核心工厂必须有健全的供应商质量管理体系，来驱动和帮助供应商质量改进。

因此，我们每个月统计供应商 DPME 和 NQC 等质量指标，来考核供应商交货质量的情况，并以此来督促、帮助供应商发现质量问题，提高供货质量水平。

（2）交货评估

统计供应商的准时交货率，概念很简单，但统计的方法很多。例如按件、按订单、按订单行统计交货率都可能不同，一般按订单行统计，用百分比表示，称为 ESSR（External Supplier Service Rate），也称 SOTD（Supplier On Time Delivery）。

对于供应商寄售的库存，因为有最低和最高库存点，按时交货可以通过相对库存水平来衡量。对于价格很便宜的采购物料，物料管理中的 C 物料，如标准件，可以采用双筒制的方式来管理交货和库存。这些便宜物料，平时没人关注，一旦断了货，影响却非常大。

按时交货从概念上看很简单，但实际操作还是比较复杂的。

例如你可以按照供应商报价时的订货前置期来统计（你说 3 周能做好，是不是订单下了 3 周后货都收到了）；可以按照供应商的承诺来统计（你说 2 月 10 日交货，到时交了没有）；可以按照采购方需要的时间来统计（MRP 显示，要在 3 月 1 日要 1000 个料，你能否到时交货 1000 个）。

还有些公司甚至统计供应商的灵活度：我要你提前交货，你提前了没有？我要你推后送货，你推后了没有？难怪有的公司有很多个按时交货率指标，这会给统计、沟通带来挑战，也会影响指标的意义。

供应商交货管理难，就难在以下两件事：

a）拿不到供应商的承诺；

b）拿到了承诺，但供应商到时候没兑现。

第二种情况比第一种更糟糕。对采购来说，供应商如果实在做不到就不要承诺，这样采购会提前想别的办法应付，比如寻求更高管理层的支持。但是一旦承诺了到时候没兑现，采购的补救措施就很有限了。

供应商千万不能养成"尽力而为"的习惯，你要么承诺能办到，一旦承诺就一定要办到，要信守承诺，或者说要做事靠谱；要么当下就说办不到，采购会马上想办法。

有些公司习惯性地处于救火状态，让供应商加急赶工的东西太多，严重影响供应商的正常排程，导致供应商的日程被全面打乱。供应商的工期失去了可预测性，结果一些本来不会迟到的货也迟到了，也使得工期承诺失去可靠性，双方都得花很多时间来管理。比如采购方不确定能否按时收到货物，就要求供应商三天两头来汇报；供应商花了很多精力去汇报，用在管理和计划上的时间就更少，使得生产日程更加不可靠，于是形成了恶性循环。

在供应商交货绩效考核的实践中，很多公司以标准的采购前置期为基准，外加根据需求和供应商承诺适当调整。正常情况下，交货符合采购前置期的要求，遇到一些特殊情况，如需要提前交货或者推后交货，与供应商确认后，公司即可按照调整后的交期考核。比如采购前置期是4周，但由于催别的货，公司同意给供应商5周的时间，这5周就是按时交货的基准。如果有了突发事件，需要供应商在3周内就交货，一旦供应商同意了，那么就将3周作为基准。

（3）年度降价评估

年度降价指标，会把降价比例和降价金额结合起来使用。在实际操作中，采购价差的统计还是比较复杂的。这里面比较重要的是如何确立基准价格。如果用历史的实际采购价格，那么用什么时候的价格？如果是全球采购的物料，那么用什么地区的采购价？再比如说，零件的采购价格不变，但零件原材料市场价格上升5%，算不算成本节约的成果？另外，新价格的生效日期，是下单日期还是交货日期？把以上问题定义清楚了，才能够准确合理地统计并考核供应商的降价情况。

1）基准价格的确立

用上一年度重复性采购物料的加权平均价格作为基准价，即1～12月每个月的价格乘以每个月的用量除以1～12月总的用量。新一年的价格也按照这个方法计算得出，两者之差即是价差。

那么对于非重复性物料，如何确定基准价格和计算成本节约呢？

总体而言，非重复性物料有以下几种情况：

a）物料相同，但物料号不同。由于物料号管理不规范，同一个物料在不同的项目或产品中，物料号不同。出现这种情况，采购要尽快在系统中将物料号标准化，确保同一种物料在不同产品或项目中，物料号也相同，这样就可以按重复性物料的方法来计算基准价格和成本节约。

b）物料相似，物料号不同。如果是组件，则可以将组件中相同的零件拆解出来按重复性物料的方法计算。其余不相同的零件无法计算降本。

c）物料完全不同，物料号也不同。通常这种情况就很难在系统中计算降本了。

2）大宗原材料价格

像金、银、铜、不锈钢、碳钢、工程塑料粒子这些大宗原材料，受市场变化的影响比较大。当这些原材料的市场价格上涨5%时，RMI（Raw Material Impact）是5%。采购与相关供应商谈判后，采购价格维持不变，即ICI（Index Contract Impact）保持不变，这部分节约（RMI-ICI）通常也可以算作采购成本节约。

3）新价格生效日期

一般情况下，为便于统计，所有年度谈判新价格可以从1月1日起实施，生效日期是下单日期。也可以根据需要，选择合适的生效日期。

4）付款条件

付款条件也可作为一种指标，包括账期、承兑汇票和提前付款折扣。账期是验货后多长时间付款；提前付款折扣是如果供应商想提前拿到货款，要付给采购方一定的折扣（货币的时间价值），例如货到30天付款，给采购方2%的折扣；货到45天付款，给采购方1%的折扣等。

账期延长对缓解采购方的资金运转很有好处，但往往是以增加供应商的成本为代价：供应商一般规模较小，融资成本相对更高，为早日收回货款而给采购方适当折扣，比为银行贷款支付利息要划算。另外，当公司现金充足时，提前付款给供应商，拿到折扣也提高了资金运转效率，对供应商也有好处。

当然，付款条件的一个挑战是，采购方的承诺不一定能实现。例如货到 30 天付款，折扣 2%，供应商根本不可能在 30 天内拿到钱，结果还要给 2% 的折扣，供应商自然就没有动力去接受这一付款条件。

也不要小看这一问题：从下订单到付款，时间长短是反映公司采购、运作效率的重要指标，这个指标的背后是采购对象的质量、信息准确度、付款流程等。还有些时候，采购方会把从客户那里收来的承兑汇票转给供应商，也相当于延长了账期，提升了公司的现金流。

我们在设定采购成本降低的绩效指标时，不仅仅要关注谈判形成的商务降本，还要包括价值分析、价值工程、国产化、供应商精益项目等技术降本。

除了以上几方面绩效指标外，有的公司还会有其他几个相关指标，例如员工发展与培训，即员工每年参加了几场内部和外部的培训，参加培训的小时数可以作为考核的依据之一。员工的离职率有时也会作为采购管理人员的考核指标。还有敬业度指标，一般 HR 部门会有一个调查问卷，设置一些员工最关心的问题，员工通过匿名方式给出相应的回答，一年做一次或者半年做一次，汇总整理出员工总体的评估分数，作为管理层分析和制订改善方案的依据。

有的公司还会定期安排内部和外部审核部门对采购流程的实施进行审核，主要评估采购工作是否按流程操作，是否存在风险及不合规的现象，并将审核分数作为年度绩效考核的一个方面。

上面阐述了质量、交期和成本三个主要的绩效考核指标，也是非常容易量化的指标。在有些公司，这些指标分归不同的部门，部门间扯皮、争执的现象比较严重。比如成本归采购部门，供应商质量归质量部门，供应商交货归物流计划部门，经常各部门之间互相扯皮，大家只盯着自己部门的一亩三分地。

也有的公司，同一指标由不同部门共同承担，各部门之间分配不同的权重。采购部门在降低成本时，要想着不要以牺牲质量为代价；质量部门在确保质量满足客户要求的前提下，多想想如何降低成本，提高利润和竞争力；物流部门在制定前置期、MOQ和送货频次时，要考虑一下经济订货量和运输费用。

同一指标由相关部门按照一定比例共同承担，这样大家都能关注并共同完成这项指标，能站在更高的层面上考虑问题，沟通和协调也就相对容易得多。

另外，采购绩效指标在制定时，通常会包含个人部分、部门部分及公司部分。例如：公司或者集团年度绩效＝个人部分（占比50%）＋部门部分（占比30%）＋公司部分（占比20%）。

这个比例也是个参考，每个公司会根据实际情况合理地调整各部分所占的比例，目的是让采购的绩效管理与相关部门的绩效管理相辅相成，也和整个公司或集团的绩效管理密切相连。

016 多品种小批量，也许可以这样解决

作者：汪浩

> 在大线之外，保留一条小生产线作为备用。

为什么会有多品种小批量的采购需求？

前几年，在一些采购行业论坛和峰会上，陆续有一些人提出，多品种、小批量的问题是未来采购要面对的挑战，当时很多人没有觉察到。这两年，我们很明显地发现多品种小批量的问题越来越多，已经在很多企业普遍存在了。

多品种小批量产生的原因，我总结了一下，主要有以下两点：

第一，现代人追求个性化，对产品定制化的需求比较旺盛。

例如，互联网上越来越多的商家推出量身定制的衣服，颇受人欢迎。淘宝上很多商家提供定制化产品，比如在可乐瓶上印名字。

第二，一些难以预测的意外发生。

客户漏下单、少下单，运输途中部分破损、失窃，客户加工时由于人为原因造成报废等。

（1）多品种小批量将成为常态

对于第一种情况，供应商专门提供这种服务，特别是在移动互联网如此发达的今天，供应商可以直接面对终端客户。价格比批量化的价格高一些，

客户也能接受。

比如有一个App"必要",号称全球首家C2M,也就是用户直达工厂。App上的商家专门做定制化产品,顾客既然选择了定制,就要接受相对较高的价格和较长的交期。

商家既然专门做这个生意,自然有应对之道,多品种小批量也就不是什么难题了。这也不是我们今天要讨论的主题。

而第二种情况,一般是无法预测的,供应商需要帮助客户紧急完成。这是我们要重点研究的。

虽然这些客户的需求不可预测,但通常也都是合情合理的,而且非常紧急。

比如,我曾经拜访一家铝型材供应商,在跟他们的销售负责人交流时,我们谈到是否会遇到多品种小批量的问题。

他给我举了一个例子,他们有一个房地产客户订了很多建筑型材,交付完之后,隔了一段时间,客户突然要求增加一个小订单,而且非常紧急。

什么原因呢?原来这些型材放在工地上进行安装,工程快收尾了,有一部分型材还没有安装完,结果有一天夜里被偷走了。等到第二天要安装时才发现型材没有了,这时赶紧通知供应商订货。这种情况下,供应商很难拒绝客户的紧急需求,只能特事特办。

这些不确定的事时常会发生,给我们的工作增加了难度。很多采购在面对公司的多品种小批量的需求时,总是会一脸无奈和抱怨,因为供应商不愿意接单,交期来不及,价格还高,只能一改往日的强势姿态,去跟供应商软磨硬泡,说无数好话,才勉强得到供应商的配合。

我们一定要认识到,多品种小批量的需求不断增加,这是无法避免的,将会成为一种新常态,我们要以积极的心态去面对。

(2) 多品种小批量的解决办法

有一个故事,说美国有一家医院,手术室常常是满的,所以,每当有急诊病人时，医院需要紧急安排手术，就只好把原先安排好的手术计划拖延。正因为如此，很多医生到了半夜两三点还在加班做手术，非常辛苦，病人的家属也总是抱怨。

为了解决这个问题，医院请了一个顾问。这个顾问在了解了医院当时的状况之后，提出一个令人惊讶的方案，让医院空出一个手术室来，专门应对急诊病人。对于大多数人来说，这个方案明显有点不切实际，因为本身医院已经很忙了，怎么还能空出一个手术室呢，这太过分了。

每当有紧急病人被送来，对于投入工作的人来说，让他们把手上的事情停下来，重新组织安排，是一件很让人厌烦的事。

医院的负责人经过再三思考，决定接受顾问的建议，尝试一下。于是，医院就空出了一个手术室。这样一来，每当出现突然需要紧急手术的病人，医院可以将其安排在这个手术室做有效处理，不用重新计划所有的一切。最后，医生加班少了，手术的效率也提高了。

生产也是同样的道理，一旦你的生产计划已经排好，人员召集完毕，生产准备工作已经做好，这时突然让你停下来，处理另外一件紧急的事情，人员和资源需要重新组织，一些人需要等待，而另外一些人匆忙上阵，这样的效率非常低，人员的积极性也会大大降低。

我见到一家工厂，它的方案，恰恰和上述医院案例中的方案不谋而合。

有一家做建筑幕墙玻璃的工厂，使用进口的自动化玻璃深加工生产线，根据提前安排好的计划下发派工单到生产车间，车间按照派工单来备料生产，但由于玻璃易碎的特征，在发给客户途中或者发到现场后，出于运输公司或者客户自身的原因，经常会有一些玻璃破损的情况发生，这时客户就需要供应商紧急重新生产破损的玻璃。

由于每块玻璃的尺寸往往都不一样，你无法预测或者提前备一些库存，所以这时候如果你按生产计划排单，单子就会排在最后，要客户等待很久，客户肯定是等不及的。如果插单，那么之前排好的计划就会被打乱，还要重新设置设备的参数，效率低下，非常麻烦。

由于时不时会有一些紧急的订单需求发生，都是事先无法预测的，插单的情况频繁发生，经常造成延迟交付，半成品库存增加。

为此，这家工厂想出了一个办法，他们在上了一条新的生产线之后，把之前一套老的生产线保留在车间作为备用，专门用来应对这些小批量的紧急订单。

这样一来，只要有紧急订单，工厂可以马上安排生产补货，不影响生产线上已经排好的计划。

当时也有很多人质疑，如果老的产线也排上生产计划，而不是作为备用，不是可以增加产能吗？

其实并不是。生产管理上要避免满负荷生产，越是忙的时候，我们越要保留一些备用产能，以应对一些意想不到的事情。

017

缺货碰上暴雪和交通中断，日本上司给我上过的一课

作者：陆婉清

> 从竞争对手那边紧急调货，这是一个新思路。

2008年春节前，苏州下了一场很大的雪。那时我在一家日企，刚工作半年。我的工作是生产支援担当，职责是从客户订单接收开始，排采购计划，下采购订单给供应商，排生产计划、出货计划，直到出货。我的直接上司是个苏州人，他的主要任务是搞定海关的全部事务。公司的所有事情，我们都向部长福井汇报。

半年前，我刚入职时，我的岗位原来的人要离开，带了我一周就离职了，我东问西问好不容易才把工作流程理顺了。

公司是做背光板的，客户是三星、诺基亚、苹果等公司。每个人按产品分类承担工作职责，负责小背光的，一个人能负责十几个产品；而负责大背光的，一个人负责几个产品已不容易。

年底，客户通知我，我负责的一个产品即将被停止采用，因此，我尽量在不断货的基础上保证库存最小，经常自己到线上和车间小伙伴一起清点在途库存，也到仓库清点（每个月底自己负责的产品库存量要纳入KPI考核）。

我以为一切已经万无一失，觉得自己肯定可以拿到一大笔年终奖回家过年。

然而，不幸的事发生了。

生产过程中，有一批产品做出来有水印（注意：背光板用在笔记本电脑显示屏上，有水印是绝对不可以的）。

然后又将产品拆开，工作人员拆的时候，划伤了一批产品。重新组装后，发现还差几十个产品的钣金。

这个产品的钣金是从韩国买的，最终客户是苹果公司，品质要求非常高。

我清点了一下，准确的数量是30个。

这个订单就要交付了，但是还差30个产品的钣金，如果从韩国重新下单——

（1）那时大雪，交通几乎中断，钣金进不来。就算能顺利进来，加上报关时间，即使空运也要好几天。而且，我们找韩国工厂沟通，韩国工厂说它没有库存了。就算有库存，从韩国进口组装再出货给客户也来不及了。

（2）如果先送一批货，再从韩国进口30个产品的钣金，做好再发给客户，那么运输成本也很高。而且客户的交期又必须保证，不能让客户等我们的30个尾数产品而拖延最终客户的交期。

福井找我商谈，他一开始就问我，为什么少订了物料？没有良品率预留部分吗？（数量明明按照生产的计划下的，我感觉委屈，但也不想解释。）

见我没有作声，他更生气，用日语噼里啪啦地说了一堆。大概的意思就是我们要向客户交代，准时交付，讲究信誉是公司最重要的事情。然后他问我，你觉得应该怎么办？

我想了一下，便回答他：我猜想，客户在下订单时也会预留不良率的部分，我们是不是可以和客户沟通，少出30个产品是否可以？这样我们就不用再从韩国进口了。

原以为他会觉得这是一个办法，谁知道他勃然大怒，非常严厉地看着我说：你在说什么？你自己的工作没有做好，为什么要去给客户添麻烦？自己工作的问题，自己去想办法解决！

从他的办公室出来，我觉得委屈极了，眼泪止不住地往下流。哭完以后，我想，福井说得也对，问题总得想办法解决呀。

可是，还能有什么办法呢？

走出洗手间，我突然想起一件事。那就是：日本公司一般不会只找一家供应商，会把同一产品分给两家公司做，按 4/6、5/5，甚至 3/7、2/8。总之，我们同一产品，肯定有其他公司在做。

我想去找福井，问他在这个产品上，我们的竞争对手是谁。但是我不敢，刚被骂过，我一个娇滴滴的小姑娘，心脏没有那么强大。

我去问韩国供应商，这个产品除了供我们，还出货给谁？他说了一个公司名称，反正我一直没有听懂，韩国人和中国人用日语沟通，确实比较费劲。

后来我让他直接告诉我电话号码，他告诉我了。我联系了这个公司的采购，问有没有剩下的钣金件，我们需要几十个，可以原价购买。

她答应帮我去看看，很快就确认有货。

然后我赶紧把这个好消息报告给福井，请他给对方的日本工作人员打了个电话，对方很大方地转给了我们一些产品（本来这也属于他们的无用的库存了），解决了我们的问题。

公司的人都知道福井脾气暴躁，对工作要求十分严厉，办公室谁都怕他。

但这件事情之后，他对我的态度明显好了很多。我发现，只要工作足够认真，他也是可以很温和的。

那年春节公司年会，他说：陆桑刚进公司时，是一个很喜欢闯祸的家伙，不过也总是能自己想办法解决问题。加油！

我竟然从他的眼中看到一丝赞赏，也算难得。在那个暴雪的冬天，福井给我上了生动的一课，他让刚步入职场的我明白：问题来了，只能想办法解决问题！

内部争论和推卸责任，都是没有价值的。

018

多品种小批量、ETO、集中采购难、指定供应商，该怎么办

作者：汪浩

一家项目型公司采购的困惑，看看
老师怎么支招。

（1）读者问题

我们公司是一家机器人自动化公司，从事机器人及自动化产品研发、生产、销售，年产值几十亿元。

公司根据产品的不同分成多个事业部，外地也有几个地区分公司、工厂。我就职于采购部，负责供应商管理、渠道开发整合等。采购部不属于某个事业部，是而是隶属于集团。

我们的产品大多数都是根据客户的需求量身定制，很少有批量的，所以我们采购的产品批量小，种类多，选择范围也比较广。

目前的采购模式是，事业部接到项目后根据需要由设计人员选择所需产品，同时也选好了供应商，提交采购申请到采购部，采购部执行，下单跟催回货。

几千人技术团队，每个人都可以"采购"。如果一个品牌产品有几个供应商能供货，采购部还能货比三家，如果没有，就只能执行，当然，有些采购计划在设计那里也做了品牌间的比较。

现在的情况是：

a）采购部没有多少实际采购的权力，更多的是执行。除非某品牌产品在各个事业部通用，由采购部牵头与供应商谈判。

b）供应商太多，目前使用过的已有 7000 多家。每年用到的也有 1500 家以上，并且每年都以 300 家左右的速度增加。因为我们的客户可以是各行各业，所需产品都不同，所需采购的产品也都不同，这给供应商管理带来很大的难度。虽然制定了供应商管理制度，但是难以落地实施。

c）各事业部有各自为营的情况，选择开发供应商时可以不理睬采购部。尽管有公司老大的指示："各部门只提需求，采购部负责全部采购工作。"事业部还是能从技术角度将采购部屏蔽掉。如果采购部全权负责了，事业部会从交期、质量问题、价格等方面挑采购毛病。

d）品牌报备情况严重，以至于技术询完价，采购再到其他渠道询价就询不到，已被报备。

e）没有公司层面的质保部，物料部（仓库）归采购部管，到货后库管员检查型号和数量就入库，出现质量问题，事业部项目组或相应的设计人员直接联系供应商退换货，以至于采购部想做供应商考评，也搜集不到质量问题、服务问题的数据。采购部不可能挨个去问每个设计。因为一个供应商可能由几个、几十甚至几百个设计人员在用。比如 FA 产品、气动元件。

f）外协类产品多数不是采购部负责采购，是另外一个管理部负责，仅有少部分在采购部。这块分工不明确，同样没有质保部把关质量。

针对以上种种问题，该怎样解决呢？

有没有类似的公司，做得比较好的，它们的采购模式是什么样的呢？

（2）回答

从你描述的情况和问题来看，贵公司的采购还是比较复杂的，我非常能够理解你的感受。

你们公司的特殊性主要体现在以下几个方面：

a）基本上都是多品种小批量。
b）技术型公司，技术人员占到全公司人员一半。
c）供应商特别多，涉及行业很广泛。
d）有很多事业部和子公司。

这确实是一个非常特殊且复杂的案例，公司老大虽然表达了采购部全权负责的要求，但是在实际过程中，往往有一点中央军指挥不动地方部队的意思，非常难以处理。

采购，如果仅仅是把东西买回来，那其实并不难，但从公司管理的层面上，采购要考虑的问题有很多。

对于以上读者提出的几个问题，我首先进行以下分析。

1）权力问题

对于采购部没有供应商选择权的问题，"008. 供应商管理，难就难在选择和管理的不是同一拨人"中讲过，供应商选择是权力，大家都要争，虽然那个企业的情况跟你所在的企业有所不同，但是在中国，采购和供应商之间的事情很难说得清楚。

你们企业是做自动化机器人的，使用的电子类产品应该比较多，而这些电子类产品的迭代特别快，技术人员特别关注市场上出现哪些新产品、新部件，性能参数怎么样，功能是什么，可以和什么组合使用，能够达到什么样的效果。

公司在选供应商时更多地会看重产品的技术指标和性能，技术人员随时随地开发供应商，可以随时随地与供应商沟通技术问题，这对事业部来说，会更加方便。

从事业部的立场来看，为什么只有通用的产品由采购部去谈？

第一，因为通用的产品大家都了解，不需要再沟通，而且价格也透明。

第二，供应商一般会主动找技术而不是采购，因为供应商要推荐和介绍自己的产品，品牌选用的话语权在技术部门。

第三，你们公司既然分成事业部管理，那么每个事业部都要独立核算盈亏，有自己的 KPI，所以事业部也要考虑成本核算，它们对采购部可能不信任，它们需要自己控制整个项目预算，核算有多大的利润空间。

由于你们接到的订单大部分是客户定制化需求，多品种小批量，几乎没有什么批量的订单，所以区别于一般企业的特殊性就在于你所在的公司是技术研发型公司，属于 ETO 的类型，也就是每个订单要从设计开始。ETO 公司，一般都要求采购早期参与和供应商早期参与。

目前看来，供应商是早期参与了，你们各事业部技术人员在开发时，其中有相当一部分工作就是花在与供应商沟通上，但采购没有早期参与。采购如果要全面参与这些前期的供应商开发与沟通，要有一定的技术背景，不知道你们采购部目前的人员是否具备这个素质和能力。而且，这么多事业部，肯定会有很多开发的工作，全由采购部去负责，工作量是否能够承受？

目前来看，适合你们公司的方法，就是采用项目管理的矩阵方式，分横向管理和纵向管理两条线，每一个事业部有专门的采购人员，从职能上他属于采购部门，但他又参与某事业部的项目，所以他同时向事业部老大和采购部老大汇报。

2）供应商太多的问题

外资公司一般对供应商的导入有很严格的程序，供应商经过筛选以后，被列入合格供应商名录，由专人在系统里新建供应商。一般的采购人员是没有权限在系统里新建供应商的，其他部门的人更不行。

你们的 7000 多个供应商，估计有一些是一次性供应商，甚至有些已经多年没有再合作了。

那么，你要做的就是把供应商按照所提供产品的分类，进行品类管理，然后在每一个类别里进行区分，哪些为长期合作供应商，哪些是一次性供应商，或者根据帕累托规则来区分，80% 的支出是花费在 20% 的供应商上的，区分 20% 采购金额较大的供应商和 80% 采购金额不大的供应商。

每年有新进供应商，那么也要淘汰一部分供应商，否则这个供应商池就会越来越大。

3）挑毛病的问题

你说到采购如果全部负责，事业部会在质量、价格和交期上面挑毛病。这也是在所难免的。

为什么呢？还是因为权力问题，主要有两个原因。

第一，人容易原谅自己的错误，却很难原谅别人的错误。请记住这句话，这是人性的弱点。他们自己选的供应商，出现质量问题，他们当然不会批判自己；但是如果采购部开发的供应商质量出现问题，他们就会提出不满。

第二，技术部门因为权力被拿走了而感到不满。

权力也许不一定带来什么好处，但是权力可以带来权威和面子，失去了权力，也就在供应商面前失去了权威，这也是人性的弱点。

你作为采购，为什么你没有供应商选择权，你还是要争取呢？老板也没说要给你加薪，你为什么愿意多干活呢？多多少少有一些面子问题吧，当然有人不在乎权力，但也有人在乎，这跟人的性格有关，因为没有权力，你说的就不算，供应商就不听你的。

4）报备问题

这些自动化电子类产品供应商通常都是大品牌，外资公司比较多。小企业的产品公司一般轻易不敢采用，认为可靠性不强。这些外资公司一般不直接面对客户，而是通过经销商或代理商的渠道去销售，但是，很多时候它们会派公司的技术人员支持经销商，去给客户解决技术上的问题。

所以，报备问题是正常的，是厂家对经销商的管理要求，是为了不让经销商之间互相搞价格战，恶性竞争，打乱公司的价格体系。

但是报备了，并不代表价格就不能谈了。

技术去询价，可能没有太重视商务沟通技巧，可能会不经意间透露给供应商需要的紧急性，这样一旦供应商充分了解你对他们品牌的认可度和你们项目的进度要求，价格就不太好谈了。所以，采购早期参与，就显得相当重要。

我们是否可以在询价时用更加正式、更加官方的书面文件来规范供应商，比如，是否有一个标准的 RFI/RFP/RFQ 文件格式，即便技术去询价，我们也提议公司要求这样做，也许技术部门觉得这样操作比较麻烦，就让采购去做了。

或者，你把公司的历史采购数据统计出来，结合未来的需求预测，和供应商谈谈未来的长期合作，争取拿到最低的价格折扣。

当然，你也可以用另外一家公司的名义去询价。

5）绩效问题

目前为止，对供应商的绩效评估和管理问题，是采购人员反映困难最多的地方，市面上也没有一本书能够把供应商绩效管理讲清楚。

绩效问题的难点，在于采集数据难，确保数据的准确性也难，衡量实施绩效带来的收益是否比成本更大，这更难。

另外，考核的指标是否合理，也很难说。

绩效管理，如果靠人工收集数据，我觉得费那么大工夫，不一定值得；如果公司可以把 ERP 系统用好，直接输出相关数据，那么通过数字化技术可以实现。但具体怎么去做，需要你们公司内部仔细研究和讨论。

但是，还是前面那个问题，首先你要对供应商进行分类，不可能对7000 多家供应商都考核，要挑选出那些重要的、采购金额大的供应商，进行绩效考核；还要分类别，不同类别的供应商考核标准也不一样。

不管是供应商的绩效考核，还是下一步的工作，当前最重要的就是制定并完善采购流程制度，并按照这个制度执行。之后才能考虑去做绩效管理。

供应商管理，其实是一个 PDCA 的过程，P 就是要有完整的供应商管理计划，D 就是执行供应商的开发、评估与选择，然后并跟踪供应商的交付，C 就是对前面做的工作进行检查，也就是绩效。所以，要把 P 和 D 做好，才能去做 C。

不过，请记住一句话，绩效做得不合理，比不做绩效对公司的伤害更大。

6）外协产品问题

对于外协类产品，既然公司没有规定让采购部管，那就不去管，不在其位，不谋其政，难道不好吗？

做得多，出错的可能性也就越大。外协也不是好管的，要持续跟踪，稍有不慎就会出现质量、交货期延迟的问题。

如果将来外协也要归采购部管，那么最好要有一些懂生产工艺和质量控制的人去管理这些供应商，要能够指导供应商改善质量，也可以通过应用 TOC 理论（约束理论）帮助供应商缩短交期。

总体来说，关键的问题就是集中采购还是分散采购对公司更加有利，更多还是要看老板的态度。

如果老板觉得要坚决贯彻集中采购，那么你实施起来相对容易，把一套流程制度拿出来，让老板批准实行。

如果老板虽然嘴上这么说，但各事业部也很强势，老板有时也会含含糊糊。那你就要见机行事了，民企有时候讲究灵活。

当然，以上这些只是对你所提问题的简单分析，也许有些片面。一个公司的习惯做法和企业文化，是长期积累形成的，很难说靠某个人一下子就能改变。具体怎么去解决这些问题，你还需要结合公司的实际情况，找到适当的方案。

019

兵马未动，粮草先行，交付战争第一现场

作者：关爽

不同部门为了保证交付而发生的"战争"，希望对你有所启发。

最近几年，很多中国公司启动了国际化步伐。在扩大产品国际市场份额的同时，其供应链管理水平也经受了严峻的考验。下面的案例来自一家刚在国外建厂的中国制造型企业，描述了不同部门为了保证交付而发生的"战争"。希望对供应链领域工作的同仁有所启发。

（1）场景一：成品库存VS生产计划

时间已经是晚上8点，生产计划员王凯眉头紧锁，端坐在电脑前。

他利用EXCEL不停地调整着明天的生产计划。工装不到位，物料缺料，设备会毫无征兆停机。

身处如此窘境，王凯深深体会到什么叫"巧妇难为无米之炊"。正在王凯绞尽脑汁时，办公室的门被突然推开，成品库库管Mark闯了进来。王凯刚要问他怎么也还没下班，Mark抢先开了火："M8002已经爆仓，现在的库存都够后半年发货了，你怎么还在排产？"不等王凯反应，Mark继续发飙："你现在必须立刻把M8002停掉，否则我就去总经理那儿投诉你！"听到要被投诉，王凯的情绪也随之被点燃，一股心火直冲脑门，肚子里好多埋怨即

将喷涌而出。但是，话到嘴边，他又咽了回去，随即又自嘲地笑了笑。

王凯意识到，面对眼前这个开了一辈子叉车，即将退休的小老头，他的解释是对牛弹琴。与其浪费口舌，不如省省力气，继续排计划。于是他又回到自己的世界，把 Mark 晾在一边。Mark 本以为会有一场唇枪舌剑，没想到遭遇了一场冷战，于是撂下一句"你麻烦大了"，摔门而去。

（2）场景二：生产计划VS物料计划

物料计划员王慧最近被物料短缺折磨得快神经衰弱了。

今天临近下班，生产计划部的王凯又上门讨债，逼问几种物料的到货时间。王慧也是一肚子委屈，每天被人逼债的滋味并不好受。她当年跟王凯同期进公司，一起参加新员工拓展训练，也算有革命友谊。这次她就跟王凯倒起了苦水："目前客户都是提前一个月下单，而咱们大部分物料都是从中国采购后海运过来，交期3个月，因此，物料计划都是靠预测驱动。可是销售部给的预测太不靠谱了，准确率连30%都不到。"

"我也找过销售部，可是他们一句话就把我噎了回来。""他们怎么说？"王凯问。"他们说，预测要是准还叫预测吗？"王慧苦笑道。王凯想了想说，"咱们刚投产半年，预测不准也情有可原，但是你可以多备库存啊。"王慧白了王凯一眼，"财务早就开始考核库存周转率了，我哪敢啊。"听到这里，王凯叹了口气，"那怎么办，M8002是唯一一个物料充足的品种，但我都超单排产两周了，这个坑太大了，要是下半年销量不如上半年，我得人头落地。"王慧点点头，"我知道你的难处。这样吧，我晚点给采购打个电话，想想办法。"

（3）场景三：物料计划VS采购

Bob 正在吃晚饭，桌上的手机响了起来，来电人是物料计划王慧。Bob 的手指在接听和挂断间犹豫了一下，还是按了接听。

王慧听 Bob 接了电话，赶忙客气道："不好意思下班还打扰你，事有点急，需要你们采购部支持一下。"Bob 咽下口里的饭，"嗯，说。"王慧继续说道，"咱们供应商本地化进程可否加快啊，听说×××供应商的样品通过验证了，是不是可以导入了？"Bob 有点不耐烦，"哪有那么快，流程要过好几个部门，至少还要一周。"王慧倒吸一口气，"啊？一周？那肯定来不及了！""什么来不及？"Bob 反问道。

王慧答道，"我有一批货，因码头工人罢工，滞港一周了，现在都不知道什么时候到货。生产那边又等不及了，你看能不能让本地供应商先送一批货过来，PO（采购订单）什么的等程序走完咱们后补？"Bob 听后无奈地摇摇头，他知道，这不是王慧第一次提这种要求，也绝对不会是最后一次。

挂完王慧的电话，Bob 的思绪又飞回半年前。那时，海外工厂刚投产，因为天津港事故，中国危化品出口政策缩紧，采购部抓紧完成了化工品的本地化工作。但其他物料的本地化申请，在管理层看到国外供应商的报价比中国供应商的报价贵了一倍后，都被退了回来。

采购部得到的指示是，考虑到物流成本，本地供应商价格可以比中国的略高，但是目前的价格绝对不行，请采购部继续谈判。而这一谈就谈到了现在，收效甚微。最近，因为物料频频告急，才同意启动部分物料的本地化，但也仅限于救急。

（4）反思

兵马未动，粮草先行。海外新工厂运营要想尽快步入正轨，离不开有效的物料供应。作为物料主责部门，物料计划部受到预测差、交期长、库存数据不准、成品率不稳定、库存周转率考核严格等因素的种种制约，保证物料供应几无可能。在交付的战场上，每天都是硝烟弥漫。要想解决这个问题，我们需从TCO（总持有成本）角度考虑问题。在新工厂筹建前期，尽可能采用本地供应商，缩短交期，抵消预测不准等因素带来的消极影响。待运营逐步稳定，有了相关数据的积累和分析，再寻求全球化采购的机会。

020

采购办公室里的交付战争是如何打响的

作者：颜家平

> 对"采购周期"的前期沟通没有充分准备，对后期供应商的运作没有了如指掌。

某些企业的采购供应链办公室里，电话铃声往往此起彼伏，采购人员们声嘶力竭地呼叫着供应商的简称，催促着货物的到来。这些镜头会让你立刻想起我国过去的战争片。

不同的是，影片里的场景是传统的农村土屋，人们用电台与老式电话机，穿军装，而现在是在现代化的办公室，人们用手机与电话，穿工作装。相同的是，人的脸上都是一副急切焦虑的表情。

在战争片中我们可以看到，一个命令下来，要求部队或者弹药在什么时间之前必须到达什么位置，然后，部队就不顾一切地按命令执行，尽量争取提前到达。因为这关系到战争的胜败，士兵的存亡。

而供应链的条件更为苛刻，它要求的是准时，既不能迟也不能早。供应商就是供应链战争的部队，物料能否准时达到，关系到供应链的成败。影响着企业的存亡。难怪乎，物流的英语解释叫"后勤"，这个词是从军队里引用过来的，搞得供应链也像打仗似的。

办公室内的交付战争，大部分与采购周期有关。

采购周期是指采购方决定订货并下订单，经过供应商确认、订单处理、计划与生产、原料采购、质量检验、发运（有时为第三方物流）等环节，直至交付到采购方仓库的整个周期时间。简单地说，采购周期就是规律性的两次采购间隔的天数。对它的确定，是采购供应链的一项重要工作内容。

别看这些企业每天与供应商"交付战争"不断，可是在与供应商确定交付周期时，却不怎么认真对待。采购周期要经历这么些环节，每个环节的作业方法与花费时间都应该得到双方确认，然后将总的时间作为采购周期写入《采购合同》或者《物流协议》之中。这是约束双方采购活动的主要条款，也是采购供应链活动的依据。

那么，交付战争为什么还会爆发呢？

其中原因之一就是对"采购周期"的谈判没有充分准备，也许有些企业连谈判都没有，采购周期由供应商说了算。为什么是这个周期，它是怎样组成的，上面谈到的每一个环节是否有人专门去核查，不得而知。尤其在周期的计量单位上，有的国产件以周、月为单位，还有的只要不影响采购方的生产，什么时候都可以。因此，供应商在履行交付时的时间弹性比较大，而与其匹配的是精确到分或者秒的生产节拍，无怪乎交付战争会在供应链办公室打响，而且将持续到下班，到家里。

采购供应链的一项重要工作就是确保供应商按时交付。所谓按时，就是根据采购周期确定的时间标准进行交付。与供应商确定并不断改善采购周期显得非常重要，因为采购周期不确定或者过长会影响生产，影响库存以及影响对最终客户的交付与服务。

我们要消除采购供应链的战争状态，就应该做到以下几点：

a) **要真正了解供应商的计划、生产、检验与发运的方式和周期，了解它的相关产能，并以明确的天数为时间单位。**对可能发生的异常情况（包括自然灾害），做好预案，特别是建立报警机制与制订应急计划。这些内容都要经过双方确认，在合同里加以规定。

b) **对到货时间必须有明确的要求。**至少是以天为单位，尽量采用小时与分钟。因为时间越精确，供应链的控制水平与工作效率也越高，成本就会相应降低，离战争也会越远。

c）**对已经处于战争状态的物料，更是要与供应商合作，花时间与精力，找出引发战争的根源，制订整改行动计划，明确责任人，限期加以解决。**否则就应该"军法从事"。这样才能逐步消除办公室的战争状态，回归平平稳稳的正常工作环境。

021

浅谈8D报告在采购管理中的应用

作者：颜家平

> 8D是一个逻辑性很强的工具，使用方法有一定的复杂性，需要长期实践方能掌握要领。

在采购管理中，我们会应用许多工具，如成本分析、市场预测、谈判技巧等。不过几乎没有看到类似8D这样的质量工具在采购管理中得到应用。

我去年到一家大型企业做咨询，顺便了解采购供应链的情况。采购人员告诉我，采购的主要问题还是供应商不能准时供货，这样的供应商占比在10%左右。"那怎么办呢？"我很自然地问道。"一训、二罚、三降比、四开除。"他不假思索地回答道。

"效果怎么样？"我追问道。"几乎没有任何改变，最多只不过是从一家换成了另一家。"他说道。

"你们请供应商做8D报告吗？"我再问。听了我的话，他显得十分惊愕，"采购也要用8D方法？我可从未听说过啊！"

于是我向采购部门领导提出，希望能够采用8D报告这个工具来帮助采购对供应商进行管理。领导当时满口答应，但一个月过去了，没有任何动静。私下了解后，我才知道，领导认为采购人员追货都来不及，8D太复杂，没时间培训，不如"四步骤"来得痛快，还是等空闲时再说吧。

因为这不属于我们的咨询项目范围，我也就没有再花时间去关注了。之后，我遇到采购领导或者工程师，都会问起采购是否使用 8D 方法，他们的回答几乎都是否定的，认为这个方法是用来处理质量问题的，采购不需要。同时，他们也告诉我，"四步骤"倒是采购人员使用的主要工具。

8D 又称团队导向问题解决方法、8D 问题解决法（8D Problem Solving Report），是美国国防部在 1974 年创立，许多汽车企业处理问题的一种方法，也是解决问题的一套固定流程、方法和步骤。

最早 8D 问题解决法分为 8 个步骤，但后来又加入了一个计划的步骤 D0。8D 问题解决法依照 PDCA 的循环，其做法如下。

D0：计划。针对要解决的问题，确认是否要用到 8D 问题解决法，并决定先决条件。

D1：建立团队。建立一个团队，由有产品或制程专业知识的人员组成。

D2：定义及描述问题。用可以量化的何人（Who）、何物（What）、何地（Where）、何时（When）、为何（Why）、如何（How）及多少钱（How much）（5W2H）来识别及定义问题。

D3：实施并验证暂行对策。针对已知的问题制定暂行对策，实施并验证此对策，避免用户受到问题的影响。

D4：识别并验证根本原因及漏失点（escape points）。找出可能会造成此问题的所有原因，并且找到为何在问题发生后没有注意到有问题。问题的所有原因都需要经过验证或是证实，不能单纯靠脑力激荡。可以用 5Why 分析法或是鱼骨图来根据问题或其影响来标示其原因。

D5：针对问题或不符合规格的部分，选择及确认永久对策。经过试量产来确认永久对策已经解决客户端的问题。

D6：实施永久对策。

D7：采取预防措施。为了避免此问题或类似问题再度发生，修改管理系统、操作系统、实务及流程。

D8：感谢团队成员。认可团队整体的贡献，需要由组织正式感谢该团队。

它可以帮助企业分析问题的根本原因，制定临时、永久措施并牵头组织相关部门实施，推行 8D 报告的最终目的就是要企业形成运用 8D 来解决问题的基本习惯。那么采购作为企业管理中的一项重要内容，为什么没能普遍使用这个工具呢？其原因有这么几条：

a）认为 8D 仅仅是质量工具，8D 步骤会使用一些质量分析方法，而采购是管理部门，在管理中不需要 8D。

b）8D 是一个逻辑性很强的工具，使用起来有一定的复杂性和难度，需要进行持续的培训与学习。很多企业认为，采购没有时间静下来接受培训，上述企业就是一个典型。

c）8D 需要坚持长期实践，才能掌握其要领。许多企业学习一门管理技术，开始时轰轰烈烈，不久就兴趣索然，最后偃旗息鼓。往往只有个别能够坚持的企业才能取得成功。

d）供应商认为 8D 需要进行挖根寻源，彻底整改，靠自己现有能力无法操作，还不如"四步骤"干净利索。

在实际工作中，采用 8D 方法解决采购管理问题十分有效。

大多数汽车厂的采购部门都使用这个工具，当发现供应商有延迟交付、物流事故、风险隐患时，都要求供应商在 24 小时内提交 8D 报告。使用这个方法，发现供应商问题的根本原因所在，评估供应商采用的遏制和长期解决措施的有效性，这样能够防止问题的重复发生。然后根据提交的 8D 报告的整改情况考虑是否给予处罚。

对供应商来讲，被客户强制使用 8D 方法，它们只得依靠自身努力，按照 8D 步骤找到自己管理问题的原因所在，进行整改。这么做既满足了客户的需求，减轻或者免于处罚，又提高了自己的能力，从中受益。

因为实际工作的需要，笔者既要在发生问题时，向客户采购提交 8D 报告，也会让供应商向企业采购提交 8D 报告。我深深体会到，做一份切实有效的 8D 报告的确不容易，我们企业采用了接受外训的方法，不断派出管理部门的人员接受培训。

同时，又对供应商进行集体与个别的分层培训。经过较长一段时间的反复培训与实际操作，大部分采购供应链的工程师才掌握 8D 工具，并在采购管理中得到普遍使用，从而大大降低了采购供应链问题的发生频率。凡使用 8D 方法的企业大都有类似的经历。

据此，我们可以清楚地看到，8D 可以在采购管理中发挥出卓有成效的作用。要在采购管理中使用 8D 方法，我们需要注意以下四点。

第一，要认识到 8D 方法在改善采购管理中的重要作用。

第二，要花时间进行学习与培训，并加以实践。

第三，要持之以恒，不能奢望一蹴而就。只有这样才有可能掌握这门有用的管理技术。

第四，在自己掌握的同时，我们对供应链伙伴进行培训与指导，让他们也能使用 8D 工具，这样有助于整条供应链的协同发展。

我们应该提倡，在采购管理中普遍使用 8D 或者类似的有效工具，提高采购人员的能力，不断改善采购管理，以实现采购供应链的平稳性与有效性。

022

供应商现场质量审核之六脉神剑

作者：汪浩

> 围绕人、机、料、法、环、测这六个关键因素展开。

每个公司都有采购，可并不是所有的公司都有供应商管理。当然，越来越多的公司已开始重视供应商管理了。

那么，如何有效加强供应商管理呢？供应商现场审核是关键的一个环节。一般而言，在以下三种情况下，需要对供应商进行现场审核：

a）在开发新供应商时，采购必须对供应商进行全面的审核，来判断该供应商是否有能力提供质量合格的产品、产能能否达到要求等。通过一系列流程批准后，一个供应商才能成为合格供应商。

b）对于已经成为合格供应商的，很多公司每个年度都要对供应商做一次全面的审核，了解供应商这一年来发生的变化，并跟踪上一次的审核中提出需要改善和提高的地方有无实质性改进，从而进一步确保供应商产品质量的稳定性。

c）还有一种情况，当供应商的产品质量发生异常时，公司必须要立即对供应商进行现场审核，找到发生质量问题的根源所在。

大型的跨国公司、集团化企业，其采购制度相对完善，供应商准入流程较为严格，对供应商审核有着一套完整的评估系统，有的跨国公司供应商审核文件甚至有几十页。而中小企业，或者制度不完善的公司，其采购人员很可能没有系统地经历或执行过供应商审核，也不知道该如何进行审核，很多都是简单地看一下生产现场，让供应商填个表格，走个过场而已。

除了对供应商基本信息的收集和了解，供应商审核主要是公司根据供应商的 ISO9001 质量体系文件，来对供应商的质量管理进行系统的评估和审核。这样的审核一般不涉及商务问题，所以在大部分公司是由质量部门、体系管理人员或者 SQE 负责主导，采购参与其中；也有公司让采购部门去主导供应商审核。

所以，一个专业的采购人员，或者优秀的采购经理人，必须能够全面主持供应商审核工作。

那么供应商审核主要看什么呢？

人、机、料、法、环、测，这六个字是 TQM（全面质量管理）中影响产品质量的六个要素，英文简称为 5M1E（Man、Machine、Material、Method、Measurement、Environment）。

实际上，我们开展供应商审核，也是主要围绕这六个关键因素来进行的。这六个因素分析并不是独立的，是你中有我，我中有你。把供应商的这六个方面搞清楚了，基本上就可以对这个供应商的能力和水平做出判断，或者评出分数。而且，通过对这六个因素的分析，我们往往可以快速找到问题的关键，因此，我们可以称之为"六脉神剑"。

（1）人

在上述六个因素中，毫无疑问，人是最关键的因素。

1）人的安全

虽然，企业的第一目标是赚钱，但没有什么比人的安全更加重要。然而，在很多国内企业，安全问题总是被忽视。在多年的采购生涯中，我看到过一些供应商的员工，也有供应商的老板，甚至自己公司的同事，他们因为安全事故，有的眼睛受伤，视力严重受损；有的缺少一两根手指，甚至半个手掌都没有了。也有供应商发生过严重的生产安全事故，厂区发生爆炸，多人严重烧伤，甚至死亡。每当看到这些，听到这些，我的心里都特别难受。你能想象，在跟供应商握手时，突然感觉少半截，是一种什么滋味？

在欧美企业中，公司的安全意识非常强，人的安全永远被放在第一位。有专业的 EHS ⊖ 人员负责生产安全管理，他们要检查进入车间的人员有没有佩戴安全防护设备；消防设施是否齐全，是否在有效期内；是否正确使用危化品；现场是否有不安全的隐患等；并经常对员工进行安全培训，用一些安全事故的视频来给大家培训，给大家带来视觉上的冲击，让大家提高安全意识，减少安全事故的发生。

我们在审核时，必须关注安全因素，如果发现供应商的安全意识薄弱，现场有安全隐患，需要立即提出整改要求。

2）人的培训

员工要上岗，必须经过入职培训和岗前培训，特别是生产部门的员工必须经过培训才能上岗。如果没有经过培训，很可能会出现以下几种情况：

a）人伤了机器。人由于缺少培训，对操作不熟悉，导致设备故障或工装模具损坏，维修设备或模具会造成生产线中断，不但会产生额外的维修费用，还势必会延误客户的交期。

b）机器伤了人。由于操作不熟练，人在操作机器的过程中可能伤到手或身体其他部位，这就造成了前面讲的安全事故。

c）效率低下，报废率高。没有经过培训的员工，跟熟练工相比，必然产出低，而且做出来的产品合格率低，造成材料报废。

d）人员的稳定性。人员的离职率也是需要加以评估的一个因素，要了解供应商人员流动率是否在合理的范围内。太频繁的人员变动或者人员流动率太高，会造成新老员工的持续交替，必然影响产品质量的稳定性。

另外，在审核中，我们可以了解供应商是否有团队建设和团队活动，因

⊖ 即 Environment、Health、Safety，健康、安全与环境一体化管理。

为这些活动,可以提高员工之间的熟悉程度,促进员工之间的关系,员工在工作上的配合度也自然会提高。

(2) 机

机器和设备在使用过程中,需要根据使用说明做定期的维护和保养。审核的第二步,就是看机器设备是否有保养计划,是否按计划进行保存有维护维修的记录,设备的备品备件是否有库存。

常常有供应商为了加班加点生产,没有安排时间把设备停下来做设备检修。由于过度使用,或者易损件没有及时更换,在长期高负荷运转下,某台设备说不定某个时候突然就不工作了,这就像一颗定时炸弹。如果等到设备损坏了,再紧急去请设备厂商维修,更换备件,往往会耽误很长时间,费用也会更高。

所以审核时一定要密切关注供应商是否对设备维护有足够的重视。定期的设备检修和维护保养,可以减少故障的发生,就像人要定期体检,提前发现健康问题,及时进行治疗,才能避免产生更严重的问题一样。

磨刀不误砍柴工,机器设备必然要定期检修和维护。做好预防维护措施,设备得到很好的维护保养,才能持续稳定地生产。

(3) 料

料,包括供应商采购的原料和交付给客户的产品,因为供应商的成品就是客户的原料,这里主要看以下几个方面:

a) 供应商对来料是否进行检验,检验的结果是否统计分析,不合格料的处理方式是什么。

b) 供应商对它的供应商是否有系统性的评审,就是看供应商如何管理它的供应商。

c) 如何处理客户退回的不合格品。

d) 物料的存放,是否符合存放条件,能否做到先进先出,库存水平是怎么控制的，是否有过期的材料用到生产中。

e）物料发放到生产部门时，和生产流转，以及到制作成产成品的过程，是否有完整的过程跟踪记录。这样当发现质量异常，可以根据成品的批次查询到原材料的物料批次。

f）是否有过程检验，并确保每个环节的不合格品没有流转到下一个环节。

g）产成品是否做出厂检验，确保发给客户的产品都是合格品。

（4）法

法，是指在生产过程中遵循的一系列规章制度，其中包括生产工艺指导书、标准化作业流程、生产图纸、生产计划表、产品作业标准、检验的标准、各种操作规程等。法的作用是及时准确地反映产品的生产和质量的要求。

严格按照这些规程进行作业，是确保产品质量和生产进度的一个条件，也是确保质量是可以追溯和跟踪的。

（5）环

环境的变化对产品质量也会有影响。一方面，某些产品（化学化工类、电子、高科技产品等特殊产品）对环境的要求很高，例如生产车间需要对温度和湿度进行控制，或者需要无尘的洁净车间等。另一方面，一个公司在北美的工厂和在中国的工厂生产出来的产品质量，有可能会因为环境的原因而不同；中国的南方和北方的气候不同，也会造成产品的质量差异；冬天和夏天，甚至白班和夜班的气温差异，也会使质量有微小的变化。

（6）测

即使人、机、料、法、环这五个因素都审核过了，仍然有可能存在质量问题，那可能是测量和检验的原因。

首先，供应商负责检验和测量的人必须具备相关资质。比如，做NDT

（无损探伤）检测，必须由持有该认证（射线 RT、超声 UT、磁粉 MT、液体渗透 PT）的检验人员操作。

另外，检验的工具和仪器必须在校验期以内，一般来说，检验工具和仪器每年要送到当地的质量技术监督局进行校验。否则，仪器可能不准确，用这样的仪器去检验，结果肯定与真实结果有偏差。

总之，不同的公司，由于企业文化、行业、规模、要求等各方面的差异，对供应商审核的标准有所差异，也没有一个固定的版本和模式适合所有的行业或者企业，但对供应商的审核基本都是围绕人、机、料、法、环、测这六个因素。采购经理人或相关负责人可以根据公司的实际情况，制定或者优化自己公司的审核标准。用好了这"六脉神剑"，对于供应商审核便不再困惑。

023

自制还是外购

作者：卓弘毅

> 企业的核心竞争力不能外包，外包管理能力也是企业的核心能力。

自制还是外购，是企业经常面临的一个问题。对于某一种产品或服务，企业有时会考虑是由自己生产，还是外包给供应商来做。外包主要可以分成如下三种形式：

- 产品总成外包。iPhone 由苹果公司设计，制造全部外包给富士康等其他公司来做。
- 零部件半成品外包。汽车整车厂负责设计框架和车身总装，并依赖于外部独立的供应商提供的零部件。越来越多的新产品开发设计技术和成本，从整车厂转移到零部件企业。
- 服务外包。餐饮店通过专业的外卖送餐服务来完成订单。

企业到底是需要通过自制还是外购来实现利润最大化，这会牵涉成本分析，也就是我们要算一下账，看看哪一种方案的成本更低。

让我们来举一个例子。某企业每年需用 A 零件 1 000 件，该零件既可以自制，也可以外购。如果是外购，每件单价为 50 元；如果是自制，假设在当前客户总需求量下，企业没有任何的产能瓶颈，其单位成本为：

直接材料　　　　　　　　30 元

直接人工	10 元
变动制造费用	8 元
单位成本合计	48 元

A 零件是自制还是外购？我们通过一个简单的计算就可以得出结论。

自制总成本为：1000 × 48 = 48 000（元）

外购总成本为：1000 × 50 = 50 000（元）

企业应选择自制方案，每年可节约成本 2000 元。

当然，现实情况远比这复杂得多。产品或服务的成本并不是唯一考量因素。是自制还是外购，这需要进行战略层面的分析，同时还要考虑如下三个问题。

（1）是否为企业的核心竞争力

首先我们来思考一下什么是核心竞争力。通常认为，核心竞争力是企业或者个人相较于竞争对手而言，所具备的竞争优势和核心能力差异。通俗来说就是，人无我有，人有我优。

企业如何考虑核心竞争力应该自制还是外购呢？这里有一个案例可以借鉴。

达美乐比萨（Domino's pizza）成立于 1960 年，和其他比萨连锁品牌不同的是，达美乐非常专注于比萨外送服务。

达美乐从经营第一家堂食店铺时，就发现了一个新兴的市场——当时，店里 80% 的营业额都来自看体育比赛直播时，不愿意离开沙发的美国宅男。

达美乐从此开始专注于外送比萨，提出了"30 分钟内必达，超时免费"的口号，而外送完全是由自己的物流配送团队完成的。

既然是以外送为主要卖点，那么比萨堂食也就可有可无，所以达美乐的门店规模比其他品牌的小很多。

这样做的一个优势是，店面租金被大量地节省下来，达美乐的门店扩张可以采用成本较低的加盟模式完成。截至 2016 年，达美乐在全球已经拥有了 1.4 万家门店。

在这个案例中，我们看到达美乐的一项核心竞争力是快速优质的外送服务。假设达美乐的管理层在考虑进入一个新的市场，对于比萨外送这项服务，是用自己的配送团队还是找外部供应商，他们可能会通过以下的思考模型来进行决策。

对于达美乐来说，外送就是企业的核心竞争力，需要不断发展相关的能力并和市场的需求相匹配。

从最初的网络订餐，到当下流行的 App 下单，达美乐一直在尝试把最新的 IT 科技应用于发展外送服务上。在 2016 年，达美乐美国的销售额中有 60% 来自智能终端订货渠道，它是位列在线交易前十名的公司（数据资料来源于达美乐官网）。

（2）外包以后可能出现的后果

外包指的是企业把原来在内部生产或完成的产品或服务，转移为外部供应商来提供的过程。

随着经济全球化的趋势越来越盛，外包成了一种潮流。影响企业做出外包决定的主要因素还是成本，比如 20 世纪 90 年代开始，外资公司纷纷转移其生产基地到中国，就是因为当时中国的劳动力成本非常低。

当中国的人力成本逐渐走高时，劳动密集型企业又慢慢把工厂迁移到越南、印度等成本更低的国家。

当然，成本并不是影响企业外包的唯一因素，现在的跨国公司越来越注重业务的核心竞争力，都在战略性地剥离一些非核心业务，同时并购一些有上升潜质的新科技公司来增强自身的竞争力，占领更多的市场份额。

这些非核心竞争力的业务单元都会被外包出去，有些产品或服务的成本可能比企业自己运营的成本更高，但是整体来说，外包可以为企业提供更多的价值或是更好的服务水平。

比如公司内部的 IT 服务，以前的大公司都有内部 IT 团队，设立电话服务热线来解决员工在 IT 使用上的问题。现在这种业务已经开始外包了，通过第三方服务团队，使用远程控制的方法来解决问题。

如果是公司内部的 IT 团队，工作时间也就是朝九晚五，周末休息。而外包的服务可以提供 365 天、每天 24 小时的热线服务，在这一点上，外包服务有着无法比拟的优势。

接下来让我们来看看外包的优点和缺点。

首先是**优点**，可以概括如下：

1）规模效应降低成本

专业做外包业务的公司往往凭借着规模性和专业程度，可以帮助企业降低成本。现在，企业会把国内运输的业务外包给第三方的物流运输公司来负责，一些在区域运营上有优势的物流供应商，通过它在资源整合上的优势，可以提供给客户企业更好的服务和更有竞争力的价格。

2）风险转移

面对市场需求的不确定性，通过业务外包可以有效地把这部分风险转移到外包供应商处。很多公司为了实现产品快速送达客户端，会在全国多地建立配送中心，也就是需要设立一些仓库。如果是自建仓库，那么公司就需要进行固定资产投资。假使某个区域的销售情况没有达到预期目标，自建仓库的投资回报率肯定很低。为了规避这种可能存在的不确定性，最好的办法是租赁现有的仓库，做一些简单的布局设置后就可以投入使用。从固定资产投资方面节省下来的资金，也可以用于其他方面的投入，提升企业的资本利用率。

3）获取最新的科技

企业如果想要长期拥有行业内最领先的科技，必须对这部分业务进行不间断的投资。使用外包服务供应商，可以使得企业花费相对较少的资金来获得最新的科技，而不需要进行人力物力的大量投资。

企业在享受外包带来的福利的同时，也面临着一些**挑战**。

1）不能按时交货的风险

企业把某些生产过程外包给外部供应商后，就意味着失去了对这部分过程的直接控制。外部供应商能否按照规定的时间、地点来交货，这对企业的供应链是一个挑战。特别是把生产能力转移到海外，供应链管理的难度就会急剧增加，这时企业不光是要对外部供应商的生产过程进行审核，还要考虑到海外国家的语言文化、法律法规和各种现实存在的情况。

2）外包企业的社会责任

欧美国家的百年老店都非常注重自身的社会责任感和自然环境保护，但是它们很难控制外包供应商的行为，特别是在一些发展中国家，供应商往往会因为经济发展需要而忽视环境保护和劳动工人的权益。例如，为苹果公司代工的某工厂，从 2010 年开始连续发生多起员工跳楼事件，苹果公司事后也发表声明，要求其改善工人的工作环境和待遇。

3）失去相关的知识和技术

生产过程或是服务外包后，企业就不会在这方面有直接的经营活动，经过一段时间以后，就难免会失去这些相关知识和技术。

对一些非核心且与主营业务完全没有相关性的过程来说，外包的影响很小，比如运输服务，制造企业不会因为使用了第三方的物流运输而损失任何知识技能。但是对于生产制造环节中的外包，企业就必须谨慎考虑这方面的影响。

我以前刚到 V 公司工作时，曾有资深的生产主管向我介绍工厂的历史，告诉我工厂最初是所有零件都自己生产，冲压、锻造、注塑工艺全部都有，直至完成检验组装成品。

虽然当时这些生产线规模都比较小，工艺也比较落后，至少自己能拥有一些关键技术。

后来工厂受到集团公司决策的影响，慢慢把冲压、锻造和注塑等生产工艺外包出去，只负责最后的装配和检验。其中有一项关键的零件也外包了，从此就失去了这方面的经验积累。

有经验的员工离开后，新进员工无法获得相关知识技能的传承，公司就在这个关键零件方面出现了知识和技术的"断层"。

后来，公司为了持续降低成本，又开发了新供应商。在一些新项目上，新供应商本身的技术能力就比较有限，而公司的工程技术人员也只会根据图纸上的数据进行判断。结果新供应商在零件量产以后长期存在报废率高的情况，但是公司也没有足够的技术能力来指导供应商。最后还是通过返聘了一位退休老员工才慢慢改善了产品质量的问题。

公司在失去关键零件技术方面的损失是难以估量的，可能还要超出采用新供应商所节省的费用。

该如何解决外包后的这种问题呢？也许我们可以借鉴丰田汽车的方法：
- 对于关键核心技术的引擎部分，仍然由自己设计并进行生产。
- 对于传动装置，保留设计的部分，生产环节外包。
- 对于其他一些非核心的部分，设计和生产全部外包给供应商。

（3）总持有成本分析

一旦企业决定把某项产品或服务外包给外部供应商，接下来要做的事情就是认真考虑外包的成本、质量和供应稳定性。传统做法是比较到岸成本，但是到岸成本里只包含采购和物流成本，并不能反映成本的全部构成，里面还缺少了一项内容，也就是持有成本。

持有成本一般是指产品的全生命周期成本，主要有以下内容：
- 风险成本，比如汇率风险和供应断裂的风险。
- 供应成本，包括供应商选择和维护的成本、库存持有成本和其他相关成本。
- 后期成本，主要有环境保护成本、售后三包成本。

总持有成本（Total Cost Ownership，TCO）包含了以上所有的成本因素，是企业在做自制还是外购决策的工具。

很多跨国企业把制造环节转移到低成本国家，比如中国和东南亚国家，这些国家的采购成本往往低于欧美企业自制的价格。

跨国公司会在低成本（LCC）国家设立代表处，招募当地员工，配合总公司的采购人员来寻找低成本的供应商。通过对供应商进行层层筛选和后期开发，供应商产品的质量也都能达到客户的标准。

即使如此，海外的供应商是否可以持续稳定地供应？这里面依然存在着一些不确定的因素。

1）天灾

2011年3月，由于受到地震和海啸的影响，日本多家汽车零部件工厂遭到了严重破坏，直接影响到通用汽车美国工厂的生产。因为缺少日本原料的供应，多家工厂被迫停产。

2）政局不稳

2010年1月，泰国红衫军控制了首都曼谷的素旺纳普国际机场，使得曼谷地区空运进出口业务全部暂停，必须借道邻国。

3）罢工

2014年6月，美国西海岸码头仓库工人联盟由于劳工合同谈判陷入僵局，导致了长达9个月的怠工，大量的货柜被滞留在美国西海岸的各个港口。即使是在2015年2月，劳资双方达成一项暂时性协议后，港口仍然用了一段时间来逐步解决滞港货物的堵塞问题。很多公司为了保证原料或成品供应顺畅，不得不使用航空包机的方式来完成跨洋运输。

企业在研究低成本国家采购时，需要把所有可能发生的因素都考虑进去，对所有成本进行彻底的比较，这样的比价结果才具有合理性。

自制还是外购，成本比较是一方面，深层次的考虑是，哪一种选择更符合企业长期发展的战略。目前在越来越讲究垂直细分竞争市场的背景下，强调核心竞争力，做自己最擅长的事，是一种趋势。

024
为什么这个采购总监没有降本指标

作者：宫迅伟

> 设指标前，要想想为什么要设这个指标。

在中国采购商学院举办的第三期 CPO 工作坊上，丰田采购部部长的一个问题引发大家热烈讨论。

他的问题是：企业该如何设定降低成本的指标？

有的说，基于上年价格；有的说，老板拍脑袋；也有的说，采购自己定……大家讨论热烈。

结果一位采购总监说，他们就没有降本指标，老板也从来不给降本指标。

此话一出，大家都惊呆了。

大家都知道，采购降本是采购人永远的痛，很多公司都为降低成本而努力，客户连年降低成本，采购要求供应商也是年年降低成本，成本压得所有人喘不过气来，但为什么这个公司，没有降低成本的指标呢？

大家非常困惑，纷纷表示这个总监当得太舒服了，丝毫没有降本压力，好羡慕好嫉妒！

经过仔细了解，这个公司采购的物料主要是塑料粒子、有色金属等。大家知道，这些物料在市场上价格波动很大，采购没有办法控制价格，也无从降本。所以采购只能做一件事情，那就是预测价格走势，并根据价格走势做出相应的采购策略。

针对这种情况，我曾经总结过有色金属 266 策略。

所谓的 266 策略，就是有两个策略，一个是定价策略，一个是购买策略，然后这两个策略各有六种方法，所以称为 266 策略。

对于定价策略，我总结出来以下六种方法：

1）固定价格法

如果预测行情涨势占优，我们可以采用固定价格法。道理很简单，你买的时候便宜，将来涨价了，你还是原来的价格，当然就赚了。

2）变动价格法

市场行情变化莫测，实在判断不清，怎么办呢？这时就需要采用变动价格法，随行就市。这种方法的好处是，不会因为价格下降而吃亏，当然也没赚到便宜。可以说，对买卖双方都"公平"。

3）价格指数法

市场波动导致频繁谈价，人们往往会嫌麻烦。于是人们想到，把价格与某个指数关联起来，比方说通货膨胀率、LME（伦敦金属交易所）指数、汇率等。

4）公式法

价格指数法有好处，但遇到多种材料的合金就不知怎么办了，这时我们可以采用价格指数法的变种，即公式法。我们可以根据不同物料的成本按比例计算，每种物料可以同时锁定一个指数，如 LME 指数；也可以锁定不同指数，比如锌跟踪 LME 指数，铝跟踪国内长江指数。对于多种物料的合金，如锌铝合金，这种方法也是不错的选择。

5）市场投机法

如果预测将来价格可能上涨，现在就可以多买一些，超过实际使用量，以在将来价格上涨时出售赚取差价，这种方式就属于投机。投机可能赚得利润，但也可能因将来价格下跌而产生亏损。从采购一般的概念上，我们不主张采用这种投机方法。因为，我们制造业不是靠投机赚钱，是靠我们生产的产品赚钱。

6）市场联动法

我最推崇的还是市场联动法，这也是我多年来最大的体会和收获。这种收获是被老板骂出来的。这种市场联动法，不是我们通常所说的联动条款。我们通常的联动条款是买卖双方约定，价格与汇率挂钩或与 LME 指数挂钩。这里的联动是指，采购与销售定价要沟通，要交流互动，采购销售定价策略一致、节拍要一致。根据我们的了解，真正形成这种联动机制的公司很少，大部分都是采购和销售各定各的价。由于定价策略不一致，公司经营风险大幅提高。

前面讲的是定价策略，那么购买策略呢？这里也有六种方法。

1）零星购买

如果未来价格走势不确定，为了规避风险，只能是根据需要，现买现用。好处是随行就市，坏处是每次购买都要谈价，全年购买价格未知，增加了经营风险，尤其是客户端定价是季度定价或年度定价时更是如此。

2）按需购买

如果能够看清一段时间，觉得这段时间价格可能上涨，此时可以多购买一些，满足未来一段时间（如 3 个月）的使用量。

3）超前购买

这种购买方式比按需购买量要大，可能超过 3 个月使用量。现在判断价格可能上涨，就多买一些吧，反正将来一定会用。

4)投机购买

如果预测将来价格上涨,涨势明显,那么公司就会购买超过实际使用的数量,以在将来某一天再次销售赚取利润。投机性购买,一定要经过集体讨论、管理层批准,因为这会将公司置于风险之中。我个人不主张这种购买方式,因为这种不确定性会使企业的注意力偏离正常的生产经营,影响企业正常运作。

5)汇率购买

公司如果有进出口业务,正常情况下是出口赚取外汇,财务把它换成人民币,进口时就会把人民币再换成外汇去购买。这种方法,除去手续费和人工外,还涉及汇率波动风险。我主张,进出口最好使用同一币种以规避汇率波动带来的风险,同时监控国际市场行情,因为国际市场行情影响汇率波动。如果出口有外汇,原材料定价按国际价格行情,一定程度上可以对冲风险。因此,一般公司会采用赚什么外汇就花什么外汇,并要及时花掉,花等量的外汇,以使外汇进出平衡,同时规避了汇率波动的风险和国内国外市场行情不同步的风险。

6)套期购买

这是很多企业较普遍采用的一种购买策略,方法就是通过期货市场和现货市场的相反操作来对冲风险,达到保值的作用。这些企业往往采用"期货行情+加工费"的定价模式,如"LME+加工费",它们不靠LME这种期货市场的价格波动赚钱,而是规避掉价格波动风险,靠"加工费"赚钱。

再次说明,266策略是定价策略和购买策略的方法,是基于一般行情判断的采购技术,是规避风险的方法,重点放在了规避风险上。

所以说,本篇文章开头的那家公司不是没有成本指标,它只是没有成本降低指标,它有成本控制指标。老板给的任务就是,原料价格上涨的时候,采购成本不能上升，降本是"0"。他们公司的成本工作不是降低，而是控制！

可见，所有企业都有成本指标，成本还是所有企业采购的痛，只是表现形式不同。有的公司采购的材料是大宗物料，涨价跌价非常频繁，企业必须安排专门的人员去预测价格走势，然后做出相应的采购决策。

我的系列课程，叫"**专业采购必备的四大核心能力**"。

第一大核心能力是有能力回答"为什么选择这个供应商"，这里面涉及供应商选择策略。

第二大核心能力是有能力回答"为什么是这个价格"。

第三大核心能力是有能力回答"如何通过合同管理控制采购风险"。

第四大核心能力是有能力回答"如何进行一场双赢的谈判"。

要回答第二个问题"为什么是这个价格"，专业采购就必须具备成本分析的能力和价格控制的能力。这里的价格控制，指的就是，预测价格走势，并根据价格走势制定相应的采购策略和定价策略。

至于预测，是技术也是艺术，需要掌握相应的知识和一定的技术，但很多还是要靠主观判断。相同的数据大家可能得出不同的判断。就像房价，有人预测涨，也有人预测跌，不过根据房价历年的走势来看，等待跌的基本都吃了大亏！

也有人问，那预测能准吗？甚至有的CPO说，董事会会质问他，如果结果与预测的相反怎么办？我说，预测相反，也是正常的，因为谁都不可能百分之百预测准确。

大家一定要记住，"**正是因为不准，所以才需要预测，准的东西是不需要预测的**"。

预测总比不预测要好，有人预测，就能做出相应决策。随着经验的积累、技术水平的提高，预测准确率就会提升。

025

掀开被包着的降本空间

作者：颜家平

> 关注包装物的材料（材质、结构、厚度），关注包装的方式（空间、摆放）。

近来，包装物涨价之声此起彼伏，包装物"身价"一下子得到了提升，引起了各企业的广泛重视，纷纷互通信息，想方设法地将包装物的涨价影响降到最小。从我的长期实践来看，包装的降本空间一直很大，只不过由于其在整个物料中占的成本比例比较小，不为人所关注罢了。如果在这方面下工夫，企业肯定可以有所收获。

（1）关注包装物的材料

有人认为，包装物不就是一些纸张吗？其实不然，包装纸与纸板有不同的材料，按用途分有牛皮纸、纸袋纸与鸡皮纸等，纸板可以分白纸板、箱纸板与瓦楞纸板等，还可以进一步细化成各种厚度的纸与纸板。那么在运用时，我们就要考虑什么是最合适的纸张与纸板。

一位资深的包装专家告诉我，即使是同样的七层瓦楞纸板，不同的制作方法也会产生不同的成本。不过由于设计包装的工程师极少有丰富的包装材料知识，为了保障产品质量，往往会选择比较厚实的包装材料。

第一次采用了这个材料，以后一般就会继续沿用，再也没有人去分析这

是不是最合适的材料。 我在工作就遇到这么一件事。一次，客户告诉我，他们通过专业机构抽查，检测我们的包装材料，发现我们使用的包装材料低于我们签订的标准，要求我们整改。而我们到供应商那里去检查，发现我们几年来一直用这个材质，从未因此发生过质量问题。于是我们与客户商量，调整了材质标准。

降低的成本自然要让客户分享，同时这件事让我知道了包装材质是有降本空间的。可惜我们的工程师没有这方面的知识，没有能力在其他包装上推行。但是我们通过推行可回收包装，采用租用包装的方式，改变了包装材料，降低了包装的成本。

（2）关注包装的方式

企业的产品经过第一次包装设计后，包装方式也成了固定模式，也没有人去改变。我们的产品一直是横着摆放，到了2009年，一位澳大利亚客户与我商量，要求竖着放。他认为可以增加包装数量，通过实验，我们将包装数从28个提高到30个。装载量提高了3.6%。不要小看这个3.6%，它不但降低了包装成本，也降低了物流费用。这个案例给了我很大的启发，冲击了我们的习惯思路。

我与工程师一起，对所有的包装进行重新认定。令人惊喜的是，有40%左右的产品包装得到了改进，包装与物流成本降低了10%之多。连产品发运的叉车工也参与进来，他看着我们在现场的分析与改进，也开动脑筋，对一种铁箱包装的产品提出了改进建议，一下子提高了33%的包装量。为此他还获得了当年公司合理化建议一等奖与丰厚的奖金。

我们还应该关注包装物的再利用。一般观点认为，纸包装只能一次性使用。有一次由于客户的缘故，一批用过的纸包装运回了公司，我发现纸包装损坏并不严重，大部分可以重复使用。于是，我就派工程师到客户仓库，与清洁工人合作，将用过的纸箱与纸板进行挑选与回收。

大家想想，只重复一次，成本就降低了40%。当然，客户仓库工人的收获要比他们把纸包装当废纸卖大，这样他们才有积极性帮助你整理与回收纸包装。这也应该属于"双赢"吧。我们还尽量将用过的进口包装重新使用在其他产品上，还可以作为样品的快递包装。

现在包装物高昂的价格应该唤醒我们，重视对包装物材质的分析，选择最合适的使用，重视对包装方式的重新认定，重视对包装数量的重新估算。虽然，包装物有别于其他原材料，单个降本的效果不是很大，但我们应该像一位优秀采购经理所说的那样，"勿要利小而不为"。从小处着手，掀开被包着的降本空间。

026

合理利润就是一个真实的谎言

作者：赵平

利润=收入-成本（成本不同，来自实际管理能力的差异，以及核算方式的差异）

我们在日常生活中经常听到"无利不起早""唯利是图""薄利多销"等说法。这些词都是一个"利"字在中间，我们不能只从贬义的一面去看"利"字，商人都是逐利的，经商的目的就是盈利。获得合理利润不仅是商人经营的目的，也是社会繁荣的基石。

采购管理实践同样离不开"利"字，企业要在经营中保证商业成功，都要赚取合理利润。企业的合理利润既是为了企业的长期发展，也是为了整个社会的协同。

因此采购在成本核算中给予供应商合理利润也就名正言顺了，供应商想要赚取合理利润也就理所当然了。

（1）什么是合理利润

通常利润是关于成本的回报，回报是由公司高效措施的实施效果及其承担风险的大小决定的。**合理利润提供两个基本诱因**，一是它驱使供应商接受订单；二是它驱使供应商尽可能高效运作，按时交付并提供与订单有关的合理服务（除了愿意以亏损价格销售的短期情况）。

那么怎么来确定合理利润呢？其实没有准确的原则可以用于判断合理利润，因此说合理利润就是一个真实的谎言。为什么这么说呢？下面我从核算基础和供需双方的博弈思维等方面，来阐述这个真实的谎言。

利润有一个基本特征：**利润结构基本合理则利润是按比例性原则计量的，是一定时期的收入和费用相减的结果**。前段时间我在微信群里做了一个关于合理利润的调研，调研收到的结果，大都是说某个行业的合理利润是百分之几，这个数字各个行业差距比较大，但是同一个行业有参考作用。

如果大家都认为某一行业的合理利润为某个百分比，那么这个核算基础就相当重要了！首先我们来说一下利润的核算基础。

第一种方式：**在成本百分比的基础上计算利润**。此时高成本低效的供应商将得到更高的利润，而能高效降低成本的供应商得到的总利润会降低。

举例说明一下（假设合理利润百分比是10%）。

A供应商的成本1000元，利润为：1000×10%=100元。

B供应商的成本1500元，利润为：1500×10%=150元。

如果A供应商使用更好的技术将成本降低200元，则利润为：800×10%=80元。

而在成本的确定过程中，也存在一些看似真实其实不合理的现象。

假设两家公司生产同样的产品X。

A公司开模投入100万元，材料成本100元，按照50万模分摊，成本总额为：100+（1 000 000÷500 000）=102（元）。

B公司开模投入100万元，材料成本100元，按照10万模分摊，成本总额为：100+（1 000 000÷100 000）=110（元）。

成本不仅仅有实际能力造成的真实差异，还有核算方式造成的计算差异。核算基础存在巨大的偏差，合理利润这样核算必定不合理。

显然把合理利润确定为成本的一个固定百分比不切实际。

第二种方式：**按照资金投入的一定百分比计算合理利润**。此时，低效供应商获得回馈更大的可能性仍然很大。

例如生产 X 产品，A 公司投入资产 200 万元，B 公司投入资产 100 万元。从采购的角度看，如果 A 公司因为投资额大要赚取更多的利润，这没有任何理由，所以按照资金投入的百分比来计算合理利润也是无稽之谈。

综上所述，如果供应商和你谈判价格，确定某个百分比是合理利润率，无论他成本多么真实，多么合理，这个合理的利润都是一个真实的谎言！

在采购与管理实践中，供需双方在成本谈判中博弈太正常不过了，供需双方都有各自的核算思维。供应商常说把合理利润挂在嘴上是为了企业长期发展，需方老板也常要求采购给供应商合理利润，让供应商有所发展从而有利于长期合作。

首先说说供应商老板的思维，多数老板从自己企业的角度考虑，鲜有供应链思维。于是合理利润就有了前面所说的按照自己成本的一定比例。这样的合理利润放在行业中，放在供应链上，不怀疑其真实性，那也很难是合理的。

再说需方的老板，他所说的给供应商合理利润更是让采购同仁不敢恭维。价格和利润除非是老板自己定的，否则老板的话永远不要信。因为谁做老板都会有同样的思维，买的越低越好、卖的越贵越好！采购价格没有最低，只有更低！给供应商的利润，只要是供应商还在正常供应，永远都不合理。

既然买的越低越好、卖的越贵越好是常人思维，那么如何来给供应商足够的利润驱使供应商从一开始就接受交易，并激发供应商按时交付且提供服务呢？

接下来我将和大家一起探讨合理利润的约定思路。

获取适当价格是供应商管理的重要任务之一，采购与供应商管理人员必须洞察经济环境，了解构成价格基础的成本因素，了解各种可用的方法来找出潜在的供应商，做价格比较，并进行竞标或谈判。也就是说，合理利润要在价格比较、价格分析基础上去确认。同时对采购产品的成本做详细分析，核实其真实性，分析其合理性。这样的合理利润自然就是价格和成本的差额。

通常给予供应商的合理利润要参考行业利润率、供需关系、竞争对手给供应商的利润等要素。这里面最关键的是，要将我们的采购价格和竞争对手进行比较，在采购中取得优势才会助力企业产品在市场上拥有强势竞争地位！如果采购的价格比竞争对手低，老板也不会对采购人员有太多的不信任了。

（2）采购价格的确认过程需建立一定的审批流程、确认制度

《如何专业做采购》中，宫老师对合理性和真实性有精彩的阐述，我认为可以在价格管控中增加一个合规性的管理过程。老板不可能对每个价格、每个给供应商的合理利润逐一确定，但公司可以通过建立制度流程，由老板授权单独的部门、专业人员进行合规性审核。我之前在公司专门做过这样的制度流程制定，参与公司的利润合理性审核、成本控制管理。通过统一的制度流程管理有效地控制了公司成本，我当时所在的公司在行业竞争中基本保持成本领先，稳居行业前三。

通过前文的阐述，我们可以了解到影响利润的因素较为复杂，利润的计算含有较大的主观判断成分，其结果可能因人而异，具有可操作性。因此合理利润不能简单地确认为一个百分比，否则那就是一个真实的谎言。

21世纪，企业之间的竞争已经是供应链与供应链之间的竞争，供应链集成已在行业竞争中发挥巨大的作用。供应链中的企业之间，需要把合理利润这个真实的谎言变成信任，变成利润在供应链中的合理分配，才会赢得供应链战争！

027

价格的真实性、合理性与合规性哪个更重要

作者：赵平

三者均是非常重要的指标，不同
的企业，仁者见仁，智者见智。

成本管理几乎是每个企业管理的重点。商业的本质就是要盈利，企业的生存价值就是要赚钱，能给企业赚钱的，除了销售之外，就是采购端的成本控制了。

那么，成本控制理所当然就成了企业管理的关键点。在采购实践中，采购价格则成了关键控制点。采购价格管理无外乎是对真实性与合理性的管理，如何制定一套价格管理的制度流程，如何平衡好价格的真实性和合理性，直接关乎企业盈利。既然价格管理这么重要，我们就要掌握好，如何通过价格合规性管理，保证企业成本管理的有效性，从而帮助企业取得成本优势。

我们从三个方面来研讨价格的真实性、合理性与合规性：首先，了解什么是价格的真实性、合理性与合规性；其次，分析三者之间的一些关系，理解通过真实性、合理性与合规性管理价格的重要性；最后，通过一个案例来探讨，企业如何通过真实性、合理性与合规性对价格的有效性实施管理。

通过对这三方面的理解和探讨，我们要加强对价格管理的认识，提升成本管理的能力。

（1）什么是真实性、合理性与合规性

1）真实性

真实性从字面上讲就是测量值与实际值相符合的程度，故又称准确性。

价格的真实性则是指采购价格或交易价格与实际价格（成本）的符合程度。这里面有个成本和价格的转化问题，即供应商的实际成本是什么？供应商是如何基于成本报价的？影响供应商报价的因素有很多，这里不赘述，但最根本的影响因素还是供应商的实际成本。

对供应商的成本核算，不同的企业由不同的部门来统筹，但核算逻辑基本一致，一般分为：直接材料费、直接人工费、制造费用、财务费用、管理费用、销售费用六个方面。如果供应商可以按照实际发生的费用作为报价成本的基准，那么其成本的真实性就比较高。但往往事与愿违，由于利润的追求，供应商有可能将部分利润分摊在各项成本中。因此，在价格谈判的准备过程中，对实际采购业务中成本真实性的核实就是采购管理的基本工作了。

2）合理性

价格的合理性是指商家和消费者买卖的商品在比对成本、进价和出售者利润后确定的价位，既满足卖家盈利需求，又不侵害买家的公平交易权。

价格的合理性只能由市场来决定，在市场竞争充分的情况下，多家报价，你得到的价格才会是合理价格。任何以企业行为来证明的尝试注定是失败的。成本分析等可以帮助我们判断价格的合理性，但因为假设众多，其本身也有个合理性的问题。有些所谓的成本分析，也颇有绕着箭落地的地方画圈的嫌疑。而对于采购企业来说，价格合理性还要考虑价格能否帮助企业创造竞争优势，能否助力企业取得成功。对于供需双方确定的价格，如果不能满足企业采购方的需求，那么企业同样也会认为价格不合理。

3）合规性

企业在采购过程中，都会有由谁来确认采购价格的问题。

对于中小企业来说，有采购价格决策权的无疑是企业老板，但是企业越做越大，老板的个人能力已经无法完全掌控价格管理，于是就出现了价格管理的问题。企业老板会授权自己信任的人、信任的部门进行价格管理。而这些被授权的人、被授权的部门如何开展价格管控呢？企业往往都会建立价格管理制度流程，通过制度流程管理价格，控制成本。

企业制定价格管理流程，就是对价格的确认、审批按照事先制定的制度流程进行管理的过程，我们可以将其定义为企业价格的合规性管理。简单来说，价格的合规性就是价格的确认、审批过程按照企业的制度流程开展的符合程度。

以上简单介绍了价格管理的真实性、合理性与合规性的相关概念，这些是我在采购管理实践中的一些理解。在不同的采购管理实践中，不同的企业、不同的人会有自己的理解。不管怎么考虑，只要对价格管理有效，成本管理可控就好。价格的真实性、合理性与合规性，既然都是价格的属性，那就不是孤立的，就存在相互的影响。

（2）三个属性之间有什么关系

先看一下成本真实性和合理性的关系。日常采购管理中，采购经理经常说："供应商的报价是最低价了！供应商的报价没有利润了！供应商已经不赚钱了！"实际想一下，如果不赚钱供应商还会做吗？因此供应商报价的真实性、成本的真实性不是供应商说出来的，我们需要去现场考察、调研，进行实地测量。

在和供应商确认价格过程中，供应商提供成本的分解报价，采购则必须去现场进行复核，并且在合作过程中也需要定期进行成本各要素的确认。

确认过成本的真实性，是不是就没有什么问题了呢？其实不然，真实的价格在采购过程中却不一定是合理价格。我们可以从三个维度去分析供应商报价的合理性，即横向比、纵向比和结构比。

横向比就是货比三家。把两个供应商的报价拿来进行比较，比较下来，价格通常不一样，因为两家供应商的工艺能力不一样，管理水平不一样，生产消耗量不一样，进货渠道不一样，所以量也不一样，价也不一样。

有时我们采购手上没有其他供应商，或者供应商之间成本结构不一样，这时候就要纵向比了，就是将供应商跟它自己比。跟上一年同期的采购价比，叫同比；跟上个季度同期的价格比，叫环比。

另外，还有结构比，或者叫百分比，也就是看前面说的六大项成本占总成本的比例。用这些百分比，参考行业的一般数据，又可以去做横向比、纵向比。

总之，真实的成本不一定合理，不一定满足企业竞争的需要。

因此，在与供应商合作的过程中，在确保成本真实的基础上，与行业价格进行对比。供应商也要向行业龙头看齐，保证供应链上的成本优势，赢得供应链战争。

在合规性管理上，同样要系统考虑问题。真实的报价不能确定就是公司合规的接受价格，当然合理的价格同样是按照合规的价格审批流程确定出来的。**价格的真实性和合理性，是价格确认的过程，价格的合规性则是价格确认过程的符合性，价格管理结果的体现。**

对于采购管理的从业人员来讲，我认为，价格管理的合规性，是我们首先要考虑的事项，因此价格的合规性管理更重要。判断采购能力高低的终极标准，是与竞争对手比买价，如果比竞争对手的买价低，就可能给企业带来成本竞争优势。可是在管理实践中，不是每个采购价格你都能比竞争对手低，不是每次采购价格都能比竞争对手低，不是每个采购都能了解到竞争对手的采购价格。

这时候，公司制定的价格确认制度流程就是最重要的环节，因为没有谁敢保证采购价格一定是最低价。在采购管理中绝对要拒绝"李云龙"式的人物，就是绝对不允许不按照流程确认价格的合理性。

公司越大，越要拒绝"阳光采购靠个人自觉，成本控制靠个人能力"。

（3）在采购管理实践中如何确定好价格的三个属性

图 27-1 是我在价格管理过程中的真实性、合规性、合理性的管理实例。

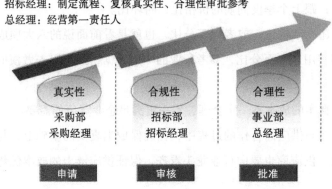

图 27-1 三级审核制度

三级审核制度是指，由老板授权的采购部、招标部、事业部，来实施成本及价格管控。

采购部负责提报价格申请，并对价格的真实性负责，通过实际的现场、实际的产品、实际的工艺对采购产品的成本真实性进行确认。

招标部负责制定价格管理制度流程，负责价格合规性管控，在实际工作中审核价格，对采购部提交的价格进行审核，复核其真实性，评估其合理性，并对总经理最终批准提供参考意见。

事业部作为公司产品线的管控部门，对经营业绩负责，也就被老板授权最终批准价格的合理性，保证最终产品的成本优势，确保产品销售盈利。

以上是我在采购管理实践中对价格管控的一种方式，不同的企业可能有不同的管理模式。不管采用什么模式，其实都离不开价格的真实性、合理性与合规性的确认过程。

对采购来讲，似乎合规性更为重要。合规的采购管理，能保证在管理过程中少犯错误。价格的真实性，则是采购诚信的体现、能力的体现。而合理性管理更应该体现采购的专业性，采购成本管控合理才能保证企业的成本优势，才有助于建立企业竞争优势。

总而言之，价格真实性、合理性与合规性是成本管理非常重要的三个属性，至于哪个更重要，仁者见仁，智者见智。不管怎样，我们都要用采购的专业性助力企业取得竞争优势，确保企业在商业上的成功！

028

控制成本是不是都是采购的事

作者：周敏

肯定不是。那还与哪些部门相
关呢？

随着市场竞争日益激烈，销售的价格逐步下探，各种企业为了存活不惜低价销售，有时会为了抢单而放弃正常的利润。

这时候，很多企业领导自然而然会想到企业提升利润的一大法宝：采购买到市场价格最低的货物。而很多企业对采购工作的要求太理想化了：给予供应商最低的价格、最没有竞争力（甚至没有诚信）的付款条款、严格的质量要求和紧迫的交货期……试问，如果你做供应商，你会喜欢这样的客户吗？在无底线的低价竞争背后，采购和企业会面临买到假货或者低质量产品的风险，因为供应商总不能做亏本买卖。

事实上，企业的利润贡献来源不止销售和采购两方面，但有不少企业管理者的认知仅限于这两点。既然销售价格卖不上去，那就把采购成本控制好，也能直接提升企业利润。那么，控制成本，真的就只是采购的事吗？

在很多企业对采购要求非常严格的情况下，笔者发现，企业其他岗位有很多成本却在默默流失。

（1）销售部门

销售始终以客户为首位。答应客户给予最低的价格，目前成为主要的拿单手段。一些货期很紧迫甚至短到不正常的项目，让技术、采购、生产、质量部门都吃尽苦头。项目执行期间和后期，很多客户往往因技术变动或者增补，需要增加部分元器件。当这部分元器件价值不是很大的时候，客户往往会要求赠送。而销售为了保住业绩，往往会向企业编织种种理由要求赠送。

更为常见的是，很多时候由于客户自己使用不当或者保管不当，致使元器件损坏，销售往往会向着客户，直接向老板汇报：指责采购买的元器件质量如何如何差……销售不把企业的成本当成本，只是为了拿单而穷尽千万种办法，企业的利润又流失了多少呢？

（2）技术部门

不少技术人员对于元器件品牌有着自己的偏好，在设计过程中也力求完美。这固然没有错，但是在客户一再压价的情况下，设计过程中的质量过剩会直接导致企业成本上升、报价偏高，从而降低企业竞争力。

所以技术设计过程中的质量过剩，是直接导致企业隐形成本上升并致使利润下降的关键点。大家都可以理解，为什么技术要在设计过程中力求完美；但很多时候客户的要求真没有那么高，或者预算有限，这些因素都会与完美设计产生矛盾。

（3）体系认证管理部门

该部门平常不太忙。碰到一些海外项目，会有 CE、UL、GOST 等海外认证的要求。国内有不少可以代理相关认证的专业公司。如果找了一家某认证领域的权威，价格就直线上升，而且搭上的人力成本也会多出不少。

有一家企业接到了一个出口欧洲的项目，需要为项目做整体 CE 认证。该企业在接到该项目后，体系认证管理部门选了德国 TUV 认证机构来代理本次 CE 认证。TUV 的高标准严要求将该企业原先报价做方案时选择的部分元器件供应商直接否决了，迫使其重新寻找符合 TUV 认证要求的元器件，致使该企业在这个项目上的成本直接上升，还付出了很多人力成本。

该企业负责此次认证的员工有分析过吗？非要选如此严格的机构来做认证吗？企业的间接损失又有几何？

（4）生产部门

相对来说，生产部门是企业隐形利润流失较少的部门。不过，合理使用物料、生产工序工艺优化、元器件短缺情况下做到统筹安排，都可以进一步提升效率和企业竞争力。也有一些生产型企业，一个项目因为有几个元器件未能及时到货而以此为借口说不能安排生产。

而生产部门管辖的仓库，经常未能及时申请订购生产辅料，致使需要用到时就非常紧迫地提出申请，恨不得当天就要供应商发货；这打乱了采购的工作计划，采购没有更多时间寻找更好的供应商，谈更好的价格。而生产部门未合理排产，生产效率不高而导致加班，也会直接导致企业成本上升，形成不必要的浪费。

（5）售后服务部门

该部门长期在项目现场和客户打交道，他们最担心的就是现场客户不配合或者种种刁难，所以往往对客户的要求千依百顺，也经常向企业提出种种向客户赠送物料的缘由。看似一切都是为了公司声誉着想，其实都是为了让自己在现场更好地工作。

（6）财务部门

很多人会诧异，财务部门也会导致企业隐形利润流失吗？在笔者看来，的确是这样。有一家企业，财务人员有六位以上。笔者对他们最大的印象是从不及时付款，而且总有千万种听起来很正当的理由。但很多企业的老板对财务不及时付款是不反对的，这变相助长了财务部门不及时付款的工作作风，而且财务还会觉得老板很欣赏自己的做事风格。

笔者经常看到财务部门人员在办公室吃吃喝喝，用微信聊天甚至打游戏。笔者经常这样问自己：真需要这么多财务吗？除了不能及时付款，其他工作是否也效率低下啊！当然也不能一概而论，相信肯定还是有工作素养良好的财务人员的。不知道很多企业的老板是否考虑过财务的这个状况？

　　对于任何一家企业来说，节省的费用就是最直接的利润。无论是通过增加销售额所获得的利润增长，还是通过采购部门去降低采购的价格，都非常不容易，需要付出太多的努力，还不一定能换来期望的结果。

　　在市场竞争日益激烈和残酷的现状下，企业获取利润已经日益艰难。为了企业能够更好地生存和发展，所有部门都应当思考如何为公司节约成本。

　　控制成本，并不都是采购的事！

029

为什么老板不会像奖励销售一样奖励采购

作者：瑞锋

> 降本=（标准成本−采购价）× 数量。采购价是采购部门在掌控。

有人说采购和销售一样都是利润中心，为什么老板不会像奖励销售一样，根据采购节省的成本按比例奖励采购呢？

不论称为 Saving、Productivity、降本、年降，还是成本节约，节省成本基本都是采购的重要使命和业绩指标，也是我们的价值体现之处。每个公司对这项指标的算法、目标不同，不同时期的重点不同，但是本质应该都一样：降低物料采购成本以增加利润率和市场竞争力。

很多同行都会引以为豪地说，我今年给公司省了几百万美元，同样带来利润，为什么老板会根据销售业绩来给销售员相应提成，却几乎没有公司会根据成本节省金额给采购提成呢？回答这个问题，首先要了解降本是怎么来的以及其质量问题。

通常的降本算法是，每年财务会定义每种材料的标准成本，然后根据当年采购新谈的价格与之比较。每个月根据实际采购量计算总节省金额，从表面来看这都是真金白银地进入企业的利润表，贡献为利润，但如果细究这个过程就能理解老板为什么不按降本给采购提成了。

$$降本 =（标准成本 - 采购价）× 采购数量$$

坦白地说采购数量不是采购人员贡献和能控制的，基本取决于销售数量，精明的老板很清楚这一点，有些采购可能会说是因为我降低了成本，销售才能多卖，但这个贡献有多少呢？的确难以直接统计。

采购能直接影响控制的是标准成本和采购价。先看标准成本怎么来计算。有些公司以前一年的最后一次采购价为标准价；有的以前一年的加权平均价为标准价；新产品一般以第一次采购价为标准价；如果是做了VE项目降了成本也换了料号，有的公司会当新零件处理以第一次采购价为标准成本；有些为了计算降本方便把VE之前的采购价或者标准成本作为标准成本。

采购都是聪明人，所以很多采购研究清楚了这些游戏规则后，就八仙过海各显神通了，或者年底与供应商商量好抬高最后一次采购价，或者以几倍的样品单价做成标准成本，或者保持较高单价，然后通过年度一次性返利形式既完成降本又保持较高标准的成本等。

很显然，通过如此方式"做"出来的降本数字，确实对利润没有产生实质性贡献，老板和财务部门应该很清楚这本账，这也是为什么有很多销售抱怨，你们采购老说每年省了大笔成本，为什么我没感觉产品成本下降？从这个角度可以说，一切进不了利润表的降本都是耍流氓。

现实中我们每年也花不少精力制定标准成本、设定降本的指标、汇报每月降本，尤其是外企。还有些外企采购人员甚至鄙视民企没有KPI体系，采购连年降目标都没有！果真这样吗？其实民企老板个个精明透顶，而且我相信即使排除质量要求、付款条件等因素影响，同样零件外企的采购价也高于民企。为什么呢？答案就是他们没有年降目标，老板要的就是一步到位！

当然这也不能一概而论，但是民企每一分钱都是自己口袋里的，老板当然看得紧！说到这里，联想到之前一些文章分析"KPI害死索尼"，不无道理，外企的职业经理人制度在这里面起了关键作用，职业经理人当然要考虑职业安全问题，情理之中，在此不再进一步讨论。所以有些想把某些外企经验、流程、做法直接移植到民企的经理人要特别小心，这往往难以成功。

要科学地衡量采购对产品成本的贡献，以初始BOM成本为基础，持续跟踪BOM成本的变动是最直接有效的方法。而不用每年重复去定义标准成本，难点在于产品太多时比较复杂，但可以按 80/20 定律来简化。

作为采购要真正挑战自我，如何做到"一步到位"呢？

首先，业绩评价体系的优化是必需的。这需要老板支持，需要采购部门和人事部门共同研讨改善业绩考核体系，让采购人员放下包袱敢放手去干！

其次，要加强产品成本管理能力、核价能力。开展"应该成本"分析（should cost analysis），逐步建立完善产品成本核算体系。有些消费类产品公司在这方面走在了前面，做了很细致的工作，值得借鉴学习。建立"应该成本"是可以预防"水分"降本的有效方法。

最后，对电子竞标等工具的采用和开发足够的供应商群，能快速使采购价达到理想程度。除非有幕后操作，一般两到三次公正的电子竞标就足以把水分榨干，这也是供应商害怕电子竞标的原因。当然降本增效还有很多其他有效方法，这不是本文重点，将另行解读。

功劳靠自己吹是不行的，采购要让老板看到贡献，关键还是要做好与财务的沟通。与财务统一降本计算、汇报流程，由财务给出数据去汇报，这样的"干货"才是利润表里真正的利润，老板自然认可。

采购总归难以做到跟销售一样按业绩提成，当然承受的压力可能也没有销售大。但真能让采购价格"一步到位"，相信公司的产品一定有足够竞争力，作为"好采购"，年底跟老板要个小红包还是完全可能的！

030

为什么采购部设了一个新岗位

作者：颜家平

> 供应商精益改进工程师：帮助供应商进行精益生产，改善供应链，分享改善成果。

上周我收到了一个年轻朋友的来电，他告诉我，他通过投简历到了 V 集团，担任精益改进工程师。我听了也没在意，因为物流部门一直在招聘这个岗位。几天后，我遇到 V 集团的物流总监，问起此事。他一脸茫然，没有的事啊。

当晚他打电话给我，告诉我是采购部门设立了一个新的岗位，叫"供应商精益改进工程师"，目的是帮助供应商进行生产与供应链的改进，降低成本，V 集团可以分享部分成果，用这样的方法来降低采购成本。我听后，不禁拍案叫绝，连声称赞，为 V 集团的采购部门点赞。

长期以来，采购部门的工作就是降低采购价格，采用的方法就是谈判。于是采购员与供应商的销售从各自的立场与出发点加强谈判技巧的学习，使得人们的谈判技巧越来越娴熟，对对方的目的、手段与底线也了解得越来越清楚，不断引发谈判培训的新需求。谈判之外，还有一些配套措施，如请吃送礼等，这些在政府机关已被禁止，在企业之间作为联谊活动还是可以的。

也有的采购员因为才能不济，也自感不是谈判的高手，干脆就不再学习与研究，给供应商一个降价指标，供应商做得到就做，做不到就被换掉。

因此，采购员与供应商之间表面上永远是一团和气，实际上，暗地里都较着劲，进行降价与反降价的博弈。随着时间的推移，这样的关系极大地妨碍了企业间的合作关系。

这几年，与供应商合作共赢的呼声与举措越来越普遍。供应商在新产品开发早期阶段介入，VA/VE 和成果分享等方法被推行，这些在企业与供应商合作方面起了重要的作用。但在采购部门里设立一个新岗位，专门帮助供应商进行降本改善，却不多见。

笔者也走访过许多工厂，发现这些工厂在生产与物流过程中，或多或少地存在着浪费，也就是说有着不小的降本空间，但工厂本身对此视而不见，因为他们已经对这些浪费习以为常了。而有点精益生产知识的外人，是很容易发现这些浪费的，而能够提出一些改进意见。特别在一些成长迅速的民营企业，这样的情形尤为突出。如果采购方能够上门帮助改进，那么推动的作用会更有大，效果会更明显。

为什么这样的想法在许多企业却不多见呢？这是由企业与供应商的长期博弈关系造成的。在这些企业的眼里，供应商降价是天经地义，是成为供应商之时起就明确的。供应商也深知这一点，它们也就千方百计地保护自己。即使采用新技术降低了成本，也尽可能瞒着采购方；实在瞒不住，就像挤牙膏似的，挤一点利润空间应付采购方。观念决定行动，观念束缚改变。

2015 年，丰田汽车集团的利润率再次名列各大汽车集团之首，而且高出第二名 8%。其中一个主要原因，就是与供应商合作降本。丰田一直重视并帮助供应商提高管理水平，降低生产物流成本，并分享供应商的降本成果。这样的案例不充分说明了此举的有效性与必要性吗？

岁末年初来临，各企业的采购部门又开始为新一年的降价忙碌了。原材料与物流成本的上涨，让这项工作变得日益艰难。这时听到采购部门增添这么一个新岗位，大家应该有所启发吧。我们再也不能与供应商处于博弈的关系了，必须同心协力，共同应对各种危机，从而收获共赢的丰硕果实。

031

采购腐败不等于采购人员腐败

作者：宫迅伟

> 如果管理不好，处处是腐败。

这是我几年前写的一篇文章，写之前酝酿了很久，每次培训课上我也都会提及。

本文写给采购人员，也写给最高管理层，最重要的是想写给最高管理层。

为什么有写作这篇文章的冲动呢？

因为我常感觉采购人员面临一种无形的压力，采购人员自身可能无法排解，但我作为培训师，尤其是一个有点知名度和影响力的培训师，来讲这些话可能比较合适。我特别想对大家说："采购是个专业活，管采购更要专业！"

很多企业老总都认为"采购是黑洞，是高危岗位"，并且把这句话常挂在嘴边，动不动就"敲打敲打"采购人，让做采购的人心里很不舒服。

有一次，无锡的一家企业请我去培训，我问培训什么内容，他们说："如何预防采购腐败。"

我开玩笑说："是讲如何预防采购腐败还是讲如何腐败呢？"

对方人事主管困惑地问我："宫老师，你这是什么意思？"

我说："这两个我都会！"对方大笑。

河北一家企业邀请我去讲课，这家企业是上市公司，年销售额100多亿元。课前老板亲自打电话给我，千叮咛万嘱咐，要我讲讲采购人员的职业操守。

开课致辞时，这位老板大部分的内容，都是叮嘱采购人员对企业要忠诚。

其实我经历这些事情已经不是一次两次了，经常有老总和我谈类似问题。

在此我先讲一件我遇到的真事。

当时我们企业正在搞流程再造，所有采购业务归并到采购部，这属于集中采购。于是纪委书记找到我，警示道："采购是黑洞。"

我问："为什么说采购是黑洞呢？"

她说，"现在把所有采购业务都归集到采购部，我作为纪委书记，想找你谈一下，提点要求，敲敲警钟。"

我回答说，"其实所有部门都是黑洞。"

我说，"**仓库不是黑洞吗？**"

她问，"仓库怎么是黑洞呢？"

我说，"一个车企老总对我讲，每月库存盘点，都亏空几百万元，后来是门卫发现了问题，原来供应商送一车货，只卸货半车，再拉走半车，与仓库管理员合伙把货卖给路边维修点。"

我工作过的公司也出现过这种仓库与供应商内外勾结的现象，准确说是供应商送货司机与仓库保管员内外勾结。

我说，"**质量不是黑洞吗？**"

纪委书记说，"那怎么可能，我们都是选择非常认真的人去做质量。"

我说，"一次质量给我电话说，供应商质量有问题。我马上电话给供应商，供应商说'不可能'，我说质量部门刚给我电话。他说，'你电话先放下'。

"10分钟后，供应商说质量没问题。我说'不可能'，他说不信你问问，我再问，就没问题了，这10分钟到底发生了什么？"

我说，"**销售不是黑洞吗？**"

纪委书记说，"销售跟你采购有什么关系？"

我说，"供应商来公司，不找采购，不找开发，直接找销售，让销售将供应商名称直接写进与客户的技术协议里去，变成客户指定供应商。"

我又说，"**财务不是黑洞吗？**"

纪委书记，"财务怎么会？"

我说，"供应商找采购要钱，采购只好去找财务，财务回答'没钱'，采购不敢再问，因为问多了，财务就会说'你们采购怎么总是替供应商要钱呢'（这句话对采购最具杀伤力），并且很可能把这句话说给老总，老总通常很生气。所以采购只好把情况说给供应商。但为什么过了周六周日，到周一就有钱了呢？"

纪委书记，"照你这样说法，到处都是黑洞了？"

我说，"对呀，所以才需要书记！"

书记大悦！（那个表情我一辈子忘不了。）

很多亲身经历告诉我，只要管理不好，处处是黑洞！

几个采购人员曾跟我讲，领导总是说"采购是黑洞"，我不黑人家也不信，还不如黑了呢。

一个国企，人事部门搞定岗定编，人事部问老总，"采购的岗定几级呀？"老总说，"采购不需要定那么高的岗，因为他们不靠工资。"

采购听说后，心里特别郁闷，想向老总解释，但估计很难说通。最后大家心里想，"还是按老总意见办吧——不靠工资"。（不过前段时间听说，那个老总"进去了"）心理学的"暗示效应"在这里充分体现。

其实，采购的流程设计、权责分工是关键，如果没有流程保证，所有部门都是黑洞！

总结起来就是组织保证、流程保证、人员保证！人员只是其中之一。

这就是为什么有越来越多的企业在做采购管理的咨询项目！做培训这些年，我接触超过3000家企业、数万名采购学员，这其中包括十亿元、百亿元规模公司的总裁，上市公司总经理，手握十亿元、百亿元采购权的主管。

联想起20年间在不同企业做采购主管的实践，我真切地感受到采购在企业里的地位，体会到总经理、总裁对采购的关切程度和管理方式。

作为采购人，你有同感吗？

希望更多的人理解采购，理解我们，共同推动中国采购专业化！

032

采购反腐,一定要轮岗吗

作者:刘婷婷

> 轮岗不合理,不仅不能控制风险,还带来更大的风险!

为了控制腐败风险,不少公司的采购组织都有定期轮岗的机制。很多采购人员叫苦连天——刚刚熟悉业务,就被调走了。轮岗不合理,不仅不能控制风险,还容易带来更大的风险。在此,我不是反对轮岗,而是提醒轮岗的设计需要考虑以下几个要点。

(1)轮岗要符合职业发展路径规划

采购是门专业活,而专业度的提升需要一定时间的积累与磨炼。因此需要遵循"先熟练,后轮换"的原则。除了要考虑职位本身的发展规律,还要考虑个人的职业规划。有的员工对自己的工作产生了强烈的兴趣,并且期望成为这一领域的专家,如果把这样的员工转到毫无关联的其他岗位,会造成员工的反感和抵触情绪,也给新工作的质量带来风险。

(2)考虑业务连续性

在没有完善的备选计划或继任计划时进行轮岗,可能会对业务造成灾难。组织知识没有积累,经验没有传承,一切需要从头来过,这实则是一种低效与倒退。在轮岗前开展继任计划也非常重要。

(3) 不要仅因为反腐而轮岗

很多企业的采购仅仅因为反腐而轮岗，采购人员更迭太过频繁，反倒有风险，甚至有的采购因为看不到清晰的职业前景而不尊重岗位。对他们来说，从做采购工作的第一天起，职业生涯便进入了倒计时。

(4) 并不是所有岗位都适合轮岗

一些企业做内控，容易陷入一个误区，就是事无巨细。实际上，采购的岗位有很多，一个采购文秘类岗位并不会造成多大的腐败问题，并不需要频繁轮岗。采购产品的品类有多种，有的品类所属的商业环境本来就很透明，也没有必要频繁更换采购人员。另外采购部门也需要有一些特定领域的专家，例如采购技术类的专家，专家库需要保持相对稳定。

(5) 让价值被"看见"

在与很多企业的采购管理者交流的过程中，我们发现，很多管理者内心并不认同企业的轮岗制度，但是难就难在说服不了相关方。采购需要做的是：一方面对"相关方"进行培训，让其意识到"采购必须要专业"；另一方面努力提升采购的专业水准，让采购价值被"看见"。

从大环境来看，越来越多的企业开始意识到"采购是门专业活"，这种强制轮岗的情况会逐渐有所改观。[4]

(6) 试着从"培养"的角度来设计轮岗

拉姆·查兰在《高潜》㊀一书中写道："时至今日，很多公司的高潜人才培养，仍然沿袭着传统：按部就班，让高潜人才在同一业务部门或同一职能部门，一步一步向上爬，在这种方式下，即便是像扎克伯格这样优秀的年轻人，估计也很难脱颖而出。"针对高潜人才，如果继续采用传统的培养方式，

㊀ 此书已由机械工业出版社出版。

可能导致某些重要的岗位青黄不接。一些领先的企业开发出新型的培养模式，让高潜人才加速成长，使其具备公司各个职能的视角，这样的人才会更有大局观，更能胜任高层级的岗位。

因此，是否需要轮岗，更多地应考虑到组织人才发展的需要。不懂供应链的采购不是好采购，一个有着宽阔视野的采购具备更好的风险洞察力。如果员工知道组织是为了"培养"我而让我轮岗，而不是对我"不放心"，那么轮岗将会受到广泛的接纳与认可。

033

如果有供应商想贿赂你，怎么办

作者：汪浩

不是贿赂你，而是贿赂这个位置。

有好多做采购的朋友，在面试新岗位时，最担心面试官问标题这样的问题。

因为这个问题让人比较犯难，采购本身就是一个敏感的岗位，这又是一个敏感的问题。

面试官有时会含沙射影，也有时会直接开门见山地问这个问题，看你怎么反应！

那到底怎么回答比较合适，才能让人满意呢？

特别是，刚开始从事采购的人，面对这么直接的问题往往会感觉无所适从。

"我绝对不会收的，请放心。"

"我会拒绝，如果对方坚持，我先收下来，然后上交给公司领导。"

"我为人正直，道德高尚，绝对不会受贿的。"

上面这些回答，看起来好像都没有问题，但是仔细想想，这些好像都只是在做保证。

这又能说明什么呢？恐怕谁也不会说，我会收下来，装进自己口袋！

其实，面试官问这个问题，既不是想要你保证，也不是让你宣誓。他一方面是想看你的反应，或者你怎么看待这个问题；另一方面，也是在试探你的专业性，看你有什么解决方案。

因为在现代商业社会中，这实在是一个无法回避的问题。特别是掌握着企业资源负责采购的人员，在工作中会随时随地遇到这类问题。

如果这是一个好回答的问题，那就不会有诸多企业家、管理者为之困扰了。

所以，当你被问到这个问题，如果把思路理清了，这应该是一个证明自己很专业的好机会。

首先，你可以告诉面试官，**如果供应商想贿赂我，肯定不是贿赂我这个人，而是贿赂我这个位置，所以不管是我还是别人来从事这个职位，供应商都会去贿赂**。

那我们是不是应该思考一下，供应商为什么会贿赂？

对内，公司的规章制度是否有明文规定，员工不允许接受供应商任何形式的馈赠与宴请，否则将承担什么样的后果。

对外，是否书面告知供应商，禁止供应商以任何形式对公司内部任何可能对双方商业合作关系产生影响的员工及家人，进行私下接触并赠送现金或礼品等活动，否则将承担什么样的后果。

在这样的基础上，创建一个公开、公平、公正的商业竞争环境，并提升公司的形象。

要让所有的供应商感觉被同等对待，不会因为自己在竞争中未能获得商业合作的机会，而对公司选择供应商的流程规范性产生怀疑。

所以，如果这些都没有做到，那公司必须首先审视自己的制度！

其次，如果要深入地探讨这个问题，我们还需要做以下两点思考。

（1）对于商业贿赂，企业是零容忍吗

在这方面，我举一个京东的例子。京东曾经开除了一个副总裁，原因是他收了供应商一个价值大概300元的箱子，供应商说箱子送给他了，他就收

下了。

而这位副总裁年薪 150 万元，还有公司股票。他能力很强，可能没觉得这算受贿，如果是 30 万元、300 万元，可能他就不敢拿了。

所以这是一件很可惜的事情，但京东的价值观就是零容忍，没有任何余地。

多年前，沃尔玛也有一个类似的例子。沃尔玛明文规定公司的采购人员在非工作时间不能跟供应商有任何私下接触，否则公司可以无条件解雇，而且沃尔玛有专门的部门对此进行调查和管理。

有一位在沃尔玛工作了二十多年的采购经理，一直以来工作勤勤恳恳。他有一次在周末跟供应商打了一次高尔夫球，周一去上班，看到桌子上放了一封人力资源部的信。他立刻就明白是怎么回事了，自己收拾东西走人。

另外，2016 年，阿里巴巴的几位员工使用程序脚本在内网多刷了月饼，被公司开除，让很多网友觉得太不近人情，但这就是一个企业的价值观。

所以，对于这样的问题，公司的制度是什么，有没有按照制度严格执行，所有的员工都在看。

而有没有做到零容忍，能不能做到零容忍，这是企业管理者需要思考的问题。

（2）企业家或管理者能否做到表率

有的企业家，一方面对内部采购管理人员要求相当严格，不允许员工拿供应商好处，否则严肃处理；另一方面，又想尽办法，去给客户的采购人员送礼行贿。如果这些都让员工看到，不知道员工对老板的人品会做何感想。

还有些企业家，对外高调宣称企业从来不行贿，合法经营，但其内部采购管理又被人质疑。国内某著名大型房地产企业，董事长一直对外宣称从不行贿，却遭到一位销售界大佬、资深的水泵企业销售总监的嘲讽。

他说，即便这位董事长对外从不行贿，但是我想把我的水泵卖到他的企业所开发的楼盘去，如果我不对他手下那些采购人员行贿，是绝对不可能成功的。

"如果有供应商想贿赂你，你怎么办？"当你再面对这样的问题时，我想，你心中应该有了答案。

其实，这不是一个好问题。因为这既不是一个好回答的问题，而且提问的人自己恐怕也没有答案，关键还是看企业的价值观。

价值观正确了，一切都不是问题。

034

从DJ腐败损失10亿元探讨其背后的原因

作者：汪浩

> 除了采购，还有销售、技术、售后等人员涉案，更印证了防腐不仅仅是采购的事。

腐败是采购最敏感的话题。

2019年年初，知名企业DJ被爆因内部腐败问题，损失或超过10亿元，45人被查处。

DJ称，在内部管理改革梳理内部流程时，公司发现，在供应商引入决策链条中的研发、采购、品控人员存在大量腐败行为，并存在销售、行政、售后等人员利用手中权力牟取个人利益的现象。

这次梳理内部流程发现，DJ的平均采购价格超过合理水平20%以上。高价物料采购价高出20%~50%，低价物料采购价甚至是市场合理水平的2~3倍。

涉案的45人中：涉及供应链决策腐败的研发、采购人员26人，销售、行政、设计、工厂人员19人。问题严重的，也就是涉案金额比较大的，有16人，他们已被移送司法机关，另外29人被直接开除。

冰冻三尺非一日之寒，DJ的腐败问题，应该也不是当时才有的问题。腐败也不是存在于个别企业。很多企业的老板对腐败深恶痛绝，但为什么腐败总是难以杜绝呢？

（1）腐败是历史问题

不管是政府部门，还是企业的采购部门，只要涉及对外获取资源的部门，当进行资源和金钱的交换时，都要小心谨慎。

自古以来，历朝历代，腐败问题都是存在的。有一句老话这么说，三年清知府，十万雪花银。就是说哪怕你是一个清官，哪怕你从不索贿受贿，两袖清风，但是你处在一个关键的岗位，你掌握了一些分配资源的权力，总有人想着办法给你送。

（2）腐败是社会问题

对于供应商来说，我需要找到买家，把产品或者服务卖出去，才能变现，才能养活公司这些人，然后谋求更大的发展。但是买卖交易中，因为市场经济发展到现在，竞争比较激烈，所以通常买方具有话语权。那么卖方怎样才能够占据先机呢？卖方就需要想办法，吸引买方的关键人物。

很多销售主题的培训和图书，介绍销售最关键的技巧，就是搞定人，搞定关键人物。而这些培训讲师、图书作者，很多来自大公司，甚至《财富》500强。至于怎么搞定，这里面名堂就太多太深奥了。

销售都很清楚，要搞定客户，并且持续地搞定客户，在客户公司里一定要有自己的线人，而且线人往往不止一个。有时候，他们跟线人是单线联系的，因为要保护线人的安全；也有的时候，这些线人是有上下线的。

所以，一旦你成为他们锁定的目标，他们会投其所好，或者设一个局，让你跟他成为统一战线的伙伴，这样你就可以心甘情愿地为他提供信息，而这些信息可以帮他们跟你的公司成交。

如果你拒绝成为线人，他们可能会用一些别有用心的手段，给你制造麻烦，比如制造一些传言，说你跟某某供应商关系特别好，而他们就没有机会进去竞争了，等等。这些谣言，一旦传得沸沸扬扬，你可能变得很被动，轻则影响升职加薪，严重的可能让你在公司待不长久。

（3）腐败是心理问题

销售跟采购不一样。采购研究的是产品、成本、市场行情，研究的是公司的生产、质量这些没有生命的东西；而销售都是研究人的，每个人都是不一样的，有不同的性格、诉求和兴趣爱好。资深的销售洞悉人性，他们对你的一举一动、一言一行都很敏感，去揣摩你、试探你，找到你个人的痛点或诉求。

上海有一家生产水泵的外资企业，它的销售总监有一次去拜访山西一家大型企业，这是他的一个潜在客户。他与负责设备的两位主管工程师介绍了他们的水泵产品，沟通之后准备离开，出于礼节他对两位主管工程师说，欢迎两位来上海指导工作。

这两位老兄一听，有点兴奋，因为他们在这偏远的地方，好多年都没机会去城市了，更不要提上海这样的大都市了，连忙问道：好啊好啊，那我们什么时候可以去？销售总监没想到他们认真了，想了想，就说：你们如果考虑要订新设备，可以来考察，我就可以安排。两位互相看看，说：我们这设备保养都很好，又没坏，暂时不需要订新设备，哪有机会去考察呀！

销售总监拍拍这两位老兄的肩膀，意味深长地说：没有机会，可以创造机会嘛！

这两位老兄似乎明白了什么，没过多久，他们就打电话给销售总监说：我们可以去考察了，你尽快安排时间吧。

这样，两位就去了上海，与销售总监见了面。销售总监问：上次不是说设备好好的吗，怎么这么快就坏了？其中一人小声回答道：是没坏，这不，我俩想办法给整坏了，不然哪有机会呢？你不是说要创造机会嘛！

（4）腐败是个全员问题

其实，除了在供应链上的决策权很大的研发、采购容易腐败，还有销售、人事行政、工厂管理的人也会腐败，为什么呢？

这就是很多老板容易犯的错误，他们总是认为只有采购容易腐败，往往忽视了其他部门其实腐败更严重，让其他部门有了可乘之机。

那么，采购以外的其他部门，究竟是怎么腐败的呢？

1）人事行政

人事行政，可是一个巨大的黑洞啊，概括起来，原因有这么几点：

a）现在很多公司在招聘业务上都和猎头公司合作，目前在中国，猎头还是一个混乱的行业，没有门槛，鱼龙混杂。业内人士透露，他们收到的猎头费用要分给企业负责招聘的人不少，否则，自己很难在这个行业生存下去。

b）很多大型制造业工厂的工人都是派遣工，特别是电子行业，工人缺口很大。一方面，企业为了节约成本，避免给员工缴纳社保，另一方面，也是为了便于管理，把工人当作一种商品，让劳务公司派遣员工到企业。企业虽然用工，但企业跟员工之间不存在雇用关系，而是跟劳务派遣公司签署协议。那么，工人拿到手的工资和企业付给派遣公司的钱的差价，就被派遣公司挣去了，当然，劳务派遣公司也不是一个人挣这些钱，企业内部如果没有关键人物支持，也不能长久。

c）企业的安保和保洁人员，基本也都是外包给供应商的，基本跟劳务派遣一样的套路。还有餐厅，不管是直接提供配餐，还是把食堂外包给供应商，这些行业门槛都很低，想进来的供应商太多，想想看，没有利益输送，你能做得长久吗？

d）企业的报废品、废料回收，在很多企业里这些工作都是由行政处理的，这个里面的水也很深，虽然怎么定价可以招投标，但过磅称重时也可以想办法做点手脚。

2）营销

有人说营销怎么还会腐败呢？比如说销售额200亿元的大型公司，一年投入到广告、推广上的费用，怎么也得上亿元，甚至好几亿元。这笔钱怎么花，肯定由营销老大说了算，别人谁也别想插手。这个花费谁来监督，怎么监督呢？

另外，业务招待费、差旅费，估计一年也不少，DJ 有 80% 的业务在国外，怎么控制在国外的这些费用？怎么判断花销是否合理？

3）工厂（生产、质量）

工厂就更不用说了，如果是新建工厂，那就是一项大的工程，涉及各项材料和服务的采购，可以浑水摸鱼。如果是运营的工厂，那么供应商的产品，是不是要有来料检验？在线生产时是不是有质量问题？这些问题的尺度，就把握在工厂管理的人手里。

（5）四个方法预防腐败

如此看来，好像没有什么办法可以彻底消除这种现象。但是，如果有更好的管理制度和手段，腐败的程度是不是可以控制到最小？这当然是可以的，除了完善企业的流程制度外，我归纳总结了四个方面，供参考。

第一，**要有预算制度**。企业各个部门都需要做好预算。预算有零基预算和增量预算两种，企业要选择适合自己的预算方式，然后控制好预算。有的公司采购制度不健全，为了图便宜，采购的材料数量超过了实际需要使用的，积压了大量库存，就很可能造成呆滞。

第二，**要有监督部门**。政府部门有纪委这样的职能，专门管理作风问题，企业也应该这样，专门设纪检部门，调查这些问题，而且纪检部门可以是不公开的。

话说雍正年间，皇帝根本就不相信这世上还会有清官，就搞了密探制度，这样大家不知道周围谁是密探，也就不敢胡乱说话做事。

有一个官员称为周人骥，被朝廷以礼部主事的身份派到四川挂职锻炼，很快三年到了，要调回京城了，临行前，他的仆人过来跟他告辞，说是自己要回京城。

周人骥说：你急什么，过两天我回京城述职，会带你一起走的。谁知道那仆人说，我也是回京述职的。周人骥很诧异，说：你一个仆人述什么职？

这时仆人笑了：我是京中派来的密探，负责暗中监督你，还好你没有什么过失，否则你就麻烦了。

第三，**采购的方式创新**。比如进行供应商整合，减少了供应商的数量，也就减少了管理的负担，这时有实力的供应商就会逐渐浮出水面，合作关系越来越紧密，而那些投机的供应商就会逐渐被淘汰。甚至，你可以把生产外包出去，比如手机巨头苹果、小米，自己没有工厂，都是外包给OEM工厂做的，这时你只要负责研究透供应商的成本，控制好成本就行了。供应商总有办法控制好成本。国内著名的小家电企业九阳电器，就是从原本全部是自己生产，逐渐转型，把大部分生产的包袱甩给供应商了。

第四，**随着互联网的发展，未来的采购要从信息化到数字化，采购越来越透明，新的采购模式将会出现**。有些新兴企业开始提供协同采购数字化解决方案，可以帮助企业实现高效协同，降低采购成本及库存，最终达到采购数字化，数据可分析，决策有依据。

035

副总突然问我,供应商是不是给采购留了10个点

作者:正来

供应商PK;价格分析;制度预防。

我往年的年终工作报告,无一例外都是回炉修改三次之后,才能入得了副总的法眼。时间久了因为了解副总的喜好和关注点,所以今年的年终报告,我特别提前一个月就开始准备。

各种数据轮番上阵,各种报表展露无遗,我的报告将部门的各个方面做了汇总整理。看着副总微笑的表情,越往后我的心情也就越舒畅,并美滋滋地畅想,今年的年报,应该挑不出什么瑕疵了。

却没想到在结尾时,副总看似随意却目光犀利地丢出一句:我听说设备之类厂商报价时,都会留出10个点给采购?

接下来他就不说话了,我知道他是在看我怎么回答!

我清楚,如果给出"不知道""我没有听说"这样直接的回复,肯定不能释疑,甚至还会让副总更加觉得我想把这件事情搪塞过去。

如果我说"是的",那么这10个点去哪儿了呢?

幸好,我上过宫老师的课,我思考了数秒钟,做出如下回答。

副总,你听说的这句话,我在接手设备采购工作时,也有听说,所以,在日常工作中,我在三个方面对这一点做了预防。

(1) 每一份设备报价,我们都做价格分析

每家设备厂商的方案设计思路不一样,厂商之间的价格差异难免不同,更因为有些非标类设备,价格水分较大,我刚开始接手设备采购时,厂商的报价都是很笼统的,采购因为对设备的配置、结构等不熟,议价时就好比小姑娘买衣服——随心情。

我看到这种两眼一抹黑的议价方式,就知道是因为采购没有做价格分析。即使让厂商做价格分析,厂商会按照对它有利的方式来报价,所以这个价格分析表得由采购部统一制作。于是我们将设备价格构成拆解成六大部分:

- 机加工及钣金
- 外购标准配件
- 制作所需人工及天数
- 制造费用
- 管理费用
- 税收

目前设备采购这边,针对每一份设备,我们都要求厂商按照统一的格式报价,整个设备的费用分摊比例一目了然。将这些明细列出来之后,如果对方为了提高费用,多增加一些材料或配件,则验收时会按照报价单上的材料或配件明细进行核对,数量、品牌、型号不对的,验收会成问题。

同时,因为设备 50% 的成本是在材料配件上,当材料、配件的规格、品牌确定好之后,采购可以根据品牌规格型号,去市场上搜寻所报的价格是否合理。

通过这样的管控,我们有效防止了厂商的价格虚高。

(2) 各厂商之间的价格PK

单位价值超过十万元的设备,我们均要求三家以上的供应商参与评审。在报价单统一规范的基础之上,采购员可以很清晰地识别出,哪家供应商采

用的材料、配件或者工时费用是偏高的。

针对偏高的部分，我们会同设备部、使用单位合理评审设备配置参数，在确保符合我司要求的情况下，有理有据地与供应商进行分项目议价，目前设备议价降价在7%～15%之间，你所说的10%，理论上已经被采购挤干，确保最终所获得的价格是合理价。

（3）采购腐败不等于采购员腐败

目前在设备采购流程中，请购需求的起草者是使用部门，工艺流程的设定者是技术部门，技术方案的签字确认人是所有部门，设备验收方是设备部。前期如果有某个部门提前与厂商就配置进行沟通，就可能导致采购在比议价环节没法正常进行。另外在设备验收环节，经常有使用部门延迟验收期，故意挑一些小毛病来提醒供应商，我觉得这些问题也可能是公司设备采购防腐的关键。

为此，虽然采购与供应商签订了《廉洁协议》，但对于下面执行部门的人员素质及廉洁要求管控、相应的供应商举报机制，也是需要公司管理层同步推进的！

回答完以上三点，我打开了我们采购设备的报价评审表、价格分析表给副总做参考说明。因为公司管理结构的问题，使用部门、技术部、设备部并不在副总的管辖范围内。我注意到副总有所思考，并提醒我做好现在的采购评审管控流程，接着他又将话题转到年终总结报告上去了。

君子坦荡荡，小人长戚戚。既然光明磊落，有何不能直言，并且我已经有资料、有方法地对这个话题提前做了制度上的预防。我回答完之后，领导并没有再对这个话题做过多盘问，相信领导心里已经有了自己的答案。

那么，我的问题来了，供应商到底有没有继续保留这10%呢？如果留了，又流到谁那里去了呢？

036

很多采购并非真的腐败，而是糊涂

作者：宫迅伟

> 对采购过程要分事前、事中、事后管理。

有的企业老板特别关心采购腐败的问题，不停地换人，或者让"可靠"的人来管采购。

实际上，"可靠"的人未必可靠，有的民营企业老板想节约成本，就让自己老婆去管财务。但老婆不懂专业，本来想避税，结果变成了逃税。

采购也是一样，有的老板会让小舅子管采购，因为小舅子不会骗姐夫。但如果小舅子不专业，仍然会出现很多问题，比如价格没砍到底，或者流程不规范。这时候旁人即使看到了，也不愿意去说，或者不敢去说，结果问题越来越大。况且，谁说小舅子就一定不会骗姐夫？有时候小舅子甚至会想，姐夫赚那么多钱，我不赚姐夫钱赚谁的钱啊！

所以，看似可靠的人，也未必可靠。对采购过程的管理，要分事前、事中、事后。

（1）事前

采购前可以有对标准成本的控制，有对预算的控制，有选择和管理供应商的流程。有了这些举措，采购管理不会"出大格"。采购人员的操作余地有限，无非是选A还是选B，而A和B对公司来说差不太多。采购人员会不会有倾向性？有的。但这种倾向性更多的是"同等条件下的机会优先"，这对企业的损害不会很大，甚至可以说没有损害。因为如果采购人员和供应商之间有良好的关系，双方之间的沟通成本会很低。

（2）事中

采购中，公司里可以执行一些审批流程，还可以应用一些降低成本的方法，或是用项目管理的方式，把大家的智慧发挥出来。采购跟供应商谈价格，不是一个人在战斗，而是一个团队。很多时候采购之所以出问题，是因为企业只依赖一个采购员去跟供应商谈判。且不说腐败的事情，还有能力的问题、时间压力的问题、市场信息了解不充分的问题，等等，这些都会影响谈判质量。如果有一个机制，让大家的智慧和信息能对谈判形成支持，最后虽然是一个采购员去谈，但执行的是公司集体的智慧。

（3）事后

事后管理指的是审计。如果审计出来的价格，比采购员定的价格低很多，比如低30%，就说明采购是有问题的。即便采购员没有拿供应商的回扣，他的能力也是有问题的。

如果我们能从以上多个角度来管理采购，采购的风险就不大了。所以企业家和领导们不要把过多的精力放在怎么防止采购腐败上，而更多时候要考虑怎么提升采购的专业性。如果采购员不专业，即便这人是党员，是老板的亲戚，是雷锋，统统没用。

不专业的问题在我国很多企业里普遍存在。比如财务，一般大家还承认这是个专业，但是很多企业财务的专业性发挥得不够，财务部只是算账，充其量做些避税的事。而管理会计该做的事情，比如信息归集、提供管理决策参考等功能都没有发挥出来。

又如人力资源，老板会觉得这很重要啊，得找个信得过的人去管人啊。

但如果 HR 不专业，连人才培养开发、激励都不会，他能管好人吗？

有一次，我在做培训的时候，有个人事经理问我，宫老师，从人事的角度，怎么在招人时就避免采购腐败呀？

我说，那就相面吧。这当然是玩笑话，貌似敦厚的人也未必可靠。

面试采购的时候，倒是可以问几个问题，比如采购时你是怎么决策的。如果对方能说出采购分析、价格分析、成本分析、价值分析、标准成本、可变成本等，讲得头头是道，这说明什么呢？说明多数时间他把精力放在提升专业性上了。

如果一个干了快 10 年的采购，还说不出所以然来，那他就是个糊涂虫。即便不腐败，但由于糊涂，一样会给企业带来危害。

037

千万别以为报价单就是一个简单的文件

作者：周敏

报价单需要包括哪些内容？

在工作中，采购员经常需要向供应商询价。供应商的报价单，恐怕是采购人员看得最多的文件资料之一了。然而，每家供应商的报价单可能都不一样，各式各样，五花八门，除非是要求供应商按照自己发过去的报价单模板填写。那么，一份正式的报价单需要有哪些必要的信息呢？

a) **产品描述**。一份完整的报价单，首先必须有完整的产品描述，包括产品名称、规格、数量，必要时还需要添加相关的技术要求和技术图纸等便于明确供货的信息。如果是服务，就要明确服务的范围。

b) **最小起订量**。明确该产品的最小起订量（MOQ）和最小包装规格（MPQ）等。这些信息要在报价单上醒目注明。

c) **阶梯报价**。通常对于不同的数量，价格会有差异，数量越多，折扣幅度越大。供应商应明确注明，不同数量对应的不同价格区间。

d) **价税问题**。报价的税率也需要醒目地注明，或者明确采用商品未税单价和税费分开注明。近两年来，每次国家出台税率调整的政策，供需双方都要纠缠一番。

e) **交货期**。一定要让供应商提供真实、靠谱的交货期，这对于双方都有益。很多供应商往往喜欢靠经验给客户报货期，最终无法实现，让多少客户（采购）烦躁不已。当然，我们需要考虑一些可能影响交期的因素。比如欧美公司的财年年底、圣诞节等时期，容易对货期造成影响，这方面实际上也是供应商自己需要充分考虑到的。

　　f) **交货地点及包装方式**。供应商应该在报价单上注明该报价的交货地点、交货形式（交通工具）、包装形式等信息。交货地点如果是在对方的地址，那就是运费没有算进去。交货形式，就是供应商负责送货，还是客户自行提货。这些也都需要写清楚。如果客户对于运输过程中的包装、温度等有特殊要求，那么可以及时沟通和改进，并在正式报价单中注明，否则在后续合同执行过程中也容易出现扯皮的现象。

　　g) **付款方式**。付款方式信息的约束和确认，这项内容其实对供应商来说似乎略有利些。供应商可以在报价时向客户强调该报价单的付款账期等明确信息，包括是否可以接受承兑汇票。当然，这部分往往是客户重点谈判的话题。不同的付款方式和账期会影响供应商对产品的报价折扣，这也是供需双方重点关注的。

　　h) **供需双方的企业信息**。报价单需将供需双方的信息尽可能附上。请供应商留下详细联系方式、地址信息，便于后续再联系和沟通，也便于企业采购感兴趣而前往考察，或者作为评估运输成本的一个重要因素。

　　i) **报价的有效期**。在报价中注明有效期是非常有必要的，可以有效减少供需双方在某个时间段内容易产生的产品价格方面的扯皮。同时，对于该项目后续的备品备件、延续项目、增补等是否维持同样的价格，或者采用其他什么样的价格方案，在可能的前提下双方同时确定下来是比较可取的。

　　j) **盖章**。一份正式的报价单，必须盖章。对于采购来说，拿着一份没有盖章的报价单给领导看，会被领导认为很不专业。报价单要供应商加盖相应的报价专用章、业务专用章或者企业公章，来确认报价单的有效性。当然，你一定要检查一下，章上的公司名称和报价公司是否一致。

　　事实上，对于资深的采购来说，以上这些报价信息不用我赘述，大家也都清楚。但是在实际工作中，我们往往会疏忽，有些供应商的报价单总是会出现这样那样的信息遗漏，给后续的合同签订带来些许困扰，甚至导致合同无法签订。

有时候，采购看到一个报价很高兴，连忙告诉老板拿到了好的价格。但最终签订合同时，却发现原来供应商的报价是不含税的价格，或者是有最小起订量的价格，抑或运费没有加进去。如果需要签订合同，意味着合同金额会提高，采购成本实际上是上升了。待最后搞清楚后再签订合同，老板往往就会很纳闷和不解，甚至当场要求更换供应商。

也有供应商快速地给出了报价，却未注明供货和客户要求的技术所产生的偏离，到最后买来的物料不是技术想要的东西，引起不必要的麻烦。这也是采购要注意的地方——对于技术要求，对方是否已理解清楚？是否能满足？

笔者也曾有过一个合同，因为之前报价单不完善，所以在最后的合同签订时刻，迎来了巨大的困难和挑战。我们当时有一个项目从6月开始找厂家沟通申请价格，6月底厂家批复了特价申请。但是我们公司一直想获取更低的采购价格，所以持续向厂家再申请特价，几番周折后，在10月终于又获得德国工厂方面进一步让利的价格。然而，这还没完，老板直接甩出一个更低的价位，要求再次和厂家谈判。我再一次找了原厂的销售总监，这次他直接告诉我，没法去申请了。

由于之前多次向德国工厂申请价格，老外已经不接受再次申请了。而且，过了12月，全线产品又要涨价。而当时我们的困难是，一方面不希望原厂涨价，另一方面由于客户的预付款迟迟不到账，所以没法和供应商正式签订订货合同。

最终，在12月底，原厂销售总监打电话答应我，如果到1月甚至2月份订货，去向工厂说明一下情况就可以，同时他将这个项目相关信息在12月底录入供需内部系统中去。本以为这个价格比较保险地被锁定了，然而元旦后我就收到了坏消息：原厂方面发来信息，其国外工厂已经调整了全线产品的价格，去年的价格已经全部失效。这个时候，我猛然意识到，没有书面正式报价带来的隐患有多么大。原先将近150万元的单子，这下要增加10

多万元,变成 160 多万元。

虽然这件事最后的结果还是令我们公司满意的,但是对我来说,这无疑给我敲响了一次警钟——供应商的正式报价单才是我们认可的。电话报价、口头承诺都存在着巨大的风险,尤其是承诺人在不久之后离职了,这个口头报价还会有用吗?风险又何其之大。

所以,采购人员需要对供应商的报价单重视起来,尤其是哪些信息一定要注明,需要和供应商提前沟通好,做到公开、诚信合作,避免因为报价单的疏漏而令后续工作陷入困境。

038

供应商改名可能暗藏猫腻

作者：姚何

作为采购，我们必须知道供应商为何要改名。

2017年10月25日晚间，一则企业的更名消息让社交圈炸开了锅——工商信息显示，自2017年8月24日，麦当劳（中国）有限公司的投资者名称从"麦当劳中国管理有限公司"变更为"金拱门中国管理有限公司"；同年10月12日，公司名称也已变更为"金拱门（中国）有限公司"。

对于更名一事，麦当劳方面对媒体表示是因业务发展需要，"这一改变主要在证照层面，日常的业务不会受到任何影响。麦当劳餐厅名称、食品安全标准、营运流程等保持不变"。

企业名称的改变，可以视为麦当劳品牌进一步中国本土化的表现。自中信股份和中信资本持有麦当劳中国52%控制权后，麦当劳中国公司成为麦当劳的最大特许加盟商，在实际意义上已经成为"国企"。

事实上，麦当劳的"金拱门"名称实际上是英文名"Golden Arches"的直译，而麦当劳在中国的早期音译名称则是"麦克唐纳"快餐。然而，公众对于改名似乎并不买账，调侃其改了一个"乡村非主流"的名字。

公开资料显示，企业更名主要有以下六大原因：

- 改善企业形象，尤其是当企业有大量负面历史事件时；
- 优化品牌形象，部分企业原有名称随着发展难以表达企业的经营状况，不利于品牌宣传推广；
- 企业被收购后，收购方需要推出新品牌开展新业务；
- 企业发展到一定程度，需要加强子品牌的独立性，因此为子公司重新取名；
- 企业实施战略转型，从产品到品牌全部更换；
- 突出品牌优势，多出现在多品牌企业进行品牌整合的情况下。

作为采购，我们有必要搞清楚，供应商为什么要改名。

做过采购的朋友，大多数碰到过供应商改名的情况。

一般公司的处理流程是：

以原先公司抬头出具一张新老公司在一张 A4 纸上的切结函，说明本公司改名为某某公司，本公司与贵司的所有债权、债务全部由某某公司承担，因此造成的所有问题与贵司无关。

然后盖上两个公司的公章，拿到这份函件，采购人员在系统里面操作，经过审批，就会在系统里面把供应商的名称变更过来了。

看上去没什么问题，供应商改个名字嘛，很正常，有了切结函，原有的债权、债务关系也得到了有效的继承，双方的合作还是像以前一样，愉快地继续。

但实际上，如果你看完本篇文章，你就会明白，供应商改名有非常丰富的含义！

供应商改名，大体有以下几种情况：

第一，**真的改名**。供应商因某种需要变更名称，供应商主体并无改变，比如股份制改造、被收购等情况。

第二，**冒用改名**。原来合作的供应商因为某种不愿意让客户知道的原因不能合作了，只能改个名字继续合作。

第三，**更换合作主体**。原来合作的供应商其实不是这家公司本身在跟你合作，而是某几个人借用这个公司的名头与你合作，可能现在他们与这家公司的关系变差了，因此需要换一家公司来合作。

假如是第一种情况，那改名对后续合作没有任何影响。只是公司名称的变更，怎么处理问题都不大。可是如果是后面两种，而作为采购的你没能识别出来，那责任可就大了。

对于第二种情况，供应商改名的原因一定会让后面的合作产生巨大的隐患。你必须立即了解供应商的实际信息，以便做出合理的应对，而不是等问题发生时，再来抓狂。

对于第三种情况，如果你没能及时发现，而让之过关，那不好意思，你帮前任背锅是背定了。大家都会认为你跟这几个人有不合理关系，而放任其胡来，虽然你都是按照流程执行的。

所以，各位采购人员千万不要小看供应商改名这件事情，一定要深挖改名的真实原因。

不过好在现在互联网如此发达，公司的基本信息都能在国家市场监督局的网站上查到。

采购流程的制定者，其实也没有必要再让供应商提供什么切结函了。是真的改名，市场监督局的网站上就有完整的信息，只要把这个页面及链接打印出来，就可以作为改名的凭证了，比什么切结函更权威。

假如不是真的改名，那就不要冒用改名的流程了，该怎么办就怎么办，重新认证、终止合作等都是必要的选项。

现在你知道供应商改名的原因了吧，今后不要被这样的事情蒙蔽了，帮别人背锅不算，给公司造成损失罪过就大了。

039

《财富》500强公司如何玩转集团化采购管理

作者：宫迅伟

> 相同的语言，相同的流程，相同种文化。

多年前，我供职的Y集团有13万名员工，设有100多个处级单位。当时我觉得Y集团的管理是最先进的：20世纪50年代初建厂，是中国该行业的"长子"；这个行业在全国各地的公司都有Y集团走出去的员工；拿过国家评选的各种奖项，等等。

后来我去了上海一家《财富》500强公司工作，回头再看Y集团，觉得集团在管理上有些地方是不行的，不如外资公司。比如，Y集团兼并了别的企业后，没有很好地加以整合，管理方式就是从总部派个人过去，实际上管理根本没整合。而《财富》500强的跨国公司，比如我工作过的那家美国公司，全世界有100多个工厂，这100多个厂管理得可以像一个厂一样。

这里牵涉跨区域、跨行业管理等很多问题。我们很多民营企业，一旦跨了区域，或者跨了行业领域，就不会管了。家门口如果有三五个工厂，老板管起来都没问题。老板一般都很勤奋，每天每个工厂挨个看。但一旦有了外地工厂，他不能天天看着了，就不会管了。而外资公司不但能跨区域，还能跨国经营，它们怎么管呢？

我总结了三个Same（相同之处）。

第一个 Same，即 The same language（相同的语言）。

我讲课的时候常写一个汉字给学员看——"爹"。这个字大家都认识啊，没有人不认识。但这个字是什么意思呢？同一个汉字在中国不同地方含义是不一样的。北方人说爹指的是父亲，但有的地方管爷爷叫爹，还有的地方管伯父或者叔叔叫爹。

跨国公司是怎么处理这个问题呢？

他们讨论任何一个问题之前，会先下定义，或者叫术语解释。好比要讨论"爹"的问题，就要先下定义，爹就是父亲，并且是生你的父亲。我刚开始到外资公司，还觉得很奇怪，什么事都要跟个"术语"，大家都明白的事还要解释。现在我们知道，跨国公司人员来自世界各地，管理语言要统一，管理用的表格要统一，表格里的内容也要统一。

这样做的结果就是，全世界讨论一件事情时，大家都知道在讨论什么。

这个很有用。我之前在一家民营企业工作，这家企业在苏州有个工厂，在东莞也有个工厂。有段时间老板经常去东莞，他觉得东莞工厂管理得好，回来天天批评苏州工厂的人，说你们工资挺高，学历也挺高，管理水平却不怎么样。

为什么这样说呢？因为苏州工厂的绩效指标不好看。于是他就让苏州工厂的员工去东莞学习，结果情况照旧。

后来我去这个企业做采购总监，老板让我研究这件事，我敏锐地意识到，是不是有可能计算的方法不一样？结果一查，果然东莞和苏州的计算方法不一样。比方说，交货合格率、交货及时率这些指标，都有多种计算方法。方法不一样，得出的数据当然也不一样。可老板不知道啊，他只看数字，就总觉得东莞的厂管理得好。

这个案例告诉我们，一个集团性企业内部，管理语言的统一有多么重要！

为什么我特别强调"集团性企业"呢？因为在一个小公司里，大家相处时间长了，相互都明白别人说的是什么事。只有集团企业，要做集团化采购，管理语言的问题才会凸显。

第二个 Same，即 The same process（相同的流程）。

我们吃过中餐、西餐，会看到全世界的麦当劳做法都一样，在全世界不同地方吃到的味道也一样。麦当劳的供应商是福喜，在全世界给麦当劳供货，用的是同样的工艺流程，所以出来的味道都一样。

中餐就不一样了，到一个地方要想吃正宗的地方风味，一定要到老的居民小区的胡同里去找，那里的餐厅经过多年沉淀，一定是正宗地方风味。上海也是一样，同一种食物到老的棚户区去吃和到开发区去吃味道肯定不一样。中国还常是一个厨师一个味，但五星级宾馆的炒土豆丝吃起来都一样，因为已经标准化了。

企业管理如果特色太多是不行的，效率会变低。企业需要同一种流程，体现在采购的流程、降低成本的方法、质量控制的手段、供应商评审的流程等。否则，集团化采购没法执行。

第三个 Same，即 The same culture（相同的文化）。

这一条看起来很难，但如果前面两个 Same 做到了，慢慢地第三个 Same 就能自然形成。我原来工作的 Y 集团，一个领导曾说过一句话，只要两个 Y 集团的人凑在一起，就很容易进行沟通。因为他们的习惯、做事的方法，都是一样的。

当然还有其他的 Same，比如统一的信息化系统等，但我认为以上三条是最根本的。

040

采购部还有存在的必要吗

作者：汪浩

如果有人来抢你的地盘，那说明
别人觉得你还很弱！

（1）读者提问

我们公司有很多个生产车间，车间主管直接和供应商联系，供应商也习惯直接找车间主管要单，但是由于开单是在采购部，车间主管就来跟我说某供应商单价是这样，我先安排它生产，你补个单给它。

刚开始由于老板没有阻止，车间主管就习惯了。可是后来由于他们安排生产了，单价高我也没办法谈，我就跟老板说。

老板通知采购主管，以后由采购去联系供应商，这样车间主管就消停了一段时间。

最近几天车间主管又来找我，说有家供应商找他，单价按原来广东供应商的。我说没有优势不能换供应商，要有原来供应商没有的优势，比如价格。他就去跟那家供应商说。但问题是供应商现在都恨我，老板也说我不会来事，居然说，以后车间主管不帮我了怎么办？

老师，我这样错了吗？

（2）回答

看到这样的问题，我感到很难过。这样的企业里，采购部成了一个摆设，采购的价值得不到体现。采购人员也很困惑，不知道该怎么办。

这不是一个特例，我遇到很多中小企业的采购人员都提过类似的问题，那么问题到底出在哪里了？

我认为，问题主要有以下三个方面。

1）作业的流程不清晰

很显然，这个企业没有一个清晰的作业流程。也许有，但谁也没有把流程当回事。特别是没有供应商选择流程，车间主任把供应商选择权拿去了，并且可以随意切换供应商，还可以谈价格。

苍蝇不叮无缝的蛋，仔细想想，供应商和车间主任什么时候开始直接联系的呢？车间主任第一次导入供应商是什么时候？

如果第一次，采购没有提出异议，按照车间主任的要求给供应商补单了，那这个口子就打开了，以后再有这样的问题，车间主任都可以理直气壮，采购也没有底气去反驳。

时间一长，供应商就明白，真正的决策者是车间主任，就没空去理会采购了。

2）老板的态度不明确

我认为，老板也有责任。老板没有明确表态阻止，那么车间主任必然会肆无忌惮地与供应商谈各种条件。

有些老板忙于应付客户，没有太多精力去管理公司内部，或者没有认识到职权清晰的重要性，而且现有供应商产品的质量、交付还没有出现严重的问题，没有追责。

3）采购人员不专业

除了别人有问题，采购也应该反省，一定要从自身找原因。是不是采购不专业？或者说，至少没有让老板看出来，采购专业在哪里。

如果老板觉得，只是买个东西，谁买都是买，甚至车间主任找的供应商更好，那老板自然不会站出来支持采购。

而且，对产品的加工工艺、要求，采购是不是没有车间主任熟悉？我们采购是不是要加深学习？

另外，问题中说车间主任找来一个供应商，要采购按广东的供应商同样的价格给这个供应商下单，说明这个价格还是有利可图的。

那么，采购要问问自己，广东的供应商是什么时候开发的？合作多久了？有没有降本的计划呢？

如果采购选供应商不透明，让大家都觉得这里面有猫腻，车间主任为什么就不能自己选供应商呢？

你如果专业的话，既然车间主任推荐了新供应商，为什么不可以主导一次招投标，组织一个招标委员会或者供应商选择委员会呢？

记住，**如果有人来抢你的地盘，那说明别人觉得你还很弱。**

（3）解决方案

如果这样的情况持续下去，我想，采购部也没有存在的必要了，或者成为生产车间的一个下属部门。

如果你不甘心，想要抢回地盘，也不是不可能，但一定要让自己变得更专业。

1）制定好流程制度，即为什么选这个供应商

有人说过，好的制度能把坏人变好，坏的制度能把好人变坏。

供应商选择是非常重要的，外人觉得采购有猫腻，主要就是选择供应商时流程不规范、不透明、有问题。

所以，一定要把供应商选择做到公开、透明，让公司觉得没有任何猫腻，也要让供应商觉得是公平公正的。

a）要制定好供应商选择流程制度，选择谁、不选择谁，都要有充分的理由。

b）不要一个人决策。选择和更换供应商，一定不可以是某一个人说了算。可以建议公司成立供应商选择与评估委员会，技术部门、生产部门、质量部门甚至财务部门都要参与。

c）一定要按照流程制度去执行，如果以前的供应商准入制度不全，那就想办法补齐资料。要有基本的供应商调查表，对供应商的基本信息、人员、设备、客户、销售金额等做基本了解。谁都可以推荐供应商，但是所有供应商都要按照流程来进行筛选。

2）展现采购的价值，即为什么是这个价格

把供应商选择的流程制度建立并完善起来之后，采购下一步要做的主要工作就是降本了，这也是公司对采购的最大期待和要求。

采购要能够从各个方面去寻找突破口，找到降本的空间。无论是开发新供应商、谈判，还是引导供应商优化生产工艺或者其他什么手段，采购只要持续地找到降本的空间，就能不断得到公司的认可。

3）找到支持你的人

要做到以上两点，特别是第一点，公司高层里一定要有人支持你，特别是老板要支持你。坚持要从流程改善上入手，把你的流程拿给老板看，相信每个老板都不会排斥提升企业的流程制度管理。

供应商选择是一种权力，谁都想争夺这个权力。这个权力关系到供应商的生死，关系到企业的发展，也关系到采购个人在公司的生存。

采购要做到专业，首先一定要处理好这个问题："为什么选这个供应商？"

041

采购面对被动补单是否可以拒绝

作者：周敏

> 对使用部门说No叫"需求管理"，对研发说No叫"早期介入"，对财务说No叫"重合同守信用"。

几年前，我刚到一家公司工作，有一段时间，供应商经常会找到采购部门，说是我们公司还需要给它补一部分费用。

这让我很纳闷，也很不舒服。随着这样的情况频繁发生，我坐不住了。我先找供应商了解情况，搞清楚这到底是怎么回事。

供应商告诉我，原来是正式合同执行后，我们的技术部门发现有一些设计错误或者遗漏的地方，就自行联系供应商，把要求修改了。

但是，他们没有与采购方面进行过反馈和沟通。

技术直接对接供应商，在采购不知情的情况下对合同供货内容或者技术要求做了更新。回过头来供应商又管采购要补单或者补差价。

采购人员一脸茫然：我这算是摊上了什么事？这还有采购什么事！而且这种情况还不是个例。

这让我不免联想起来，之前为什么有几次供应商的交货期会延迟。原来，其中有部分原因就是技术在合同执行过程中和供应商做了变更。

这种事情给采购部门带来了比较严重的影响。

首先，这造成了项目采购成本和预算超支，采购拿到的技术文件已经失效，但未收到更新后最新版本的技术文件。

其次，后补订单或者相关费用给供应商，老板无法理解这笔费用的合理性并表示不满。

（1）原因分析

是什么导致技术部门频繁私下与供应商沟通调整设计？

经过进一步了解，是出于对本部门 KPI 业绩保护的目的。

公司对技术设计准确率有明确考核指标，如果技术部门发现自己设计有错误、遗漏甚至增补，那么每一次的变更需要找老板签字确认；而这些变更记录单则会保存到服务器，直接影响这个项目技术部门的 KPI 业绩。

如果一切都能在无声无息中处理掉，则最大限度地保护了技术部门的 KPI 业绩。

当然，技术部门这么做，肯定是没有想到，供应商不会做"活雷锋"。供应商为了其额外增加的成本，肯定会来找采购部门进行补单或者合同变更，这时候技术部门的问题就暴露出来了。

（2）解决办法

首先，向供应商表明态度。我当时直接拒绝了供应商让增补合同和费用的请求，原因是我没有处理过其中相关的事情，且并不知情，所以我不会对此事负责。

其次，我将该事件的前因后果大致的情况写了邮件反馈给老板，建议采购合同执行后，如果有技术变更，要制定相关流程和制度；杜绝不透明、不知情的情况发生。

当然，我的提议得到了老板的认同，老板召集技术、采购部门一起开会，规定了执行合同仅由采购部门对外处理，其他部门不得和供应商进行合同变更、增补等要求；如果后续再出现这种情况，采购部门完全不需要理会供应商的反馈和增补请求，谁处理的这事就由谁来负责。

最后，为了进一步规范流程和制度，老板再次强调，技术部门在每次做技术变更时，一定要填写"技术变更单"，并签字确认后发放，从根本上规避各种不规范操作。

这样一来，一方面，技术部门的准确率后来明显提高了，采购被动背锅处理收尾的情况也变少了；另一方面，在变更发生后，供应商习惯第一时间找采购来进行沟通和处理问题了。

采购的成本、交货期也更可控了，技术变更则有源可查。可谓一举多得。

"懂得拒绝，人生不纠结"，采购必须学会拒绝，但要拒绝得有水平。

对使用部门说 No 叫"需求管理"，对研发说 No 叫"早期介入"，对财务说 No 叫"重合同守信用"。

一切都是为了降低供应链"三流"总成本。

042

如何编制企业采购手册

作者：胡竹秋

> 采购手册需要专业的采购人员去执行，去管理，去落实到位，才能发挥作用。

专业的采购人员一定是一个具备完善的知识和实战经验的专家。

企业也需要一个专家团队来协助企业运营好采购组织，从而支持企业的整体运作，最终能让企业更加有竞争力，减少企业运营的风险。

那么企业如何有效地打造这样的团队呢？基础工作是编制采购手册，从制度上保障采购部门人员的专业要求、行为规范、成长路径，使其更加专业地为企业服务。

如何来编制企业的采购手册呢？要基于企业的运作模式、企业的文化、企业的规模、企业的未来发展方向和目标，这样我们才能更加精准地为企业定制采购手册。

具体的内容如下。

（1）采购部（供应链）组织架构

规范整个部门的组织和汇报关系，让采购员了解组织内的相关情况，了解各个岗位的权责，也让每个采购人员知道自己的上升渠道和职业发展方向。

制定各个职能岗位的岗位说明书，比如采购总监的职责是什么，有什么权限，需要什么样的技能等。清晰的岗位职责，可以让所有人了解，自己和这个岗位间有哪些差异，想做到总监的职位需要在哪些方面提升自己；同时也可以衡量目前的总监是否符合岗位的要求等。这是一个组织体系，同时也是一个能力体系。

（2）采购人员的招聘与培训体系

写明招聘采购人员要经过哪些流程，这些流程有哪些要求，例如招聘、入职、试用、采购人员礼仪等制度，还要规定采购人员的技能测试标准、采购人员的培训标准、职业采购人员的素质培训，以及相关的工作流程、制度及相关的配套表单。这部分内容实际上是对采购人员基本素质的要求，同时也是采购部门梯队建设、部门能够得以不断发展、专业化不断提升的保证。招聘专业采购人员、培训内部采购人员，公司要从这两个方面提升采购团队整体的运营能力。

（3）采购计划制订及预算管理

它包括采购需求方法的标准、采购申请管理的标准、采购计划编制工作标准、预算编制工作标准。另外企业还要制定相关的工作流程制度，让工作标准得以正确实施。

（4）供应商选择和评估管理办法

这是采购管理前端的必要部分，我们只有选择合适的供应商，才能更好地支撑企业的供应源。兵法云，兵马未动，粮草先行。采购就是公司打胜仗的保障部门，采购部只有成为优秀的供应团队，才能保证材料的供应，让公司不缺粮，做出好产品，进而打赢和竞争对手的战争，

所以我们要规范供应商选择途径标准、策略标准、信息搜索标准、评估标准、分类标准、ABC分级标准、采购体系及质量体系构建标准，同时制定供应商开发与选择评估的流程、潜在供应商评估的流程、需求体系制

定的流程及供应商等级评定的流程。在流程确定后，我们需要搭配各种制度和表单。

这样就能保证我们可以很充分地回答"为什么是这个供应商"以及"是否有风险"的两个问题。

（5）供应商的关系管理

这部分内容涉及供应商关系建立与管理的标准，如战略伙伴关系的建立标准、外包与伙伴关系的区别标准、双赢战略伙伴的关系标准、供应商关系管理标准和分析标准。

同时，相关的流程、制度、表单的制定要跟上。

（6）价格谈判和合同管理

这个是很多人最关注的部分，也是关键的和实战的部分，其中包括采购价格分类标准、比价标准、供应商报价因素分析标准、谈判标准、谈判方案制定标准、采购合同主要条款、合同审核标准、合同纠纷处理标准、总成本核算、供应商分析、谈判、谈判方案制定，以及合同签订执行的流程、制度和表单。

（7）采购交期及库存管理

这部分是采购员的日常工作，也占用了他们的大部分工作时间。减少这部分的重复工作、提升效率，将大大降低采购运营费用，所以要规定得更加详细和易操作，让采购人员具备区别于其他人员的专业素养。我们要让采购人员根据交期构成标准、影响交期因素分析标准、改善标准、看板管理标准、JIT看板控制标准及安全库存设置标准等，制定相关的流程和制度，从而更加专业、规范地管理我们的物料交期，保证供应商及时交货。

（8）商品的验收和质量管理

企业需要采用全面质量采购工作标准、质量成本构成及管理标准等相关适合企业的一系列标准去管理，建立商品验收流程、仓库收发料作业流程、不良品退库流程、盘点流程、检验作业规范、采购退货流程、零缺陷运行实施流程、采购品质管理制度、进料验收制度、仓库管理制度等，来规范公司采购物品的质量，达到控制厂内没有不良品流程的目标。

（9）采购资金与成本控制的工作标准

企业要规范资金审批、付款管理、成本分析、成本控制标准，同时建立相关的流程和制度来指导操作。

（10）采购绩效的管理

这是采购管理中的事后管理，是对采购工作的总结，用经验指导未来的工作。这部分包括采购绩效管理指标规划与制定标准，采购平衡计分卡绩效体系制定标准、KPI指标制定与核算标准、年度季度工作目标制定标准、采购绩效报告月度会议体制建立标准、采购绩效管理标准等，同样我们要建立相关的流程和制度及表单。绩效管理的PDCA环如图42-1所示。

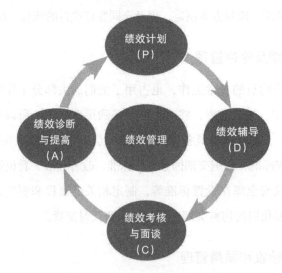

图42-1 绩效管理的PDCA环

到这里，企业采购手册的内容基本完整了，里面一些具体的内容是需要公司根据自己的要求去制定的。**特别重要的是，采购手册内容要具有学习性和可执行性，它需要专业的采购人员去执行，去管理，去落实到位，才能发挥作用。**如果只是制定手册，然后让它躺在资料库里，那手册就无法发挥作用了。

043

一台空调让采购员下岗

作者：汪浩

真实案例，非常精彩，再次说明
了保留过程文件的重要性！

最近总有人讨论公司如何规避采购腐败的问题。外界对采购的认知更加带有偏见，好像只要是采购，就免不了会腐败。这样的现象一旦成为热议话题，采购从业者们就会压力陡增，职业规划遇到难题。

在苏南的一家外资企业，一个采购员为给公司买一台空调，被公司认定与供应商串通，并被开除。

那么，公司做的到底对不对，这个采购员到底冤不冤呢？我们来了解一下事情的来龙去脉。

（1）起因

小胡是 ASNA 公司的采购员，他 2007 年进入公司，后来被调到采购部。2013 年，公司需要采购一台空调，由于比较急，采购周期很短，小胡通过电话向三家供应商询价并要求书面报价，结果只有一家供应商愿意给书面报价，而且是三家里价格最优惠的。由于公司规定，必须有三家公司的书面报价，于是小胡让最优惠的这家公司，向另外两家索要书面报价。

这件事情被 ASNA 公司发现了，公司认为小胡违反员工手册，解除了与她的合同，并不予支付赔偿金。

公司认为，小胡提供的是伪造的报价单，三份报价单是由同一人书写的，存在与供应商串通投标的情况，严重违反了公司的制度，而且小胡不接受调岗。公司认为，公司有权进行调岗，公司有内部规章制度《员工管理条例》和《员工手册》，其中《员工手册》规定，"如公司员工偷窃、涂改、伪造、藏匿公司档案、资料、各种凭证、记录、单据、账目及其他文件证明，一经查明属实，属严重违纪行为，经人事部门核实、工会审议后，经总经理批准，可无偿解除劳动合同"。

所以，ASNA公司认为，小胡违反了规章制度，公司有权解除与小胡的劳动合同，并不需要支付赔偿金。

小胡为这件事情烦透了心，为了自己的名誉和利益，小胡选择诉诸法律。

（2）处理过程

第一回合，劳动仲裁小胡败。 为了证明自己的清白，也是为了拿到自己应有的补偿。小胡就去劳动仲裁委员会，申请了劳动仲裁，要求支付赔偿金，结果仲裁委认定公司的做法是对的，对小胡提出的赔偿要求不予支持。

第二回合，法院一审小胡胜。 劳动仲裁的结果小胡当然不服了，如果不支付赔偿金，她就是被公司开除了，而且背上了与供应商串通的锅，这以后还怎么在社会上混，别人怎么看待她！

小胡接着就去法院上诉，在法庭上，小胡提交了证据。

证据一：另外两家口头报价供应商的证明，证明小胡确实找他们报过空调的价。后来中标的供应商刘先生手写了两家的报价，找到这两家供应商盖章确认的。

证据二：公司《员工手册》规定，对于违纪行为，先由人事行政部门核实、工会审议，然后总经理批准。但是调查处理单日期显示，总经理批准日期在其他程序之前。

但是，对于这些证据，公司坚持认为，小胡并没有向另外两家公司询价，另外两份报价单都是中标供应商提供的，公司对小胡的诚信和廉洁行为有质疑,而且小胡不服从公司安排调岗,这些行为造成公司管理上的损失。

公司还认为,《员工手册》是公司内部规定,不是法律强制性的,流程顺序颠倒了并不影响调查处理单的有效性。

最后,法院认为,虽然报价单是同一个人写的,但是三家不同的公司盖章了,这是真实的。小胡并没有伪造报价单,这个行为也没有对公司造成利益的损失,所以公司解除合同而不给予赔偿,不符合员工手册和法律的规定,法院判决 ASNA 公司支付赔偿金给小胡。

第三回合,二审小胡继续胜。 这样一来,ASNA 公司不服气了,它向法院提起上诉,要求驳回之前的判决。这回公司变本加厉了。

他们认为:小胡的行为就是构成串通投标,另外两家供应商没有提供报价,小胡让中标单位通过私交找另外两家盖的章。本次的行为是小胡授意中标单位这么干的,小胡的行为就是严重失职,公司怀疑小胡与中标供应商有不当利益。小胡没有诚信没有道德,而且还拒绝调岗。

小胡对于上述质疑给出了这样的回复:

a)当时询价时,另外两家供应商嫌 ASNA 公司距它们太远,此时又是夏天空调销售高峰期,于是电话口头告知了价格。它们也不是不愿意提供报价单,而是说如果 ASNA 公司觉得价格合适,确认采购的话,它们可以提供报价单。但 ASNA 公司要求很急,上午询价,要求下午买回来并安装到位。报价单虽然都是一个人写的,但是都与另外两家确认过。它们也都愿意盖章。

b)《中华人民共和国招标投标法》第二十四条规定,自招标文件开始发出之日起至投标人提交投标文件截止之日止,最短不得少于二十日。所以公司的情况不符合法律规定。

c)除了这三家询价,小胡还在国美、苏宁等电商平台询了价,但是领导说电商无公章不行,小胡才要求另外两家提供盖章的报价单。所以其本人根本没有伪造报价,反而是秉着积极负责的态度在处理这件事。

d)对于公司认为她与中标供应商有不当利益,小胡说自己调到采购部才一年，而这家供应商是给公司做空调维护和维修的指定供应商，而且与公司合作有好几年了。公司的说法并不存在。

e）关于调岗的说法，《中华人民共和国劳动法》第十七条规定，"订立和变更劳动合同应当遵循平等自愿、协商一致的原则"，用人单位要与员工协商一致，而不是公司单方面决定，员工对此有权拒绝。而实际上公司也没有与其协商调岗的事宜，而是直接解除了劳动合同。

二审时，法院向另外两家未中标供应商了解了情况，那两家供应商如实提供了证明，说确实接到小胡询价的电话，虽然报价单不是他们自己写的，但价格是与其电话报价一致的，所以就盖了公章。

所以小胡的采购行为并不符合 ASNA 公司制度中对伪造凭证、单据等文件证明的规定。

据此，法院认为，ASNA 公司解除小胡的劳动合同，属于违法解除，应当支付赔偿金。法院驳回了 ASNA 的上诉，维持原判。

这是一个真实的案例，两败俱伤，让人无话可说。这位采购员到底有没有违反流程？公司的流程是否合理？仁者见仁，智者见智。但是从法律上来讲，她最终肯定是获得了公正的评判。

很难理解，这个公司的某些负责人，为了一台空调这么一件小事，花费如此多的精力和心机，搞出这么多事来整这个采购员。而采购员为了证明自己的清白，又被迫要花费那么多时间精力，去跟公司劳动仲裁，然后打官司，一审、二审。

一个公司采购流程的合规要求不明确、不完善以及不合理，导致为了采购一个空调，双方闹到打官司的地步，两败俱伤，不仅浪费了双方的时间和精力，还浪费国家的法律资源。

044

不会做采购，可你会订外卖啊

作者：卓弘毅

订外卖的流程，就是需求了解、
供应商筛选、价格分析、订单释
放的采购过程。

珍妮花最近从办公室文员转岗来做采购，这个新职位貌似没有想象中那么轻松。

又是一个慵懒的周二中午，珍妮花在和同事聊完各种热点、八卦、育儿闲话后，看看时间已经快接近一点半了，是该回到座位上去做事了。

珍妮花看了看今天的任务清单，又到了每月给供应商下订单的日子了。

一想到这里，她的心情就开始变得很糟糕，面对这么多的供应商、不同的价格，怎么做出最合适的选择呢？

每个供应商有着不同的 MOQ、交货周期和订货折扣……看着一长串的采购清单，珍妮花的头都大了。算了，还是明天再说吧。

珍妮花伸了伸懒腰，活动了一下手腕肩膀，看看时针已经快指向三点了，干脆放松休息一会儿，随便犒劳一下自己。

她在微信上呼叫办公室下午茶姐妹花，有没有人想要一起叫个奶茶外卖。很快有人回应了，艾美丽在群里很兴奋地说"好啊"，于是两人愉快地达成了一致。

珍妮花打开手机上的外卖 App，在经过了一番价格和优惠折扣的综合比较后,她选了公司附近的一家网红奶茶店。

下好了单,根据App系统显示,奶茶店铺已经接单,外卖小哥将在30分钟后将外卖送到。

珍妮花在电脑上回复了几个邮件后,又刷了刷微信朋友圈,百般无趣之中打开外卖App,查看订单的状态。

现在的网络科技真是发达,通过App可以看外卖小哥的实时位置。眼瞅着地图上显示小哥离目的地距离越来越近,小哥却跑到马路对面的办公楼去了。

"现在送外卖的也真是的,为了多送几单也是蛮拼的。"珍妮花暗自腹议,心想如果他送得晚了我坚决不给他五星好评。

幸好没过多久,外卖终于到了。小哥气喘吁吁地和珍妮花说着"这是您的外卖,麻烦待会儿给我一个好评,谢谢"。

看着小哥态度很客气,珍妮花满口答应"好的,好的,谢谢你噢",转身叫来了艾美丽,一起享用下午茶,打发下班前的无聊时光。

珍妮花会订外卖,就一定能做好采购。

至少有三件事情她已经会做了。

(1) SKU基础上的订单分析

珍妮花在下外卖订单的时候,比较了不同的饮品组合和不同的优惠折扣券,选了最有性价比的套餐。

奶茶的MOQ是1杯,买得多就会有店家的减免优惠。外卖还有最小起订金额,比如20元以上才能接受订单。

在做采购订单的时候,我们也需要充分考虑很多因素,比如MOQ、订单金额、SKU可以供消耗使用的时间等。

1) MOQ

如果订单量小于MOQ,供应商就不会接受订单。不是下单数量大于

MOQ 就万事大吉了，对于一些缓慢移动库存的 SKU，还需要注意 MOQ 预计可以消耗的时间。如果超过了一年，就需要重点关注了，这种 SKU 一旦遇到产品升级迭代，极有可能变成呆滞库存、死库存。

2）订单金额

有些供应商有最小订单金额规定，如果没有达到合同中规定的金额，采购方需要支付一些额外的费用。如果买卖双方是做 Ex-works 条款的，那么采购方还需要关注采购订单金额，货物一旦离开供应商工厂仓库以后，库存的所有权就归属于买方。而卖方就可以根据实际出货数量，开具货物发票给买方。这笔采购订单的费用，就成了买方的应付账款，需要在合同约定的时限内完成付款。因此，采购管理需要时刻留意在途库存和应付账款金额。

3）SKU 可以供消耗使用的时间

在采购管理中，采购人员需要在 Item Level 的基础上，分析每个 SKU 可以供消耗的时间，也就是说所有的库存（仓库内+在途）可以使用到什么时候。根据预先设定的交货期，来判断是否会有断货的风险。

同时，还可以根据这个信息，来分析库存的数量是否合理，是否会产生过量库存。

（2）供应商的交货周期分析

珍妮花从下外卖订单，到收到奶茶的时间，就是交货周期。交货周期超过一个小时的店铺是不会被考虑的，外卖对时效性的要求很高，这也是很多外卖小哥开启疯狂驾驶模式的"初心"。

供应商交货周期也称为订单履行周期，以奶茶类产品现点现做的 Make to order（按订单制造）模式为例，整个周期中主要的时间段如表 44-1 所示。

搞清楚供应商交货周期很重要，因为这是优化供应流程、控制库存成本、降低供应链成本等活动的基础之一。找出问题症结所在，才能有效地采取相应的措施进行改善。

表 44-1　奶茶交货周期的主要时间段

步骤	时间段描述	所需要时间
1	奶茶店接到珍妮花订单的时间	极快
2	从接单到开始做奶茶的时间	不好说，取决于前面还有多少未完成的订单
3	做奶茶的时间	基本固定，店员的数量越多就越快
4	把奶茶交给快递小哥的时间	很快，小哥基本都已经在等着了
5	小哥送奶茶给珍妮花的时间	不好说，有很多不确定因素，比如大楼保安不让进

（3）供应商的交货表现评分

珍妮花给奶茶店和外卖小哥五星评价，就是完成了对供应商交货表现的打分。所打的分数既有对产品的评价，又有对服务的评价。

奶茶店评分的高低，影响着顾客们选择的优先级；外卖小哥评分的高低，决定着他们的收入。

在供应商管理中，交货表现需要评估的内容就更加丰富，主要表现在这两个维度：

- 准时交货率
- 质量

在供应链运作参考模型（Supply Chain Operations Reference model，SCOR模型）中，也有类似的定义。

SCOR 模型第一层的战略指标中，就有一项是供应链交付可靠性，其中明确定义了如何衡量供应链的交付质量：**符合要求的产品在要求的时间段、要求的地点交付给正确的客户，产品包装完整，数量和质量无误，没有瑕疵，文档齐全**。它对应的绩效指标就是订单完美履行率。

这样一看，珍妮花已经初步具备了做好采购的资质，她已经历了一系列完整的筛选供应商、下订单、收货和评估的采购过程。

如果她把订下午茶的经验应用在日常采购工作中，那么明年公司升职加薪的员工里一定会有她！

045

掌握四种开局策略，把握谈判主动权

作者：宫迅伟

哪四种？如何用？请见正文。

采购常常需要跟供应商谈判，而很多人在谈判的时候不知道该怎么进入角色。接下来我就说说谈判开局的总体策略。

（1）协商式开局

这种开局方式比较适合谈判双方地位相当，或第一次接触，双方过去没有商务往来的情况。我方可以不卑不亢，以协商口气，多用外交礼节性语言、中性话题，使双方在平等、合作的气氛中开局，比如"价格是否可以这样……"

以协商、肯定的语言进行陈述，使对方对己方产生好感，创造双方对谈判的理解充满"一致性"的感觉，从而使谈判双方在友好、愉快的气氛中展开。

比如，谈判一方以协商的口吻来征求谈判对手的意见，然后对对方意见表示赞同或认可，双方达成共识。要表现出充分尊重对方意见的态度，语言要友好礼貌，但又不刻意奉承对方。姿态上应该不卑不亢，沉稳中不失热情，自信但不自傲，把握住适当的分寸，顺利打开局面。

（2）慎重式开局

慎重式开局策略指以严谨、凝重的语言进行陈述，表达出对谈判的高度重视和鲜明的态度，目的在于使对方放弃某些不适当的意图，以达到把握谈判的目的。

慎重式开局策略适用于谈判双方过去有过商务往来，但对方曾有过不太令人满意的表现的状况。己方要通过严谨、慎重的态度，引起对方对某些问题的重视。

例如，采购人员可以对过去双方业务关系中对方的不妥之处表示遗憾，并希望通过本次合作能够改变这种状况；可以用一些礼貌性的提问来考察对方的态度、想法，不急于拉近关系，注意与对方保持一定的距离。

这种策略也适用于己方对谈判对手的某些情况存在疑问，需要简短的接触摸底的状况。当然慎重并不等于没有谈判诚意，也不等于冷漠和猜疑，这种策略正是为了寻求更有效的谈判成果而使用的。

（3）进攻式开局

进攻式开局是指通过语言或行为来表达己方强硬的姿态，从而获得谈判对手必要的尊重，并借以制造心理优势，使谈判顺利进行下去的一种开局策略。

这种进攻式开局策略只在特殊情况下使用。例如发现谈判对手居高临下，以某种气势压人，有某种不尊重己方的倾向，如果任其发展下去，对己方是不利的，因此要变被动为主动，不能被对方气势压倒。此时应采取以攻为守的策略，捍卫己方的尊严和正当权益，使双方站在平等的地位上进行谈判。

进攻式策略要想运用得好，必须注意有理、有利、有节，不能使谈判一开始就陷入僵局。要切中问题要害，对事不对人，既表现出己方的自尊、自信和认真的态度，又不能过于咄咄逼人，使谈判气氛过于紧张。一旦问题表达清楚，对方也有所改观，就应及时调节气氛，重新建立起友好、轻松的谈判气氛。

举个例子，对方如果对我们根本不重视，我们可以采用一些刺激性的方法,逼着对方做出反应。比如质问,"你们还想不想合作了?"

(4)坦诚式开局

坦诚式开局策略是指以开诚布公的方式向谈判对手陈述自己的观点或意愿,尽快打开谈判局面。这种开局方式比较适合长期合作的供应商,双方过去有过商务往来,而且关系很好,互相了解较深,并都将这种友好关系作为谈判的基础。所以双方就不要绕弯子了,也不用那么多技巧,有什么就可以说什么,碰到什么困难就说什么困难,大家坦诚地进行交流。

在陈述中可以真诚、热情地畅谈双方过去的友好合作关系,适当称赞对方在商务往来中的良好信誉。由于双方关系比较密切,谈判时可以省去一些礼节性的外交辞令,坦陈己方的观点以及对对方的期望,使对方产生信任感。

坦诚式开局策略有时也可用于与实力较强的对手谈判时。己方实力弱于对方,这是双方都了解的事实,因此没有必要掩盖。坦率地表明己方存在的弱点,使对方理智地考虑谈判目标。这种坦诚也表达出实力较弱一方不惧怕对手的压力,充满自信和实事求是的精神,这比"打肿脸充胖子"大唱高调掩饰自己的弱点要好得多。

采用什么方式开局,主要考虑两个方面因素。
- 双方关系:以前有合作,关系很好、关系一般、关系很差;以前没合作。
- 双方地位:地位相当,地位弱于对方,地位强于对方。

046

谈判，如何"打群架"

作者：宫迅伟

> 有分工，才叫团队；没分工，最多叫团伙。

我在 Y 集团工作的时候，担任过一个职务——Y 集团驻莫斯科办事处首席代表，在莫斯科工作了一年半。莫斯科办事处，简称"莫办"。

莫办有几项任务，其中一项是从俄罗斯买设备。

为什么我们喜欢从俄罗斯买设备呢？

因为 Y 集团是苏联援建的，Y 集团很多老工程师对苏联设备情有独钟。有一次我们买了一台设备（热镦机），使用方是 Y 集团下属的某标准件厂。

按照 Y 集团的机制，买设备的时候，集团设备处要参与；这又是个技术问题，涉及工艺，所以集团工艺处的人也要参与；这还是个进出口的事情，所以集团的进出口公司和外经处也要参与；当然，用户标准件厂的人也要参与。

我们这么一堆人去了俄罗斯，跟俄罗斯人谈判。

结果对方来了几个人呢？对方只来了一个人。

由于我是首席谈判代表，我就对标准件厂的人说，你是用户，你先来讲讲你的要求吧。可标准件厂的代表连连摆手，说我也不懂设备，还是让设备处的人来讲吧。设备处的代表一看，连忙推辞说，这属于技术问题啊，让工艺处讲吧。工艺处说，买设备这是进出口的问题啊，我看应该让进出口公司的先讲吧。

结果，进出口公司的人一看，没人可推了，就看了看我，说：你是首席代表，你可以代表我们所有人啊，要不然还是你讲吧。

你看，在老外面前，我们就开始互相推了。我们这次谈判有分工吗？根本就没有。

什么叫团队？

就是一定要有分工。有分工，才叫团队；没有分工，最多叫团伙。何况现在优秀的团伙都有分工了。我们派两人以上的团队出去谈判时，必须有分工。你谈什么，我谈什么，谁是主谈，谁是辅助，各个角色必须提前定义好。

我在工作中碰到过这种情况，采购和技术一起去跟供应商谈判。采购不管那么多，上来就砍价格。砍到一定程度，搞技术的着急了，担心谈判破裂影响自己的工作，于是就当着供应商的面数落采购，说你怎么只知道谈价格呢！然后转向供应商，说如果他再砍价，你别卖给他！

最后，采购气呼呼地来找我，说宫总你要说说他们搞技术的。没想到搞技术的也气呼呼地来找了，说宫总你要管管你们采购员，他只知道砍价，我们着急啊。

谁错了呢？单独看，都没错；没有分工，才是错。

分工要注意两条。

一是**角色分工**。谁谈技术，谁谈商务，要分清楚。

二是**黑白脸分工**。要有做好人的，也要有做恶人的。

比如说，我们在和供应商谈价格时，事前会跟自家的质量部门或者使用部门说好，我们在和供应商谈的时候，让他们冲到会议室来，数落这些供应商的不是。

当然，他们可以装作不认识供应商，光跟我们吵架。吵完架他们走了，我们就可以跟供应商说，你看，我们公司对你的抱怨是很大的。

这是个真实的案例，但不是我自己操作的，是一个学员说给我听的。所以在公司内部，可以让使用部门去扮演黑脸，提前把供应商做得不好的方面，我们想抱怨供应商的方面，准备出一些素材。

黑白脸策略在谈判中永远有效，百试不爽。

通常是采购做好人，让别人做恶人。这个"别人"可以是领导。我们可以说，"不是我不同意啊，是领导不同意。"当然这要在领导不在场的情况下说。领导如果在场，你说"不是我不同意，是他不同意"，就不合适了。并且这个"领导"越模糊越好，可以模糊到什么程度呢？模糊成"规定"。

为什么呢？如果具体到某个领导，对方可能说，你把这位领导电话告诉我，我给他打电话。而"规定"这两个字就相当有力量，比如谈到付款方式，你可以说，这事没得谈，我们公司有规定。

规定就像一堵墙，力量相当强。总经理都能拿它做黑脸，"我自己定的规矩，我可不能打破它"。

047

谈判中，必要时可以以势压人

作者：汪浩

翻译不准确，更容易误导谈判的
进展。

  提到谈判，不同人的认知不一样。有人觉得谈判都是很愉快地进行的，没有什么好紧张的；有人觉得谈判不需要什么太多的技巧，主要还是看谁的力量大。大家观点不一样是因为有着不同的经历。

  对于谈判，大家都希望能够双赢，但事实上，真正的双赢很难实现。因为谈判主要是为了利益的划分，一方想得到更多，另一方就会少一些。特别是双方势均力敌的时候，谁都不肯让步，因此气氛会比较紧张。特别是在涉外谈判中，有时候气氛让人窒息。

  2004～2007年，中国铁路开始大发展的关键几年，也是我们引进国外技术的关键几年，那几年我有幸在轨道交通行业工作，参与了合资、合作、技术转让等上百场涉外谈判，见证了铁路行业的发展，也见识了各种谈判场景。

  由于当时我所在的公司是国内最大的铁路车辆配件供应商，与铁道部下属的南车和北车集团（现已合并为中国中车）有着很好的合作关系。当时很多国外公司会主动找上门来谈合作，想进入中国铁路市场。

  其中有一件事，让我印象非常深刻。当时，有一家营业地在石家庄的法国咨询公司，这家公司的业务主要是为国内的企业和法国的企业牵线搭桥，找项目合作的机会。有一次，他们把一家法国公司介绍给了我们，这家公司是做动车组上的地板的，这种地板既要轻，又要承重能力很强，有很高的技术含量，目前动车和高铁上的地板很多都是采用这家公司的技术生产的。

刚开始接触的时候，我们与那家石家庄咨询公司不是很熟悉。它的老板是一个法国人，叫 Camille，30 岁出头，说一口流利的中文。他之前来过我们公司，双方简单交流过。这次他带着法国地板公司老总第一次来与我们谈具体的项目，他也帮着地板公司的老总翻译，与我们谈判。

我们经常看到，有时候老外说了很长一段，而翻译只翻译了一两句。这会让大家都很尴尬，显然这是翻译水平不行。但是这个 Camille，翻译的水平有点过高了，因为他翻译的内容总是比法国老总说的多一些，法国老总只说两三句，他要翻译一大段。这明显不对，而且这些内容很多是坚持不让步，特别是，他总是会用"我觉得""我认为"开头，这就让谈判比较紧张，很难进行下去。

这让我们总经理越来越觉得，Camille 翻译的，可能不是法国公司真实想表达的意思，影响了谈判，或者是总经理看这个 Camille 不顺眼，总之，他实在是压不住火了，瞪着 Camille 说，你讲这么多，是你自己的意思，还是他们的意思？Camille 说，大部分都是我的意思。

总经理说：你只需要翻译准确，不需要表达你自己的观点。

当时会议室里双方代表有好多人，场面也很尴尬，Camille 被这么一说，面子上有点挂不住了，就搬着自己的笔记本电脑出去了。

不过，后来谈判结束，总经理也觉得刚才有点过分了，主动去和 Camille 握手。Camille 也表现得很大度，耸了耸肩，并不计较这些。

我再讲另一个例子。在铁路行业工作过的人，都或多或少对当年铁道部"二桃杀三士"的情况有一些了解。其中有一场谈判，也是让后来的人经常谈及。

当时，国外的庞巴迪、西门子、阿尔斯通、川崎重工是世界上该领域技术领先的厂商，它们都希望进入中国市场。在动车组领域，铁道部指定，只有跟北车集团的长春轨道客车股份有限公司和南车集团的青岛四方公司合作，才能进入中国市场。而庞巴迪由于和青岛四方有合资公司，所以已经有了进入中国市场的资格。剩下的三家公司竞争非常激烈。

日本以川崎重工为主，和其他五家企业，组成联合体，与当时南车集团下的青岛四方公司谈判。四方公司和这六家公司的联盟谈判起来，难度很大，因为只要有一家不同意，谈判就很难继续推进。四方公司的总经理王总亲自带队与日方谈判，四方公司的团队年龄都在30～40岁，日本团队的年纪都比较大，甚至有人头发花白。其中某一个细节久久不能达成一致，双方都不肯让步，气氛也一度显得非常紧张。

这时候，日方有一个代表已经不耐烦了，威胁要退出谈判，准备离开。因为双方已经投入很多精力了，而且投标的时间快到了，如果谈判不成功，就无法去投标，前功尽弃。而这时候日本人的威胁，让四方公司的王总一肚子的怒火爆发出来，他猛地站起来，把茶杯狠狠摔在地上，让在座的人都很震惊，王总看了看翻译，让他对那个日本人说，只要你敢走出这个门，就永远也不要回来了。

结果，王总这一发怒，镇住了场面，而那个日本人真的没有敢离开，重新回到了谈判桌上。

谈判，并不是总能在友好的气氛中进行，有时候涉及利益比较大，时间比较紧，双方的气氛是非常紧张的。如果你处于优势地位，通过以势压人的方式，也未尝不可。

第二部分

解密供应链

采购负责连接内外部供应网络，是供应链的一个重要环节。采购人需要了解供应链，供应链人也需要了解采购。如何通过采购看供应链？如何通过供应链看采购？供应链究竟是什么？企业间的竞争是供应链间的竞争，如何打造供应链竞争优势？

本部分收录了有关供应链的文章，与大家一起解密供应链。

048

信息流问题解决了，
供应链问题就解决了一半

作者：宫迅伟

只要把信息流问题解决，供应链
管理的问题就能解决一半。

      大家都知道，企业的供应链总会出各种问题，那么，供应链管理最大的问题是什么呢？这个问题让我纠结了很长时间。

      某一天，我突然有了感悟：人！**人的问题，就是供应链管理最大的问题**。

      供应链有三流：实物流、信息流、资金流。这三流每个都很重要！

      那么哪个流最重要呢？我觉得是信息流。因为，只要把信息流问题解决了，供应链管理的问题就解决了一半。

      这是什么意思呢？

      我们实际中遇到的很多所谓实物流问题、现金流问题，其实都是信息流问题。三流，应该一起考虑，用术语来说就是"集成"。

      其实，这些天我有点焦虑，我在准备公开课"如何打造供应链竞争优势"时，总希望让同学们获得更多突破性的收获。可是备课过程中，我总觉得有些憋得慌，觉得某个地方没打通。就像练武功，没有打通任督二脉，气不能自由游走。

      按理说，这个课我讲过很多次，这件事我也干过很多年，我也读过几乎市面上能见到的所有供应链方面的书。

我给北大纵横后EMBA/MBA班讲过九次，给景峰制药等众多公司高管，以及海立空调等若干企业采购和供应链人士也讲过多次；我做过一家集团公司的供应链总监，主管六家中国工厂、两家国外工厂的供应链。我既做过，又讲过，还研究过，应该对供应链管理有深刻的理解，可为什么还是觉得没有打通呢？

这些天，我一直在反思。

我想，还是因为我站的高度不够，没有站在上帝视角，总是纠结在局部，纠结在一些具体问题上。换句话说，就是只关心了点，还不是线，不是面，还没有到体。

这也是很多从事供应链、讲授供应链的朋友们的一个问题。大家谈供应链，要么从采购角度，要么从计划角度，要么从物流角度。这些都对，但都不全面。

你看市面上图书的书名，要么是"采购与供应链"，要么是"物流与供应链"。有的貌似讲"供应链"实则只是在讲"供应"，缺少"链"；甚至有的"供应链"干脆在讲生产运营。

我做过总经理，在指导供应链工作时，我也是就局部抓局部，因为总是要解决当前问题。虽然经常大声强调全局配合、组织协同，但并没有沉下来揪住某个供应链管理的"牛鼻子"来抓供应链。

就像盲人摸象，好像都懂，但懂的都不是全部。

举两个我自己遇到的真实案例。

有一次，会计给我一张单子：一家大型国企的培训费到现在已经跨年，8个月了我们还没有收到款。

按正常理解，此时应该赶紧让助理打电话催款，这是一个典型的现金流问题。可是我转念一想，不对，这件事我有印象，好像是国企内部一些流程问题导致回款较慢，虽然拖了一段时间，但最后还是付了的。

于是，我让会计仔细查一下记录，原来签合同的是"××集团采购部"，付款写的是"××集团财务部"，名称不符，于是显示这家公司采购部没有付款。

这件事,表面看是现金流问题,其实是信息流问题:钱已经付了,单据上没有同步显示。

比如还有一次,我去澳大利亚旅游,买了一点纪念品,用快递方式寄回国内。可是我左等右等,过了一个多月还没有收到。

我想想,觉得不可能啊,就去查单号,通过电话去询问。中国海关说没有收到,可是澳大利亚说已经通过中国海关。

货物在哪里呢?肯定是在某一个地方,不可能同时在两个地方。我就继续查,后来中国海关说有一件物品上的单据丢了,猜测可能就是这件货,后来他们打开一看还真是。

你看,表面看是实物流的问题,其实原因还是出在信息流上:单据信息与货物信息分离了,由于单据丢失信息导致物流无法继续进行。

想想我们工作中遇到的问题,很多都是如此。

很多所谓的质量问题,其实都是信息流问题。

如送错货了,数量不对,单据与合同不符,这个缺几个,那个多几个,各种DCN(设计变更)或ECN(工程变更)。信息反映得不准确、不及时、不相符、不真实,或由于多头传递不一致,或由于层层传递失真,或由于当事人马虎,或由于本位主义导致的信息孤岛、故意拖延/误报瞒报信息等,甚至夸大信息导致牛鞭效应等。

很多所谓的付款问题也是如此,也是信息流问题:送料单、发票与订单不符,时间不对,单据丢失,财务付款时间死板等。

所以,可以得出这样的结论:供应链管理,更多的是信息流管理,这是成本最低、见效最快的管理手段。如果把信息流这个问题解决了,供应链管理的问题就解决了一半。

信息流就是供应链的神经系统,很多公司有病,其实就是"神经病"。

看来,管理出效益,绝不是一句空话。

那么,怎么来治这个病呢?

（1）有效的IT系统支撑

企业大了，层级复杂了，靠人认真拿本子记录是不行了，必须有一套有效的IT系统。信息技术可以降低传递失真和传递成本。那些领先的公司往往也会使用比较先进的IT系统。所以，供应链流程再造，往往要求对IT系统再造。

（2）信息流标准化

有IT系统，但没有标准化，信息传递就会乱套，甚至无法使用。信息流标准化包括很多方面，比如传递接口（如所有变更都通过采购部，开发部门不可以直接发放变更通知，抄送的部门也应该是固定的），再比如编码、信息的输入标准化。有的公司就是因为缺少标准化，结果料号越来越多，或不固定的人往IT系统输数据，经常输错或输入不一致。不要认为标准化只是来要求产品的，流程标准化也非常重要。

在这方面，国内民营企业似乎做得差些，很多公司都是"乱拳打死镇关西"。

（3）给人换脑筋

其实，人是信息流动的最大障碍，所以企业会产生企业沟、部门墙。

由于本位主义，人会给自己"留一手"，如销售夸大预测，采购对供应商夸大需求。

由于权力意识，信息流被中断或停止，如审批流程，这里有巨大的改进空间。

由于太过聪明，人在传递信息时，加入自己的理解，信息传递走样。

由于商业利益，员工之间、部门之间、公司之间不愿意分享信息，如供应商不愿意让买方看到库存，采购为了给降本留空间，没有与财务和销售分享真实成本等。

给人换换脑子，站在上帝视角，树立全局观，多些协同思想，多些供应链思维，推进一下标准化，用技术手段去实现它，信息流一定会改善，供应链的一半问题都会解决。

这是一片蓝海，须努力挖掘！例如，审批流程改一下，供应链效率立刻提升 10 倍。不信？你试试看。

049

供应链管理最高境界：无声胜有声

作者：颜家平

> 声音越响，问题越大；成绩好，则悄然无声。这就是企业的供应链！

许多企业的项目与工作都是以大张旗鼓开始，紧锣密鼓进行，高奏凯歌结束。人们都喜欢将自己的工作搞得轰轰烈烈，到处宣扬，生怕别人不知道。特别当取得一定成绩与进步时，更是如此。"表扬与自我表扬"相结合，也正是这一心态的体现。

因此，大家认为，工作做得越好，声音就越响。而有一个行当或者岗位却恰恰相反，声音越响，问题越大；工作出成绩的时候，则悄然无声。这就是企业的供应链。

满足客户的需求是供应链永恒的目标，而客户在需求满足后的主要表现就是没有声音。因为客户没有声音，所以供应链的同事也不会得到领导的表扬。

当客户发声了，那一定是急切催货的声音。其声调与音质、言语与用词，肯定不会美妙动人。传到领导与他人的耳朵里，供应链人员立刻就会遭到批评与非议，"这个供应链的人，怎么搞的？又没有及时送货！"

之后查出原因，即使责任不在供应链，但是，这个黑锅大都是要背的，即使不背，负连带责任也是避免不了的。

当你在客户那里"成了名"，那你在企业的末日也快来临了。

笔者就遇到这么一次，因为进口件的缘故，不能及时满足一家著名企业的需求，给客户带来停产风险时，那位客户代表给了我一句话："你这次会在我们公司一夜成名！"

还好，在即将出名的前几个小时，我使尽了浑身解数，解决了这个问题，有幸失去了一次出名机会。

搞供应链的人是最怕出这种名的。要知道这个出名是关系到前途与薪酬的。

在企业内部，供应链人员也同样怕出声。每天早上的晨会，他们战战兢兢，生怕制造部门发出缺料的声音。只要有了这样的声音，老板的语言、同事的眼光都是异样的。原因分析、纠正行动计划是逃不掉的。

如果类似情况连续发生，那么供应链部门的一班人将会在相当长的时间里，没有好日子过。为此，我和我的同事每天一早都会到生产现场，了解昨晚的生产情况，下班回家前同样走现场，为的就是消除这样的声音。

但是，客户和企业内部长期没有声音，老板与同事也会同样没有任何声音，绝对不要幻想供应链人员会为此得到表扬与奖励。

评价供应商也可以用这样简单而有效的方法。你到生产现场去一下，凡工人能够讲出的供应商名称，那肯定是供应链表现差的供应商，是引起"交付战争"的罪魁祸首，是应该列为重点整改或者淘汰的供应商。

如果供应商代表到工厂，门口保安拦着，仔细盘问，办理整套手续，仿佛是第一次听见供应商名称，那么这肯定是优秀供应商。当然，真正的评价，还是需要数据支撑的。

因此，搞供应链工作的同志每天主要工作与精力就花在减少声音，直至消除声音上。而且，声音的大小与工作量成反比。

声音越大，工作量越大；声音越小，工作量也会随之下降。

但是，这给领导与其他部门同事造成供应链的工作真舒服的感受，也会形成一种负面影响。

因此，我提出供应链应该是：

平平稳稳是优秀，默默无闻是英雄，从不加班是有效，电话不打真本领。

但要做到这些并不容易，当你看到供应链人员是这样的工作状态时，他肯定已经为此付出了大量的心血。他要解决及时交付客户中发生的一切问题，要消除影响生产的一切供应链因素，要在采购供应链中让所有供应商同步配套交付。他还要将此形成规范，制成标准，持之以恒。

只有这样，才能达到优秀供应链工作者的要求。这就是供应链行业的无声胜有声。

050

预测为什么都是不准的

作者：汪浩

稳定的行业可以预测，但黑天鹅
总会发生。

很多供应链从业人员经常抱怨销售给的需求预测不准，采购总是会遇到各种突发情况。

难道预测就不能做准点吗？

我最近刚好看到几篇写如何做好需求预测的文章，甚至看到一些专家，运用一些欧美的理论，搞了一些数学模型，来教人们用科学的方法做好预测。

相信很多朋友和我一样，看得云里雾里。那么这些数学模型，就一定能解决问题，一定能做好预测吗？

我们必须承认，中国的市场竞争环境比欧美复杂得多。总体来说，中国的供应链，是世界上最复杂、最难做的供应链。

一个企业的订单从哪里来？有人说我有稳定的客户和稳定的需求。是的，有些行业确实是这样，比如垄断行业，它们的需求一般很稳定。吃的和用的，一般也比较稳定。食盐和味精或者快速消费品行业的产品，在人口稳定的情况下，老百姓的需求没有太大波动，对这些产品的需求很稳定或者有季节性波动的规律。

那么，还有那么多行业和企业，它们是不是有稳定的订单和客户呢？也许有一部分，但不可能是全部，中国的市场竞争总是受各种各样的因素影响。

除了稳定的客户订单，企业其他订单是怎么来的呢？我认为有以下三种。

（1）抢来的订单

这一点很容易理解，很多公司教导销售要有狼性文化，狼行千里吃肉，订单是要抢的。没到最后一刻，谁也不知道是不是能抢到肉吃，就算到了最后一刻，你抢到嘴里的肉，也有可能被别人抢去。

前几年，国内某大型光伏组件厂家，在选硅片供应商的时候，进行了招标，三家公司参与投标，价格最低的一家中标了，并签了合同。

第二天，又来了一家供应商找到这家光伏客户，客户说招标已经结束了，供应商说没关系，如果你可以跟我合作的话，你不需要付款，拿你的产品给我抵货款就可以了。客户感到很意外，这简直不可思议，立即就决定与他们合作，并马上通知中标的供应商取消合同。

你看，这家供应商既是供应商，同时也是客户，这个优势瞬间秒杀其他同行竞争对手。这种情况你能预料到吗？

还有一件事，我之前工作过的K公司，是中国甚至全球轨道交通行业最大的零部件供应商。最近，西南地区某城市地铁公司有一个项目，K公司销售对此没有重视，丢了订单。这个项目不大，只有几百万元，订单被成都本地一家供应商拿去了，合同也已经签了。但是K公司的总经理听说此事，对销售非常不满意，连夜飞过去，找到该地铁公司领导，进行关门会议。两个小时会议过后，地铁公司领导宣布取消原来与本地供应商签的合同，把订单给K公司。

当然，我讲的这两件事情，仅仅是在我周围的朋友圈子发生的，那么放眼全国，这种情况就太多了。

（2）捡来的订单

有人说订单怎么可能有捡来的，是的，确实有。有些公司只有单一供应商。公司的单一供应商突然出了问题，比如由于环保问题造成停产；或者质量出现重大缺陷；或者公司发现供应商与公司内部人员勾结，损害公司利益，把供应商列入黑名单；或者客户需求量突然增大。这种情况太多太多，我就不举例了。做销售的人，一般都深有体会，很可能是因为不经意间在哪里发过一张名片，或者很久以前在网上发布过广告，在毫无征兆的情况下，会接到客户主动找上门的电话，要求订购产品，而且要货很紧急。我们姑且把这种意料之外又紧急的订单，称为捡来的订单吧。捡来的订单，你能预测到吗？

（3）硬塞来的订单

什么叫硬塞来的订单呢？就是这个订单，供应商根本不想做，客户硬塞的订单。

怎么还会有这样的订单呢？原因可能是客户给的价格太低了，或者供应商的产能已经饱和了，或者产品难度太大了等。但客户又没有找到更好的供应商资源，跟供应商好说歹说。看在多年的合作关系和交情上，供应商就勉为其难接了这个订单。客户硬塞给你的订单，你能预测到吗？

那么，预测就不要做了吗？

也不是，但是有没有必要用那么复杂的数学模型去做预测呢？

有一本畅销全球的书叫《黑天鹅》，如果有时间，你可以看一下书中第10章"预测之耻"。

这一章提到了，斯派罗斯·马克利达基斯和米歇尔·海本经过多年的学术研究，得出了一个令人沮丧的结论——**"统计学上高深复杂的模型不一定能比简单模型提供更为精确的预测"**。他们认为，统计学家把精力放在建造高深的模型上，而不考虑这些模型能否更为准确地预测现实生活。《黑天鹅》这本书的作者纳西姆·尼古拉斯·塔勒布，根据他从事数理工作多年的体验，得出结论：整晚在计算机上进行复杂数学运算的科学家，很少能比使用最简单的预测方法的出租车司机预测得更准。塔勒布认为，计划失败，是因为人们具有筛选性思维，即忽视计划之外的不确定性来源。你看，这样的观点是不是让你大跌眼镜？

051

供应链经理的苦境：难走的料箱循环之路

作者：颜家平

> 料箱丢失解决方案：落实责任制，专人管理。

某天，小黄刚将车子开进小区，还没有找到车位，电话铃突然响了。

生产经理愤怒而急促地吼道：生产线又停了！料箱没有了，零件无法送上线。快点想办法解决！

唉，料箱怎么又没有了，上周不是刚采购了1000个吗？没办法，小黄只得掉头开向工厂，去解决这个时常遇到的老难题。最后在供应商的帮助下，问题得到了解决。

这是我晚上在小区散步时，邻居小黄告诉我的料箱遭遇。

因为大家都是搞供应链的，所以经常会交流一下遇到的问题，分享各自的经验。

他已经不止一次地向我倾诉类似的苦境。

随着绿色物流与环保的要求日益提高，越来越多的企业在物流过程中使用了可循环包装。从原材料、在制品到成品发运，从上游供应商到下游的客户，可循环使用的料箱几乎覆盖了整个物流过程。

反复循环使用不但环保，而且降低了包装的成本，是一个利国利企业的大好事。

可是，这条循环之路却走得崎岖坎坷，难点就在管理上。许多工厂都有管理文件，却无法落实。

原因主要有以下几个。

a) **被高库存占用**。料箱数量是按需求确定的。一旦库存大增，料箱就势必被占用，从而造成无法循环。

b) **被供应商拿走**。这种情况发生在通用料箱上比较多。供应商会动脑筋占用你的料箱，从而减少他们的花费。

c) **在工厂内部被挪用**。由于料箱是一种比较适合的容器，而且容易拿取，因此各个部门在需要时都会到生产线上随手拿一个。积少成多，供应链因料箱而断裂。

d) **到客户那里，有去无回**。因为对方是客户，供应商往往不敢言语，有时弱弱地问一声，得到的回答是"没有"。于是回去汇报有了底气，反正是客户原因，领导也不会追究。

当然还有其他一些奇奇怪怪的原因，包括被盗。

我认为最主要的原因是企业不重视，没有落实责任、专人管理。当我将管理责任落实到个人身上时，情况就发生了变化。

我请一位责任心很强的工程师负责料箱管理。他每天通过表格与单据记录料箱的进出，每周与客户和供应商进行核对，发现差异，立刻追查。

这样一来，我们的料箱缺失情况大有好转。特别是与客户进行核对后，客户也重视起来，采取了卡车司机责任制。从此，成品料箱的缺失几乎为零。

循环料箱的缺失在许多工厂已经见怪不怪，工厂每年都会花大把的钱去弥补这个窟窿。他们看重的是料箱里的物料，却轻视价格不菲的料箱，认为找个人管料箱没有什么工作价值；况且这个人还不容易找，需要有责任心、会管理。

殊不知，缺失料箱的价值以及造成的损失远远大于人员的费用。

公司应该制定《容器管理程序》/《容器管理作业指导书》，确保有正确数量和质量的容器满足要求。同时，各个企业只有实实在在地落实管理措施，才能打通料箱循环之路，为我们的绿色供应链做出贡献。

052

如何治疗供应链并发症（高库存、高断货）

作者：赵平

预测的准确性，库存管理问题，淡旺季差异，供应链上企业的博弈。

（1）高库存、高断货的原因

年底了，公司冲锋销售目标达成，销售订单有了，但供应商交不上货，断货数量不断创出新高。看看仓库里面，其他货已经堆得放不下了，交的货也入不了库。说起来都是泪啊，采购也要管管供应链啊！

既然要说说这两个并发症，我们就要先研究一下它们的发病原因，是什么导致了高库存、高断货。结合具体的日常工作，我也查了若干资料，原因不外乎以下几点。

1）预测的准确性问题

这一点是若干问题的根本原因。为什么会不准呢？说白了，没有人能做准预测，预测百分之百准确根本就不存在。也就是说，不管采用什么样的预测技术，预测结果总会有一定的误差。也就是这个误差，使得错误的产出成了库存，没有预测到的需求成了断货。准确性越低，库存就会越大，断货就会越多！

2）库存管理的问题

仓储管理过程中或多或少都会有误差，盘亏和盘盈。管理越差，库存盈亏就越大，断货和库存问题也越就严重。由于供应商、制造商、经销商缺乏一定的信任，供应链各环节信息不畅，自然出现信息孤岛，很难面对瞬息万变的市场需求，出现高库存、高断货就不奇怪了。

3）淡旺季差异大

淡季需求少，设备闲置，人员流失；旺季人员难招，设备不足。适当做淡季储备经常因为预测不准，做的库存到了旺季也不是需求的品种。

4）供应链上企业的博弈问题

供应商按照制造商的订单排产，由于制造周期问题，交付时，型号和销售需求不匹配，制造商不提货，造成供应商库存呆滞，资金占用。而到了市场端，有时候经销商仅仅为了帮助制造商完成销售目标，实际上没有做销售预测或没有客户需求，就专门下达仓库没有的型号，或低端容易销售的型号，造成市场需求和产能严重脱节。这方面的问题，想预测都预测不了。

以上一些原因，采购与供应链管理的从业人员，或多或少都能说上几条来。当然，不同的产品供应链，有不同的原因，不同的高库存、高断货的表现形式。既然知道了并发症的产生原因，我们该采取什么样的措施来对症下药呢？

(2) 高库存、高断货的治疗方法

首先，说说预测的问题。这也是文献资料、网络上讲得最多的解决方案。预测的大致步骤如下：

- 理解预测目标。
- 整合整个供应链需求计划和预测。
- 识别影响需求预测的主要因素。

- 以合适的综合水平进行预测。
- 建立预测绩效和误差衡量标准。

预测的方法可分为定性预测法、实际序列预测法、因果关系预测法、仿真预测法等。采用的工具、预测模型等也是花样百出。可是预测总是不精确，我们必须兼顾预测结果和预测误差。企业越靠近供应链上游，接收到的信息失真程度就越高，也就是牛鞭效应形成的原因。

既然不管应用多高级的模型、多准确的方法，预测总会有一定误差，那么解决高断货和高库存的问题就不能仅仅盯在预测准确性的范畴。显而易见的是，预测误差造成了高库存和高断货的产生，那么我们应该制定合适的方案来解决误差的问题。网络和文献资料中少有人谈及这个问题，你们不妨听听我的建议。

预测不管是谁来做，都要用数据说话，有凭有据，结合收集来的市场信息，做出需求预测。而供应端的产能数据也要规划好，要结合市场需求，提前布局。

前端的销售预测和后端的产能规划要统一汇总到计划部门，计划部门基于前后端的数据信息，制订统一的计划，始于数据，终于判断。市场部按照销售计划来实施营销，供应端按照生产计划制造交付，整个产销由计划部门统筹。销售不是经销商下什么订单，就卖什么；制造也不是有什么材料，就做什么。销售部门和制造部门统一按照计划部门编制的销售计划和生产计划运营。

在实际操作中，总会有制订的销售计划无法达成或者与市场需求有差异的情况，这个差异怎么解决呢？也就是当月生产的机型，没达成销售目标，形成了库存；市场需求没有生产计划，形成了缺货。那么下个月的销售计划和生产计划，要及时平滑掉上月的误差。甚至出现重大计划失误要中途叫停，但必须及时处理掉供应链上的库存，不管是降价处理、包销，还是报废，都要有一个处理机制。这样的机制就是要及时处理预测中出现的误差，减少库存，及时调整增产，补足断货。

其次，谈谈供应链库存管理的问题。这个是相对比较容易改善的方面，核心是怎么让信息要准确，传递要及时。笔者所在的公司也在积极地改善供应链上各环节库存的系统化管理，作为链主从前端到后端，统一建立产销协同信息平台，库存管理全链打通，有效解决数据、信息不准确造成的高库存、高断货。

（3）如何有效实现淡旺季库存平衡

每个公司对销售的产品都有分类，不管是按照ABC，还是爆品、主销、主推等方式，只要是分类管理，库存就要匹配分类。我给大家介绍一下供应链管理常用的分类模式，公司销售的产品按照需求和销售的推拉模式可以分为三类。

a）按库存生产（MTS）。这一类产品按照推式生产，企业制定合理的安全库存，低于安全库存后按照一定的批量安排采购或制造。这类产品往往是爆品或者主销产品，针对市场需求可以即时发货。

b）按订单生产（MTO）。这类产品采取推拉相结合的方式，偏重于拉式，企业接客户或经销商的订单后安排生产，有一定的制造周期。当然根据实际情况会调整适当储备库存。

c）定制生产（ETO）。这类产品完全根据客户需求定制，有可能是完全按照客户要求开发，无法出售给其他客户，如出口机型、OEM机型等。

将产品分类后，企业在淡旺季就可以按照各种产品的不同营销策略进行淡季储备库存了。MTS产品和部分MTO产品可以根据预测做好淡季储备，同时上延到供应商，供应商的库存管理也可以按照类似的管理模式，淡季储备通用、标准配件以保证旺季产能快速提升。

（4）供应链上企业的博弈

这就要看各个环节产品的供应风险和战略重要性的问题。企业都会将采购产品进行分类管理，不同的类别有不同的管理方式，如按照卡拉杰克矩阵（见图 52-1）进行分类。如果是杠杆物品和一般物品，可替代资源比较多，这类采购就不用太顾及供应商的一些要求。而另外两类，战略物品和瓶颈物品供应商则必须上升到战略合作的方式去考虑，尤其是战略物品供应商，未来双方的合作会越来越紧密。

但是不管怎样，一个诚信的企业必须在供应链各企业间说到做到，下达的订单必须按照约定及时处理。否则不管哪个环节出现积压，都是高库存、高断货的并发症要发作的导火索。

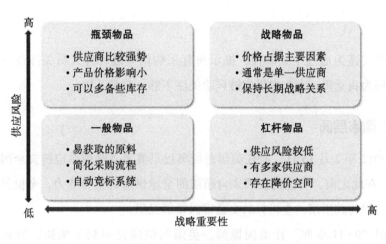

图 52-1 卡拉杰克矩阵

053

从中兴事件看供应链风险管理

作者：宫迅伟

中兴软肋：缺"芯"。

此文谨为通过中兴事件，提示所有采购供应链管理人员关注供应链风险，因为我觉得，大家对供应链风险关注不够，非常不够。

（1）国家层面

2012年2月13日，时任美国总统奥巴马签署《全球供应链安全国家战略》。在此之前，美国的发展来自超强的全球供应链整合能力，全世界的资源都可以为其所用，全世界的交通可以畅通无阻。

但"9·11事件"让美国惊醒，美国的供应链遇到了威胁。世界上还有恐怖组织可以挑战美国，欧元对美元形成冲击，军事上俄罗斯有所对抗，美国的经济安全、军事安全、网络安全、航行安全、金融安全都受到挑战。

因此，美国制定了这个《全球供应链安全国家战略》，成立了跨部门的全球供应链工作小组，每年向总统提交一份报告。

再看中国，2017年10月13日，国务院办公厅发布《关于积极推进供应链创新与应用的指导意见》，因为中国意识到，随着GDP体量的增加、进出口贸易额的增加，中国的供应链风险也在增加，应对美国的全球供应链战略，中国也应该有自己的供应链国家战略，这个战略涉及农业供应链、制造供应链、流通供应链、供应链金融、绿色供应链、全球供应链。习近平总书记、李克强总理也在不同场合多次强调供应链。供应链管理一时成为大家频频提及的一个词。

供应链管理有两个最为关键的战略问题，一是安全，二是高效。

安全就是要避免中断，中断以后要能迅速恢复；高效就是周期短、费用低、反应敏捷。这次中兴事件，给全体国人上了一次很好的供应链安全课。本文不从国家层面考虑，也不从爱国主义出发，只从企业采购从业者的角度出发，探讨如何管理自己企业的供应链。

（2）中兴事件背景[⊖]

2018年4月16日，美国商务部发布对中兴通讯的出口权限禁令，禁止美国企业向其出售零部件，并认定中兴通讯在2016年和解谈判和2017年考验期内，向其工业安全局（BIS）做出虚假陈述。

这是2016年至今的达摩克利斯之剑。2016年3月8日，美国商务部认为中兴通讯涉嫌违反美国对伊朗的出口管制政策，对中兴实行禁运。中兴通过内控整改及更换管理层，最终于2017年3月7日就美国商务部、司法部及财政部海外资产管理办公室的制裁调查达成协议，公司支付8.9亿美元罚款。中兴还被处以暂缓执行的7年出口禁运，如协议有任何方面未满足或公司再次违反美国出口管制条例，则该禁令会再度激活。

在本次的禁运声明中，美国商务部官员认定中兴通讯做了多次虚假陈述。据协议，中兴通讯承诺解雇四名高级雇员，并通过减少奖金或处罚等方式处罚35名员工。但中兴通讯只解雇了四名高级雇员，未处罚或减少35名员工的奖金。

⊖ 资料来源：新浪财经。

供应链风险，可以分为内部风险、外部风险；还可以分为财务风险、战略风险、运营风险和灾害；也可以分为 STEEPLE，即社会、技术、经济、环境、政治、法律和道德风险；也有人分为 PESTEL，即政治、经济、社会、技术（包括网络）、环境、法律风险。

从中兴事件报道看，中兴触发的是政治风险和法律风险，即美国制裁伊朗。而这两个风险恰恰是中国企业走出国门最不适应、最容易忽视、最不擅长管理的两个风险，因为中国企业是在非常包容的法律环境中成长起来的。

毫无疑问，发达国家的法律是完善的，执法是严格的。我们中国的企业对对象国家的法律、习俗、习惯都不熟悉，这个从一系列关于国人出境旅游违反当地法律、一些不文明行为的报道中可见一斑。我想大家对此不要讳言。就像小学老师经常教导我们的，首先要端正态度。（此处不讨论美国居心叵测，选择一个贸易战的关键时间点，对中兴精准打击，敲山震虎，增加贸易战谈判筹码。）

即使不跨国，仅做国内业务，大家也要充分认识到政策风险和法律风险。大家没有风险意识，是因为经济高速发展掩盖了风险。比如，从前经济高速发展，没有下岗，没有企业倒闭，你贷款买房、高消费、高枕无忧。虽然 20 世纪 90 年代有很多国企员工下岗，很多企业倒闭，但很快人们的危机意识就被飞速的经济发展所冲淡。但近几年，人们经常听到熟悉的人下岗，声名显赫的企业倒闭，有的人昨天还是外企高级白领，家里雇两个保姆，上下班乘坐专车，明天就可能被裁员。这些企业经营风险会提高大家的风险意识。

我们国家以前追求高经济增长速度、高 GDP，现在追求高质量，供应链的政策风险、金融风险明显加大。一个环保督查就叫停了众多企业，如 2017 年的舍弗勒环保断货事件。

中国以前是自给自足，现在是"一带一路"走出去；虽是发展中国家，但也在与发达国家竞争，因此对供应资源的争夺一定增强，国际风险一定加大。可以断言，国际贸易冲突未来一定是常态，供应链风险一定会增加，因此所有采购供应链管理人员需要高度关注！

（3）中兴供应链"软肋"

中兴通讯的主营业务有基站、光通信及手机。其中，基站中部分射频器件如腔体滤波器（来自武汉凡谷、大富科技）、光模块厂商（来自光迅科技、旭创科技）、手机内的结构件模组等，均可基本满足自给需求。唯有芯片，在三大应用领域一定程度均存在自给率不足。供应链作为链，它的最大风险来自最弱的地方。毫无疑问中兴最弱的地方就是"芯"。

那么对于企业采购战略或供应链战略，有什么方法可以避免出现这个"软肋"或保护好这个"软肋"呢？

当然要先做好风险识别，看看软肋在哪里，然后做好评估，看看万一出现问题影响有多大，最后是对这个风险进行管理。

其实，所有的企业、所有的国家都有软肋。比如美国，大豆成为美国易受到打击的软肋；美国打击中国则用了芯片等高科技产品；对于所有东亚国家，马六甲海峡就是货物流上的软肋。为什么会有软肋存在？除了自然灾害、恐怖活动等原因外，就是自己不可能在哪方面都做，也不可能成为全才。世界上恐怕也只有中国这样工业门类最为齐全的国家，才可以做到什么都能自己有；也只有美国这样拥有强大的军事实力和经济实力的国家，才可以具备超强的全球供应链整合能力。

那么如何避免产生软肋或减少这个软肋带来的冲击和损失呢？根本的做法就是自制外包决策和供应商管理。我把它称为**"两个核心一个基本点"：两个核心就是核心能力不能外包，管理供应商的能力也是核心能力，一个基本点就是控制成本。**

中兴要不要把芯片作为核心能力自己生产而不是外包，这是战略问题，应当由中兴自己做出决定。有人听到阿里巴巴要做芯片了就欢呼雀跃，其实，阿里巴巴做芯片和中兴做芯片是两码事。举个极端的例子，如果阿里巴巴与中兴变成竞争对手，阿里巴巴不卖给中兴芯片，芯片仍然是中兴的软肋。一家企业不能什么都做，只能聚焦在自己的核心能力上。

第二个核心是供应商管理能力。有的企业对关键供应商参股控股，以安全地获取资源，跨国公司这方面的例子俯拾即是。如果不能参股怎么办，企业只能提高采购人员专业水平，提升供应商管理能力，管理好与供应商的关系，管理好供应商的绩效。

对于风险管理的一些具体做法，大家可以参照 ISO31000 和 ISO28000 国际标准。

互联网的主根服务器在美国，而设置在全球的 13 台根服务器中，从 A 至 M 编号，其中美国 10 台（1 台主根和 9 台辅根），欧洲 2 台（分别位于英国和瑞典），亚洲 1 个（位于日本）。所有根服务器均由美国政府授权的互联网域名与号码分配机构 ICANN 统一管理，负责全球互联网域名根服务器、域名体系和 IP 地址等的管理。

再比如我们每天使用的 GPS，是由美国国防部研制建立的一种全方位、全天候、全时段、高精度的卫星导航系统，在全球范围内实时进行定位、导航服务。

看到这里你就会吓出一身冷汗。或者夸张一点，美国让美元作废或大幅贬值，那么巨额外汇储备将化为云烟。你觉得这些风险发生的概率高吗？如果觉得高，就应该自己开发，比如中国自己开发北斗取代 GPS。中国似乎什么都可以自己干，但那些小国呢？所以，风险总是有的，如何管理风险要看自己的实力和策略方向。

054

只有实现采购供应链的4.0，才能真正实现制造业的4.0

作者：颜家平

> 实现供应链的4.0，才能真正实现生产效率的最大化，这是一个非常庞大的工程。

近两年，工业4.0在制造业被普遍推行，企业不断投入大量自动化设备、自动化生产线。其成果是劳动效率提高了，劳动人员减少了，工业4.0"似乎"就实现了。

为什么讲"似乎"？因为只有实现了采购供应链的4.0，得到供应商的最佳配合，得到供应链的配合，才能真正实现生产效率的最大化。

我在《财富》500强外资汽车零部件公司从事供应链工作30年，工业4.0是一个庞大命题，我仅从几个小角度谈谈我的感受。

大家一定看到过这样的情况，一座自动化立体仓库，当货物进入仓库平台，以后的一切都是计算机控制、自动化运作。不过这样的仓库基本上都是用在成品仓储上，极少用于原材料。原因就是没有得到供应链与供应商的配合，包装与标签的非标准化是一个重要原因。

还有一种情形，一条自动化装配流水线，线内只有一两个操作人员，产品在源源不断地生产下线，一种高效有序的感觉油然而生，这就是工业4.0。你看了一段时间就会发现，线外有几个人一直在忙碌着往生产线喂料。操作的高效被搬运的低效抵消了,原因是采购供应链没有实现4.0。

所谓的采购供应链4.0,就是将工厂的库存系统与供应商连接,让供应商能够通过系统了解与掌握工厂的计划与库存的即时信息,根据信息与商定的库存标准,供应商自动发送原材料或者零部件。原材料或零部件到工厂门口,系统自动扫描卡车牌号,进行放行。到卸货道口,由AGV自动卸货,RFID自动扫描入暂存区,然后根据生产线的电子看板指示,AGV自动将原材料或零部件送上线,完成整个供应链配送过程。这样的操作才能与制造自动化相匹配,提高整个供应链的效率,而不仅仅是制造效率。

要达到采购供应链的4.0,首先企业必须与供应商有相互信任的机制。

这恰恰是我们企业的最大问题。不解决这个难题,没有信任,供应商就不可能掌握工厂的即时库存与生产计划。没有信任,我们还是只能不断地发送订单,供应商根据订单送货,为此还必须准备一定量的安全库存。采购供应链的自动化就无从谈起。

其次,企业要有准确的预测给供应商。

预测准确与否、变动大小,是衡量客户是否优秀的一个标准。我们往往提倡做优秀供应商,很少提及如何做优秀客户。没有这样的自我要求,就很难让供应商做好产能方面的准备,一旦产量上升,自动化供货链条就会断。

再次,企业要与供应商建立包装与标签的标准化。

自动化建立在标准化的基础上。现在已经有不少汽车厂,对供应商提出了包装与标签标准化的要求,为的是让零部件能够不要进行重新包装,直接上线。汽车厂能够做,其他企业也应该可以。

还有,企业要配备相应的设施与设备,做好ERP与EDI系统的扩展与延伸。

RFID与AGV等自动化物流设备都是必要的。这些投资就像生产线自动化投资一样,可以提高物流操作效率,降低物流人员成本,最终得到投资的回报。

最后,要达到采购供应链的4.0,人是关键的因素。

我们需要在思想上突破传统的观念，大胆信任供应商；在供应链规划上要突破，以不间断的物流为目标，完全按自动化供应链的要求来进行物流路线的设计；在供应链技能上要进行突破，采用新技术、新设备与新系统。只有这样，我们才可能在行动上有所动作，在结果上有所收获，真正实现制造业的4.0。

055

供应链思维到底是什么

作者：卓弘毅

供应链管理的核心是数据分析。

前不久我在参加一个供应链计划高峰论坛的时候，听到一位演讲嘉宾提到，"供应链思维是实现成功 S&OP 流程的关键"。我思考了一下供应链思维到底是什么（见图 55-1）。

图 55-1　供应链思维结构图

（1）用数字说话

供应链管理的一个核心是数据分析，这是供应链里最底层的内容之一。

供应链所有的活动都建立在数据分析的基础上。比如说我要给供应商下一个采购订单，具体要订多少原材料，这绝不是拍脑袋或是根据经验得出来的。

下单的数量要既不会产生过量库存,也不能造成生产线缺料,只有经过严谨的数据分析,才能给出一张合理的采购订单。

我以前公司有一个仓库保管员老张,他在这家工厂里已经工作了15年,以前还曾做过生产主管,算是这家工厂里元老级的人物。

有一次他来和我说,"经理,我觉得我们的原材料库存太多了,比如这几个零件……"老张拉着我到了仓库现场,我们一起清点了他所提到的几个零件的库存量,然后我再到ERP系统里查看了后续的需求量和采购订单,经过简单的计算分析后,我没有发现任何问题。

老张觉得库存太多了,这是根据他的经验,可是他并不知道我们的客户增产了,所以我们进了更多的原材料库存。

做供应链时间越长久的人,说话也越严谨,会对数字非常敏感。在谈及库存的情况时,他们不会简单地说过多还是过少,而是分析销售额、库存天数或是周转率后,再告诉你库存到底是处于什么水平。

(2) 整体大局观

我初涉供应链管理的时候,做事情总有一种按下葫芦起了瓢的感觉,明明想要做成一件事情,但是结果总会出乎意料,顾了这头却顾不上那头。

以前,每当月底将近,库存考核的压力就如期而至,萦绕在我的心头挥之不去。有一次我决定做个尝试,把采购订单系统里的一个参数做了调整,希望通过减少进货,把库存金额降下去。

这种做法对于在短时期内降低库存确实有用,但是随后就发生了生产线缺料的现象,而且短缺的原料越来越多,有的生产线已经彻底停下来了。直到这个时候,我才不得不给供应商下一些紧急订单,再安排物流加急运输,才能保障了客户交付不受到影响。

事后我算了笔账,虽然降了一些库存,后续却引起了紧急运输费用和供应商的一些抱怨,可谓得不偿失。

为什么会这样?原因就是我忽略了供应链业务的基础,也就是流程。只有理解了流程之间的边界，才能明白各个业务模块之间的相互关系。

在做一个决策之前，我们需要思考一下，这样做对整体供应链的影响会是什么。

如果把视角放大到整个供应链生态圈，这里存在着很多相互独立的组织，如零售商、分销商、制造商、零部件供应商和原材料供应商，我们在做出决策以前，需要考虑的就是对上下游组织可能造成的影响。要了解供应链，我们先来看一下美国供应链协会的 SCOR 模型（见图 55-2）。

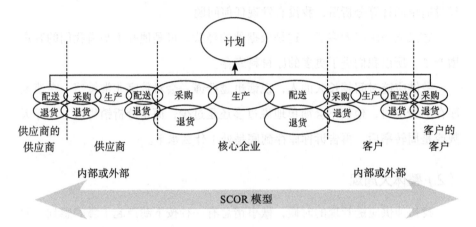

图 55-2　SCOR 模型：在上下游供应链组织之间的流程关系

（3）平衡与取舍

供应链是平衡的艺术，其中最主要的一项就是平衡成本和服务。

企业一方面想要降低总的持有成本，包括库存、订货和运输的成本；另一方面，又想要提高客户服务水平，包括及时交货、质量保障和快速反应水平，来保持竞争力，争取更多的市场份额。

但是，在现实中这两个目标往往是相互背离的。如果想把两件事同时都做好，往往是哪一件事都很难完成。

在这个时候企业就会面临取舍的问题，到底是要成本更低还是要更好地满意客户需求（见图 55-3）。

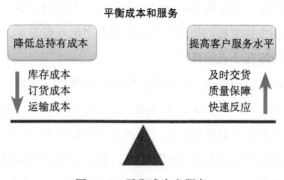

图 55-3　平衡成本和服务

怎么选择？这就要看企业的战略到底是什么了，有些企业的毛利率不高，要增加运营的效率，势必要考虑降低成本。

有些企业的利润率比较高，为了争取更多的市场份额，打击竞争对手，就一定要提高客户服务水平，成本就不是主要的约束条件了。

企业在运营中经常会碰到需要做出取舍的问题，也就是相互冲突的目标。如何进行选择？这与企业的经营战略有关，如图 55-4 所示。

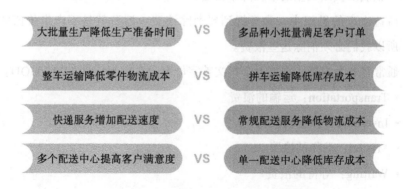

图 55-4　在相互冲突的目标之间做出取舍

（4）精益与改善

精益的目标是减少浪费，提高企业的竞争力。持续改善就是要把精益进行到底，不断地寻找可以降低成本和提高效率的空间。

做供应链管理，肯定离不开精益和改善，因为我们需要不断地降低供应链的成本。现在企业老板们把控制物流费用看得越来越重了，而且每年都会要求供应链部门降几个点的费用。

有一种比较传统的做法，就是找供应商来谈降价，比如货代公司的国际运输费用降一点，国内的卡车仓库也降一点。如果现有供应商没有办法达到目标价格，那么只能重新进行招标，反正是一定要完成今年的降价目标。

这种做法的潜在问题是成本压得太低，最后提供的物流服务质量也下降了，毕竟一分价钱一分货。只有把精益和改善的思想运用到供应链管理中，才能寻觅到更多减成本的空间。

就拿产品包装来说，在不影响客户收货的前提下，是否可以缩小外箱纸质标签的尺寸？在不影响产品安全的前提下，是否可以减少包装材料的使用或者增加标准容器内的产品数量？是否可以使用可循环的包材使用模式来替代一次性的方案？

怎么找到这些降成本的思路呢？其实，我们只要充分运用精益和改善的思想，就能发掘出大量的潜在降本机会。

精益生产的思想中，常常提到要消除浪费。浪费就是不产生价值的活动，所以我们必须消除这些浪费。

通常有七大浪费，把这七个英文首字母组合在一起，是 TIMWOOD。

- Transportation：运输的浪费
- Inventory：库存的浪费
- Motion：动作的浪费
- Waiting：等待的浪费
- Over Production：过度生产的浪费
- Over Process：过度加工的浪费
- Defect：缺陷的浪费

除了这七大浪费以外，还有管理上的浪费，被称为第八大浪费。

（5）补链条短板

大家都知道木桶理论，即一只水桶能装多少水取决于它最短的那块木板，这个理论也被称为短板效应。

对于供应链管理来说也是同样的道理，整个链条只有最薄弱的那一环被补强了以后，才能真正强大起来。关于这方面还有一个更加重要的理论，就是约束理论。

约束理论也叫瓶颈理论，是由以色列物理学家高德拉特博士在20世纪80年代提出来的。他认为，在任何的一个多阶段生产系统中，如果其中一个阶段的产出取决于前面一个或几个阶段的产出，那么产出率最低的阶段决定着整个系统的生产能力。

也就是说，在一个系统中，总有瓶颈存在，从而限制了这个过程的最大化产出。

约束理论在实施过程中，主要是分成五个步骤执行，形成一个循环，周而复始不断地寻找系统内的瓶颈，补强短板，来提升企业的竞争力（见图55-5）。

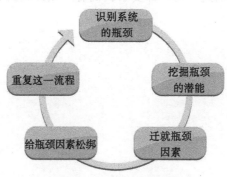

图 55-5　约束理论五步法

我以前有一家供应商，它在技术方面可以说是处在同行业里比较领先的水平，但是公司的管理水平比较低下，制定好的流程没能被很好地执行，员工们多是根据自己的经验和想法在做事，换了一个人，做出来的结果就可能和以前的不一样了。

由于种种原因,客服部门的人员流动很频繁,几乎每年都要换新人,最后的结果就是交货不及时,导致了很多额外的运费和客户的投诉。

这家公司的老板对于交付也不太重视,只是强调自己在技术方面的优势,却没有完善公司管理上的短板,最终也没有得到客户的认可。

所以说,供应链的强弱取决于最薄弱的环节。

(6)拥抱新变革

我们现在所处的时代是一个不断创新的时代,每年、每月、每天都有大量的新鲜事物出现。

供应链也要与时俱进,拥抱新的商业模式。电子商务、跨境电商、新的零售模式都是值得我们去研究的内容。

同时,还有很多的新物流技术在不断涌现,比如物流机器人 AGV、无人机送快递、高速分拣技术等出现后刷爆了很多人的朋友圈。

我们也要时刻关注这些新趋势和技术,说不准哪一天就会在自己的工作中使用到它们。而这一切,都要求我们有一颗开放的心,可以拥抱新鲜事物。

056
FMEA在供应链上的应用

作者：颜家平

> 要将FMEA应用好，我们需要数据的累积，更需要坚持不懈地在实践中应用！

FMEA（Failure Mode and Effects Analysis，失效模式和影响分析）是质量管理中的工具，是指潜在失效模式和后果分析。FMEA已经被广泛应用于产品开发的设计与工艺制作过程之中，而且取得了显著的成果，为控制产品质量风险起了重要的作用。

供应链领域里却鲜有人谈起此项工具，能够运用此工具的企业为数更少。究其原因，主要是大家没有认识到识别与预防供应链风险的重要性。

我们可以看到，产品开发阶段极少有供应链部门参与，人们往往到接近批量生产的阶段，才考虑供应链中的事项，这样就不可能在产品开发初期来应用FMEA工具，对供应链的风险进行识别。没有识别，哪来的预防？于是，重复的事故与问题一而再再而三地发生。令人费解的是，许多企业没有觉得供应链事故是一个问题，质量部门没人管，供应链部门没能力管，很多人居然对这样的现象熟视无睹。

我从事企业供应链多年，经过分析发现，几乎所有供应链的事故与风险，都与工作质量和物流过程质量有关。解决这些问题，花了我许多精力，当然也给企业造成了损失。一位资深的外国供应链专家看到这样的情况，就向我介绍了 FMEA 这个工具，并且对我与我的团队进行了培训。

FMEA 从输入开始，经过一系列步骤，转化为输出，以达到产品质量和安全性的要求。FMEA 有三种类型，分别是系统 FMEA、设计 FMEA（DFMEA）和过程 FMEA（PFMEA）。FMEA 六步法定义如下：

- 范围定义
- 结构分析
- 功能分析
- 失效分析
- 风险分析
- 优化

我们应用这个工具来防止错误的重复发生，做到"第一次就把事情做好"。物流属于过程，即 PFMEA，分析的范围涉及产品物流、信息流、包装与运输等。这些潜在失效的后果影响到制造部门、供应商、物流服务商、客户和供应链部门自身，从产品开发到生命周期结束，涵盖产品的整个生命周期。

我与企业相关人员组成的团队一起，从制作物流的流程图开始，记录整个过程已经发生、可能会发生的问题，应用 FMEA 工具，分析原因，制定改进与防范措施，并且加以落实。

起初，我搞不清从什么角度去识别风险，如何识别风险，如何判别风险的严重度，如何理解风险的可测量性。通过不断请教深谙此道的工艺工程师，我们逐渐掌握了这个工具，能够运用 FMEA 识别供应链风险，并制定相应的预防措施。

在产品项目开发阶段，我们就积极主动参与，开展物流 FMEA，通过几年的努力，事故率大大下降，问题发生的概率也明显减少。供应链办公室的电话铃声再也不此起彼伏了，大家都能按时下班与休假了。

我的体会是：要重视供应链的风险与质量，首先要认识到哪些是供应链的潜在风险与质量问题。许多人说，供应链的质量不就是运输装卸过程中货物破损吗？通过应用 FMEA 工具，我们就能看到供应链的许多潜在失效模式，可以从信息流、实物流中去分析，如供应商看不到 EDI 系统的信息，传送的数据是错的，标签错误造成无法收货，单据填写有误带来风险等；还可以从供应链的每一个阶段去分析，从下达订单开始，采购、配送、制造、发运到客户手里，每一个阶段都会发现许多潜在风险。我采用的就是阶段式分析，是根据流程图进行的。

既然 FMEA 是一个工具，我们就要努力学习它，掌握它，应用它。**将 FMEA 应用好，绝不是一蹴而就的，它需要通过集体的头脑风暴，需要数据积累，需要供应链员工经验的堆积，更需要坚持不懈地在实践中应用，直到能够运用自如。**一定要在产品开发阶段就应用，通过团队的工作、集体的智慧、各方的配合，扎扎实实地落实整改措施，方能取得实实在在的效果。

057

从S&OP到IBP，升级的背后隐藏了什么商业逻辑

作者：卓弘毅

S&OP→Sales & Operations Plan
IBP→Integrated Business Planning

（1）如何理解S&OP升级到IBP

1）什么是S&OP

销售和运营计划（Sales & Operations Plan，S&OP）的概念最早诞生于20世纪80年代中期，由Oliver Wight公司率先提出，在欧美公司里获得推广应用。

后来随着跨国外企在中国设立公司，这套管理理念逐渐被引入中国。S&OP主要是为了解决企业经营中遇到的以下难题。

a）需求和销售信息缺乏。如果缺乏这方面的信息，那么企业做决策时不能统揽全局，效率低下，错失发展良机。

b）供应和产能信息缺乏。很多企业早期的发展模式是以拿订单为导向的，但是忽略了自身的产能约束。这导致企业接下了订单后，不能按时足量交货，没挣到钱反而做了赔本生意。

c）新品开发缺少生产支持。当生产任务很重，产能趋于饱和的时候，新品试制很难被安排进去。结果新品项目开发进度被推迟，遭到客户的严

重投诉。

d）年度财务目标能否达到。做企业的最终目的就是为了能赚钱，需要有一套流程，每月回顾财务目标的达成情况。

e）库存什么时候可以降下来。经济形势好的时候企业感觉不到库存高企是多大的问题。可是一旦销售增长放缓，高库存的负面影响就会越来越大。

f）管理层缺少做决策的依据。企业该在什么时候增加投资，什么时候缩减开支，这些需要有准确的预测信息，才能做出正确的判断。

g）跨部门之间缺少有效的沟通。企业发展到一定的规模，各个职能部门之间的责任都会比较明确，有各自的KPI，接下来就可能陷入局部最优的陷阱，出现沟通障碍。

综合以上问题，企业必须有一套流程，把所有的计划放在一起，包括销售、市场、新品开发、生产、采购、供应链、财务，达到需求和供应的平衡，S&OP应运而生，并且在发展过程中不断完善，升级迭代。

S&OP在横向上帮助企业保持需求和供应的动态平衡，在纵向下衔接企业商业计划和日常运营活动。商业计划是一个企业长期发展的战略性规划，一般是5~10年。要实现企业商业计划落地，与每天的经营活动连接起来，就需要一套在战略层和执行层之间的计划。

2）S&OP的转型

S&OP在发展过程中，虽然不断完善，后期逐渐引入了财务和商品管理，但在当今的商业环境中依然存在缺陷。

S&OP最重要的应用是平衡需求和供应，但它并未完全整合财务规划。一些公司的高层已经发现了S&OP的局限性，并逐渐对它失去了兴趣。

与此同时，**集成业务计划**（Integrated Business Planning，IBP）的概念诞生了，它把销售、市场、研发、运营、物流、财务、人事和IT全部整合在同一个流程之中。

IBP可以简单地理解为升级版的S&OP，它将后者的原则扩展到整个供应链，包括财务规划、商品和客户组合、需求和战略规划，提供了一个无缝连接的管理流程。

IBP的概念自被提出以来，一直都在自我迭代更新，并且随着最新商业模式的变化，以及供应链软件、硬件技术的发展，时刻保持与时俱进。

（2）升级背后的商业逻辑

IBP有着很强的自我迭代能力。根据商业模式和客户需求的变化，依靠数字化技术的支持，IBP正在不断升级，为企业发展提供更多价值。理解IBP的升级之路，我们先要梳理最新的供应链发展趋势。

1）供应链转型趋势

a）从业务支持转向价值创造。

供应链是为了实现企业的经营目标而存在的，必须和公司战略保持一致。当企业外部经营环境和客户需求发生变化时，供应链也要随之升级转型。

以消费品、零售和时尚行业为例，零售市场中业务模式和技术发展日新月异，消费者、渠道乃至整个价值链时刻都在变化，企业供应链运营模式急需转型升级。

早期供应链管理的目的是提高订单交付水平，且受制于当时的条件，信息系统之间存在壁垒，且非常不透明。

随着供应链管理水平和自动化程度的提高，集成式供应链得到了发展，效率开始提升，出现了跨公司的协同。

此时外部需求正在发生剧变，需求驱动取代了效率优先的供应链模式。在大规模定制需求的新消费时代，供应链开始主动出击，在数字技术的融合之下，积极为企业创造价值。

b）以企业为中心到消费者驱动的需求链模式。

传统的供应链模式以企业为中心，强调企业的竞争优势、产品组合和销售渠道。企业的目标是覆盖更多的消费人群。

现在的供应链模式则以消费者为中心，强调满足消费者的个性化需求和个性化购买方式及渠道。

企业的目标已变成精准连接消费者，并促进销售转化。以消费者为中心，重塑企业的运营和组织的管理方式，成为消费品行业的大势。

c）敏捷化和精益化不再是冲突的供应链运营状态。

传统意义上的供应链有一个取舍的问题，如果想要追求敏捷化，也就是迅速响应市场需求，就需要以牺牲成本和效率为代价；如果想要追求精益化，对市场需求就会反应迟缓，错失商机。

但是供应链运营模式正在转变，数字化技术日臻成熟，它推动供应链全程可视化，互联网、物联网将消除企业内外的信息壁垒。

准确信息的及时传递，使得供应链在流程和数据多个层面上实现了联动，确保计划有效执行，及时反馈。各种供应链分析工具提供了绩效测量和预警机制，保证供应链运营的稳定和可控。

从此，敏捷化和精益化不再是冲突的供应链运营状态，未来供应链的模式将是敏捷化与精益化兼备。

2）对供应链更高的要求

目前，诸多创新的商业模式层出不穷，比如新零售颠覆传统零售。在这些潮流涌动之下，零售升级、渠道复杂化，使得传统企业需要与市场生态更好地对接，供应链运营的重要性与日俱增。

以消费品行业为例，企业的生态系统中包括了：

- 供应商（自有工厂、外协工厂、OEM/ODM、授权商）
- 服务商（物流服务、营销服务、运营服务、金融服务）
- 经销商（商超、连锁零售渠道）

- 线上销售渠道（第三方电商平台、自营电商平台）
- 其他合作伙伴（跨品类联合）

通过系统集成、流程协同、数据共享和物流对接，构建起完整的新型消费品商业生态，供应链贯穿整个系统，为商业模式运行保驾护航。

3）更高效的决策系统

现在我们可以理解，商业模式的变化，要求供应链运营模式转型，并进一步引发了具体流程的升级，比如从 S&OP 到 IBP，这就是升级背后的商业逻辑。

从传统的 S&OP，到集成的 IBP，协同的范围从传统供需双方，扩展到商品企划、财务规划等职能，同时更强调供应链计划的财务指标评估。

IBP 把财务部门放在整个计划过程中更为重要的位置，业务决策的影响反映在财务报表上，财务计划与业务计划紧密结合，确保企业在计划阶段就能实现盈利目标。

IBP 衔接战略性财务规划年度目标、季度的财务分析预测和月度的财务回顾。IBP 也包含了全面的产品价格、成本信息，可以根据客户灵活定义财务指标，从财务视角审视多种场景模拟方案的优劣。业务人员可以根据财务模拟情况，做出最佳决策。

（3）IBP升级之路

1）观念转变

供应链业务人员需要先转变原有的思考方式，从传统的保持企业内部供应和需求平衡，到更高层面的生态系统内外部协同。

在 S&OP 阶段，供应链管理者期望在供应端和需求端之间维持平衡，以企业有限的产能交付能力，来获取销售和利润的最大化。

在 IBP 的时代，供应链更需要考虑与前端业务的深度融合，采用更短的采购和生产提前期、更高的供应链生产柔性，以及更强的供应链跨渠道运营能力。供应链的视野不再局限于企业内部,而是放眼于整个生态系统。

2)技术赋能

传统的 S&OP 只需要有 ERP 系统,就可以完成供应、需求、财务和生产信息的收集分析。

但是,要模拟不同商业场景下的财务指标,需要大量人工计算,不仅效率低下,而且反应速度慢,难以满足新商业形态的需要。

IBP 在移动互联网和物联网的支持下,在 S&OP 原有的流程基础之上,借助统计预测与机器学习技术提升需求管理准确率,优化全供应链网络库存设定,提高订单响应能力。

端到端的库存可视性、优化的供应网络布局和跨渠道的整合库存管理,共同实现了高度响应的供应链,以及成本和服务水平的最优组合。

3)业务模块整合

IBP 是对 S&OP 的升级,在保留原有精髓的基础上,又新增或强化了一些功能。

a)需求感知。

IBP 使用更加合理的需求管理流程,制定更准确的统计预测结果与协同一致的需求计划,涵盖短期、中期、长期多种计划区间;增加细化到天的预测准确率,提升后续的供应计划和库存优化的效率;与商业促销信息集成,并对促销进行分析,提升整体的需求计划准确性。

b)供应网络库存优化。

IBP 协调供应链全网络各节点的库存,进行多阶库存计划与优化;最大化满足消费者的交付服务,同时实现企业利润目标,优化企业对周转资金的要求。

c)响应与供应。

IBP 同时提供战术层和运营层的响应与供应计划,针对实际或假设出现的供需变化,提供不同场景模拟分析。

d）供应链控制塔。

这是对于物流控制塔的升级，实现供应链全网络端到端的可视性，支持快速决策；针对全网络出现的供应异常，提供智能预警，帮助用户识别异常的根源，促进部门协作，加速问题解决。

4）IBP适用的企业类型

IBP不仅适用于消费品、零售行业，同样也可以应用于其他行业，包括汽车、化工、生命医学、高科技、工程机械和建筑材料等传统制造业。

不管是哪种行业，实施IBP的企业都具有一个共同点，那就是它们都是各行各业中的领军者。

这也符合"强者愈强"的马太效应，这些全球领先的大企业，为了保持市场上的主导地位，适时引进了最新的IBP流程和系统软件，进一步增强企业竞争力和话语权，拉大了与追赶者之间的差距。

IBP的软件虽然还不如ERP那样成熟，仍处在不断更新升级的阶段，但是它的前景更加广阔，因此受到了众多大企业的青睐。

（4）总结

IBP拥抱所有的行业，从传统制造业到新崛起的零售独角兽。它通过集成供应链计划解决方案，帮助企业达到一流的盈利能力、收入增长能力和服务水平。

企业需要顺应时势，抓紧变革机会，才有机会赶超竞争对手，在日益激烈的竞争中立于不败之地。

058

你以为做了供应商管理库存，实际是供应商保管库存

作者：汪浩

> 很多企业做的是JIT，而不是VMI。

说起 VMI，很多从事采购与供应链工作的人应该都知道，就是 Vendor Managed Inventory，也就是**供应商管理库存**。可实际上，真正能够充分理解 VMI 的人并不多，真正能把 VMI 应用到实践中的企业也很少。

很多人可能不认同，那么我们可以先来看一下，大部分企业是怎么做的。

作为采购方，我们需要采购原材料。但为了控制库存水平，降低成本，一般我们备少量的库存或者不备库存，让供应商备库存，并按我们的要求送货。所以在很多人看来，VMI 就是我们采购方根据自己生产的需要，通知供应商什么时候送货，送多少。

很多企业都是这样做的，它们认为这就是供应商管理库存，而且这样做可以减少库存，降低成本。但实际上并不是，因为作为客户的企业把库存强行转移给了供应商，把库存成本和风险都转嫁给了供应商。

供应商由于不清楚客户需求的变化，为了让客户满意，做到准时送货，没有办法，只能尽可能多地准备库存，并保管这些库存。那么供应商怎么会心甘情愿地承受这么多成本和风险呢？

这样做也许能做到 JIT，但这不是 VMI，或者说是伪 VMI，这种方式只能算供应商保管库存，而不是供应商管理库存。

要理解供应商管理库存（VMI），就必须搞清楚这里面几个关键词：供应商、管理、库存。让我们把顺序倒过来，看这些关键词有什么疑问。

（1）库存：谁的库存

如果按照上面的理解，客户没有库存或者库存很少，供应商要备足库存，以便客户随时通知要货，这不就是供应商管理自己的库存吗？如果是这样的话，自己管理自己的库存，还需要创立一个"供应商管理库存"的专有名词吗？

所以，很显然，这里的库存是客户的库存，而不是供应商的库存，只是这种物料是由这家供应商生产的，那就让这个供应商负责管理客户的这种物料的库存。那么问题来了，现在你是客户，让你把每种物料的库存交给各个供应商去管理，你放心吗？

（2）管理：是保管吗

如果供应商自己备了很多库存，放在自己的仓库里或者第三方物流的仓库里，那么只要负责保管好，等待客户的通知，安排发货就可以了，并没有什么管理。

然而，库存管理不是仓库管理，管理库存也就不是保管库存，供应商需要把客户的库存水平控制在一定的范围内，需要能够进行数据分析和做需求预测，并根据客户库存的消耗速度安排和调整自己的生产计划和送货计划。

供应链管理专家刘宝红老师有一句话，从数据出发，由判断结束。数据很重要，需求预测不能靠拍脑袋，要根据数据进行分析，然后做出判断。很多公司自己都做不好计划和需求预测，指望供应商在这方面能做好，有多大的可能性呢？

（3）供应商：需要什么样的供应商

必须是长期合作的，互相信任的单一供应商。

如果你每次采购都要招标、货比三家、谈判等来确定供应商，那么供应商不知道做完了这个订单，后面还有没有订单，怎么可能多备库存呢？它连保管库存都不愿意，更谈不上管理库存了。

另外，你还必须是供应商的重要客户、战略客户。试想，如果你是一家中小型的化工企业，你要采购陶氏化学或者巴斯夫化工的产品，你觉得这些《财富》500强企业会帮你做供应商管理库存吗？

所以，当我们把这三个疑问搞清楚了，我们就可以发现，要做到供应商管理库存，必须要具备以下几个条件：

- 供应商是该种物料的单一供应商，双方签订供货协议，形成战略合作，相互之间必须有高度的信任。
- 供应商的产品质量必须非常稳定，合格率很高，很少出现质量瑕疵而造成退换货。
- 供应商要能够进入客户的系统，看到此种物料的库存数量，双方有EDI数据交换，供应商需要时刻注意观察该种物料的库存变化，根据客户设置的MIN/MAX（最小库存和最大库存）自行安排送货补货。
- 供应商有能力进行数据分析，根据这些数据分析来做需求预测计划，安排生产计划和补货配送计划。

现在你可以想一想，你的公司做的到底是供应商管理库存，还是供应商保管库存呢？

059

没有供应链战略，公司大目标能实现吗

作者：颜家平

> 在制定战略时，切忌以牺牲供应商利益为代价，必须树立合作共赢的思想！

我们时常会听到有关采购与供应链战略的论述。采购战略是指企业采购所采用的带有指导性、全局性、长远性的基本运作方案。其内容基本上还是围绕着"采"字，对"购"的战略仅仅停留在运输方面。而供应链战略的内容，主要围绕怎样满足客户需求，以销售服务为主。

而采购供应链战略似乎应该是供应商的战略，它被采购和供应链都"边缘化"了。其实不然，采购供应链中既有采购，也有供应链，那么它就应该体现在采购与供应链中，作为两者战略的一个组成部分。事实上，随着经济的发展、互联网的普及，采购供应链日益显示出它的魅力，越来越被人们重视。

采购供应链的战略重点在从供应商到企业的那一段供应链上，包括订单下达与接收、运输和仓储方式，或者考虑物流外包，涉及包装与容器，涉及绿色环保，它应该涵盖整个产品的生命周期。就拿运输来讲，目前大部分企业还是由供应商自送，采用的是公里运输，其中必然包含一些非满载的情况，造成浪费。那么企业就要制订战略规划，创造条件，逐步改变这个现状，形成精益、集货、联合的运输方法。这将会涉及包装容器的战略规划，使它们标准化，可循环使用，这是战略的又一个重要项目。

而仓储，不管选择自有的还是 VMI，战略目标都应该是尽可能减少仓库，逐步实现送货上线。这是走精益道路。实现这个战略，需要对运输、包装、信息交流等相关项目进行综合考虑，这样的思路，非战略莫属。否则，像现在一些企业，这个月要搞自动化立体仓库，实现"中国制造 2025"，过两个月要降低库存，仓库的使用率大大下降，怎么做都会损害企业效益。这就是要制定采购供应链战略的原因。

制定采购供应链战略有一个重要特点，就是要与供应商合作制定，集合供应商特别是物流服务供应商的智慧与能力。这些供应商往往是这个领域的专家，他们对集成运输、精益物流有着丰富的经验，甲方企业可以从他们那里获取能量与智慧。同样，材料与零件供应商的配合也是必不可少的。

因此，**在制定战略时，企业切忌以牺牲供应商利益为代价。必须树立合作共赢的思想，才能取得战略成功。**

一个好的战略是企业实现目标的前提，我国许多民营企业能够从小到大，走向世界。其实，它们的细节做得并不好，甚至有些差。但战略对头，大目标就能实现。

同样，我们的采购供应链战略制定得对头，就会对企业整体目标的实现起到重要的作用。当然，前提是要充分认识采购供应链战略的重要性。

060

供应链风险管理史诗级案例：
拯救福特汽车

作者：卓弘毅

5月2日原供应商发生火灾，5月14日新供应商已经恢复生产，这速度是怎么做到的？

（1）一场大火引发的停产

2018年5月2日，福特的一家关键零部件供应商Meridian在美国密歇根州的工厂发生火灾，直接导致福特三家工厂停产。其中影响最大的车型是F-150系列皮卡（见图60-1）。

图60-1　福特F-150系列皮卡

中国消费者可能对这款车型比较陌生，很少能在路面上看到。

但是在美国，F-150是福特旗下的最经典皮卡，是F系列中销量最高的车型，高居美国的十大畅销车榜首，连续多年获得"美国最佳汽车"称号，它的销量超过了其他任何一种大型卡车品牌。

F-150是美国人居家旅游，买菜购物的必备神车。

这款车对福特公司意味着什么？是命根子，是摇钱树，是一切。

在2017年，福特F-150销售了近90万辆车，平均售价为4.6万美元，全年创造了410亿美元的销售额，占福特公司总销售额的28%。

这款车每天能够贡献超过1亿美元的销售额，也就是每秒钟实现约1300美元的销售额。2018年1～4月，F-150销售额比去年同期增长了4%，表现相当抢眼。

F-150系列是福特公司的爆款车型，承载着福特太多的希望，是集团销售和利润最稳定的来源，是绝对不能停产的生命线。

根据福特公司发言人凯利·费尔克表示，从5月7日开始，福特密苏里州堪萨斯城的卡车装配厂关闭，约有3400名工人暂时停工，原因是Meridian供应的零部件短缺。5月9日，福特在迪尔伯恩的卡车工厂也被迫关闭，影响了大约4000名工人。

F-150只在这两个工厂建造，也就是说该车型全线停产。仅在当年4月，福特在堪萨斯城生产了29 572辆卡车，在迪尔伯恩生产了31 482辆。

造成停产事故的供应商Meridian，为福特和其他北美汽车制造厂提供镁产品。根据福特已退休的雇员爆料，"福特公司100%的卡车散热器都来自Meridian发生火灾的工厂"。这名雇员在2017年9月退休之前，担任福特汽车公司的高级管理人员，负责北美地区采购的供应商技术支持，也曾与Meridian公司合作过。

Meridian公司是北美地区镁散热器的最大供应商，它的产品也应用于福特皮卡。

镁是一种轻金属，比铝还要轻，使用镁合金能减轻车身重量，并有助于提高燃料效率，广受各大汽车厂商青睐。

但镁是一种非常危险的材料，容易引起自燃、爆炸和火灾。大约一年前，Meridian 的这家工厂已发生了一场小型火灾，所幸没有造成供应链的断裂。

值得一提的是，在 2013 年，来自中国的万丰奥特控股集团（见图 60-2）收购了 Meridian。而这家公司是北美唯一有能力按福特要求生产镁散热器的供应商，也就是说它是福特在北美仅有的选择。

图 60-2　万丰奥特控股集团主页

根据美国汽车销售分析师埃里希·默克尔（Erich Merkle）的消息，福特公司有 84 天的 F 系列皮卡库存。

虽然看起来福特的销售不会受到太大的影响，但是当一款车型的销量占公司销量的四分之一时，任何生产供应的中断都会引起内部巨大的恐慌，特别是福特几乎将所有鸡蛋都放在卡车和 SUV 这个篮子里，公司的经营风险非常大。

只依赖少数车型来推动整体的销售，公司的财务指标对这些突发事件异常敏感，根本经受不起任何风吹草动。

（2）福特的快速反应

面对这场突如其来的供应危机，福特公司立即展开行动，力图恢复零部件供应。福特迅速组建了一支团队，负责翻新和重新安置生产汽车部件所需的模具。

就在 5 月 2 日火灾发生数小时后，这只团队已经到达了 Meridian 工厂附近待命，他们搭起了帐篷在这里过夜，只等火灾熄灭，得到消防局的准许后，冲进厂房内抢救出一些最重要的设备（见图 60-3、图 60-4）。

图 60-3　火灾现场

资料来源：Matthew Dae Smith，*Lansing State Journal*.

（3）福特有难，八方支援

在危机之下，福特必须寻求一切能获得的援助，不管是来自合作伙伴，还是来自竞争对手。

当供应链断裂的事发生时，每个人都是你的朋友，即使你的竞争对手也是你的朋友。

图 60-4　火灾工厂内部一片狼藉

考验福特公司的时候到了，这时候就能看出一家百年老店的底蕴有多深了。

在找遍了美国、加拿大、英国、德国和中国的各种资源以后，福特和 Meridian 很快地找到了生产替代方案。

但是福特最担心的还是镁产品的产能，这是一种高度专业化的金属，解除危机的关键是多长时间能够获得足够的生产能力。

福特在英国诺丁汉找到了一家替代工厂，接下来的任务是把从火灾中整理出来的 19 副冲压模具空运到英国，这些货物的重量达到 40 吨，一般的货运飞机根本无法一次承载这么大的运量。

福特为此找到了一款运输机——俄罗斯空霸 AntonovAn-124，简称安 124（见图 60-5 和图 60-6）。这架由苏联安东诺夫设计集团出品，目前世界上第二大的运输机，在性能上优于美国的 C-5 运输机。

福特需要寻找一个可以让安 124 起降的机场，为此联络到了俄亥俄州哥伦布市的机场，随后的工作是协调好卡车和起重机，准备装货。

图 60-5　俄罗斯空霸 AntonovAn-124

资料来源：JENSMEYER, AP.

图 60-6　飞机内部

数百名福特员工在全球范围内协调工作，在 24 小时内安排好一切事情，这已是一个非凡的成就了。

5 月 8 日，安 124 装载着 40 吨的货物从美国飞向英国诺丁汉，在那里进行关键零部件的生产加工。

从 5 月 14 日开始，加工完成后的零件从英国每天空运至美国福特的工厂，只是这次不再需要动用安 124，而是转由波音 747 货机执行任务。

（4）恢复生产

随着零部件的供应回到正轨，福特公司宣布，F-150 的生产于 5 月 18 日和 21 日，分别在迪尔伯恩和堪萨斯城的工厂恢复，超级载重卡车的生产也在 5 月 21 日复工。

在停产 10 天以后，福特终于可以恢复 F-150 系列的生产，也为此次的断供事件画上一个句号。

（5）复盘

1）单一货源风险

对于福特公司这样的情况，把如此关键的零件供应仅仅放在一家供应商生产，而且需求量又是如此巨大，供应风险评估应该是在做战略采购时就要谨慎考虑的。

供应商工厂起火引起停产，这本身是一个小概率事件。但是镁压铸的工艺比较特殊，Meridian 是福特在美国的唯一供应商，换句话说这种特殊工艺零件对福特的战略重要性很高，根据卡拉杰克矩阵（见图 52-1），是否应该考虑开发培养备选的供应商？

2）敏捷供应链

在如此短的时间内，福特能够采取最合适的方案，恢复供应链，这已经是巨大的成功。

福特能够快速地分解任务清单，用手术般精确的方式来执行物流操作，这充分体现出其供应链的敏捷性和强大的执行力。

3）供应链团队的成熟度

在全球范围内，福特能够迅速调度各种供应商资源，包括替代工厂、运输资源，这说明其供应链管理团队成熟度很高。

汽车行业的供应链有着极其成熟的体系，美国的汽车工业行动小组（Automotive Industry Action Group，AIAG）成立于 1982 年，是由美国三大汽车公司通用、福特和克莱斯勒共同创建，为全球汽车整车制造商和零部件供应商提供了一个平台，用以共同处理和解决影响全球汽车供应链的问题，目前已有超过 1000 家成员公司。AIAG 的通用标准和工具有助于提高其成员的质量管理和供应链管理水平。

4）供应商关系

福特依靠其全球供应伙伴以及内部团队成功克服这次挑战，这凸显出供应商关系的重要性。

供应商关系管理（Supplier Relationship Management）是采购与供应商品或服务的组织之间全面的管理，目标是使企业和供应商之间的流程更加合理有效。

供应商的关系需要不断维护，为的就是一旦遭遇到"黑天鹅"，企业能够立即获得各种援助，渡过难关。从这次事件可以看出，福特在汽车行业里的关系网还是很厉害的。

5）供应链风险控制

风险具有不确定性，同时也是客观存在的，只要有供应链的活动的地方，就会有风险。

那么企业该如何控制供应链的风险呢？我认为可以从事前、事中和事后三个步骤来控制和减少供应链的风险。

这三个步骤相互关联，使得风险管理体系更加的完整，成为一个完整的闭环。

061

新冠疫情暴露的五个供应链短板及解决方案

宫迅伟

> 应急管理不是急的时候才管理，而是日常管理。

2020年1月暴发的新冠疫情对中国各行各业都产生了巨大的影响。我们中国采购商学院对1081家企业做了调研，这些企业来自23个省（市）和23个不同行业。我们结合调研数据并综合CCTV等多家权威媒体信息以及网上舆情进行总结，认为本次新冠疫情暴露出了五个供应链管理短板，并提出了相应的五条解决方案。

这些建议或方案不仅仅针对疫情防控、开工生产，更是针对疫情之后的日常供应链风险管理；也不仅针对此次新冠疫情，还包括自然灾害、能源危机、合规、可持续发展、HSE（健康、安全、环境）等各种供应链风险管理。

"供应链风险管理"，是一系列风险管理的原则、框架和指南，不仅仅包括国内供应链，更包括全球供应链。

（1）五个应急供应链管理短板

1）缺少完备的供应链风险防控体系

由于缺少完备的体系，疫情暴发后，没有可以遵循的标准化作业流程，大家匆忙应对，信息发布、应对不专业，舆情强烈。

调查也显示了这一点。只有 63.86% 的企业回答有完备的机制，临时组建为 27.81%，8.33% 没有开展这项工作。回答需要政府支持的内容方面，有 47% 的企业期待公开疫情信息，税费减免占比 39.04%，银行贷款支持占比 13.95%。

2）供应链缺少弹性

2012 年时任美国总统奥巴马签署《供应链安全国家战略》，把供应链安全当成国家战略。"安全"就是供应链不能中断，一旦中断要能迅速恢复，并能应对需求波动。

中国作为口罩制造大国、出口大国，日均生产口罩 2000 万只。结果疫情暴发，一罩难求，口罩成了"奢侈品"，充分暴露出供应链的脆弱性。

调查显示，同比 2019 年同期，企业产能基本恢复者占 43.37%，企业缺口严重的占 43.27%，全面恢复的比例仅占 13.36%。另一项调查显示，有 63.64% 的企业"物流运输难，原材料紧缺"，25.3% 的企业劳动力短缺，资金短缺占比 11.06%。

《劳动法》不适应特殊状况，疫情期间，使用线上办公的比例高达 54.92%，使用灵活用工的比例为 39.59%，有可能裁员的占比 5.49%。所以，法律也有一个应对弹性的问题。

3）组织间缺少高效协同

各部门、各区域各自为战，效率低下。调查显示，企业"缺少协同运作流程"的占 53.48%，"缺少监督落实"的占 40.98%，"缺少专业培训"的占 5.55%。

4）供需间缺少精准对接，出现断档或冗余，造成抱怨或浪费

数据对接、人员对接、物资供需对接存在一定问题，如武汉红十字会发放物资缓慢，捐赠者与需求者，医院、医生与患者等大量供应与需求对接不精准。

5）缺少专业人员，缺少标准化运作流程，效率低下，引发很多舆情

武汉红十字会物资分发速度缓慢，引发网上舆情。

（2）对策建议

a）从风险识别、评估、决策、防控入手，构建完备的应急供应链管理体系，构筑业务部门、风险管理部门、审计纪检监察部门三道防线，把"打破常规"变为"常规管理"。建立预防为主的风险管理机制，加强公众监督。

b）从实物流、信息流、资金流"三个流"角度，以及"人流"角度，查找瓶颈补足短板，提高供应链弹性；完善劳动法规，适应企业灵活用工、线上办公等方面的发展需要。

c）从组织保证、流程保证、人员保证、技术保证四个方面，推动建立组织间高效协同的管理机制。

d）从管理上、商务上、技术上建立机制体制，确保供需间精准对接。通过供应链数字化转型，打通全链路。

e）从"专业的人干专业的事"角度，加强专业采购与供应链管理的培训，提升风险管理专业水平。

062

降低成本，勿以利小而不为

作者：颜家平

急现场所急，帮助他们解决实际
问题，改善各部门关系，提高供
应链部门的影响力。

我在从事企业供应链管理工作时，偏重从各个角度考虑物流成本，我发现我们企业的回收物流从来无人问津。

即使整天嚷嚷着，让我不断下降物流成本的 CEO 与远在海外的职能上级，也从未提及这方面的成本与浪费。我看着不断由快递与专车送回来，有各种各样质量问题的产品时，就知道这方面物流费用肯定不少。

当我问质量总监，这个物流是否能够优化时，他回答说，预算每年已经把这些做进去了，并且告诉我客户有特殊规定、很难操作等。

问到财务总监时，他说，这个费用绝对值不高，改进了价值也不大。这时我发现企业各部门在降成本的问题上，也是会挑肥拣瘦的。

直到 2015 年元旦上班后的一天，负责客户的质量经理突然来找我，让我千万想想办法，尽快改进一家著名车厂的回收物流。原来，这家车厂的不合格品仓库设在偏远的郊区，物流公司不愿去，甚至出租车一般也不去。

这次，在客户限定期限的最后一天，现场工程师花了一天时间，冒着大雪走了很长一段路到仓库办理手续，然后苦苦恳求快递公司，才算落实了回运事项，客户对此也感到不满。事后，他打电话到公司，强烈要求改变这种状态，这才让对回收物流改进毫无兴趣的质量部门心急火燎地找我帮助改进。

我正好去那个城市开会，就到现场看了，情况与现场工程师反映的差不多，于是我邀请了我们的质量经理、物流服务商在当地的分公司经理，和客户代表在现场进行商量，做了流程改进。由现场工程师通知物流服务商到客户出库取货并代为办理产品出库手续，然后负责回运到工厂。

改进后，简化了提货流程，免除了现场工程师的痛苦，客户感到满意。而且运输方法由快递改为零担运输，每年降低运费三万元。之后，我们又合作改进了另一家企业的回收物流。这也是我在退休前做的最后一项改进，也填补了我改进项目的空白。

从这个实例可以看到：

第一，不管物流是正向的还是逆向的，物流的成本降低还是应该由供应链主导，要主动出击，争取在物流的各个方面进行改进。

第二，并不是改进降本，就会得到大家的支持。我提出改进回收物流的想法后，一直没有人关注，即使领导口头支持，也让人明显感觉是敷衍了事。这就需要我们的固执与坚持。

第三，供应链部门要尽量急其他部门所急，帮助其他部门解决实际问题；改善与各部门的关系，提高供应链部门的影响力。这次的改进，让质量部门看到了我们给他们的实际帮助与有效的快速支持，而且使他们第一次上报了非质量改善的节约降本项目。为此，他们表示以后一定对供应链工作多加支持。

第四，搞改进千万"勿以利小而不为"。节约与降本都应该从点点滴滴做起。许多人喜欢搞一些高大上的项目，遇到小改小革就不屑一顾。我很不认同这样的想法。这次虽然绝对值不高，但开启了一条新的改善通道。如果将经验移植到其他客户，降本的价值会逐步提高与显著起来。如果将经验移植到供应商身上，我们又能够发现新的降本空间。如此一来，效果自会十分明显。

063

仓库降本七大方法，降本不再是采购孤军作战

作者：颜家平

仓库是企业资金的沉淀区和周转区。

一提到企业降成本，大家脑海里立刻呈现出裁员、减薪、供应商降价、压缩开支等这些常见的做法。尤其那些受当前经济大环境影响的企业在这几方面的表现尤为突出。仓库作为企业物资的储存和周转场所，也就是企业资金的沉淀区和周转区，却没有得到应有的重视。有些企业可能根本没有考虑过仓库在降成本中的作用。有些企业虽然注意到了仓库应该减少库存，加快物资的周转，但不知如何去做，不知采取哪些措施能够使得仓库在降低成本方面发挥出明显的作用。下面我介绍一些做法供大家参考。

（1）降低库存

降低库存意味着增加库存周转，从而提高现金流的周转，这对企业的血脉顺畅起着至关重要的作用。市场发生了变化，仓库的库存策略应马上做出反应，进行调整。要每周对市场订单和预测进行一次分析，在分析的基础上对安全库存、采购频次与数量进行调整。让仓库始终保持一个与市场需求相适应的库存量，来降低企业的采购资金、库存资金，加快资金的周转。

（2）每天盘点上报

这可以让企业对库存数据了如指掌，确保其真实可靠。只有掌握了真实的数据，才能做出正确的决定。企业供应链部门能够知道什么物品在按计划流转，什么物品流转速度减慢，什么物品已经成为呆滞品，及时地对这些物品提出处理意见。特别是已经呆滞的物品，一定要及时处理，千万不能束之高阁，置之不理，让其继续产生保管费用，在账面上起着掩饰效益下降的作用。要做到每天盘点，可以采用循环盘点的方式。为了方便盘点，必须将物品按类型、按品种、按包装规范等要求摆放，并做到目视化管理。

（3）及时调整仓库布局

市场变化了，库存变化了，仓库布局应做相应调整，既需要提高仓库面积的利用率，有时也要考虑合并仓库，减少仓库。如果是租用仓库，那么可以减少租用面积以降低租金。如果是自有仓库，可以将部分仓库出租或改成其他用途。绝不能认为仓库场地多余就可以多放库存，或用来存放一些呆滞物品。要知道供应链行业中有这么一句名言："仓库越大，库存越多。"

（4）测定仓库工作的标准操作时间

企业通常会测定生产现场工人的标准操作时间，却对仓库工人的操作很少关注。我们通过测定物品盘点时间、装卸时间、搬运时间和包装时间等，来分析仓库操作工操作流程是否合理，搬运路线是否能缩短。通过分析，提出改进的建议，培训操作工按标准操作路线和流程进行操作，从中肯定能发现仓库的劳动效率有很大的提升空间。劳动效率提高了，仓库的劳动力成本也就自然降下来了。

（5）重视仓库设备的利用率

仓库通常用的铲车、堆高车、手动或电动的液压车等设备，工作人员都要像对待生产设备那样统计它们的利用率。检查它们是否得到了充分利用，各个仓库的设备是否能通过合理调度来达到合并使用,这样就有可能减少仓库的设备。同时,还要充分利用仓库的一些自动化设备,让它们尽量满负荷运行,为降低人工成本做贡献。

(6)对仓库能源的使用量进行统计

仓库的水、电、汽柴油等能源的使用都应得到控制。通过独立计量,企业可以看到这些能源是否是必需的、合理的,是否有改进的潜力。譬如,仓库的灯是否能采用 LED 灯;是否能安装太阳能装置,充分利用太阳能电源;水是否能够利用附近的河水或者湖水,这样即达到节能降本的目的,又符合环保的要求。

(7)充分利用包装物

物品在仓库储存和周转时,会产生大量的废弃包装物,企业不应一卖了之,而应考虑能否再次利用。采用可回收包装来替代是最好的方法。当供货频次增加后,采用可回收包装的机会就会大大增加。企业应抓住这个时机,更换包装方法,以降低包装成本。

企业不仅要重视内部的仓库,也不能忽视外部仓库和供应商的仓库。如果在各个仓库都能采取降本的措施,那么一定会得到可观的经济效益。在仓库降成本的同时,企业的供应链也会得到改善和提升。

064

库存总是降不下来的七个原因

作者：卓弘毅

> 降库存是一个闭环运动，应在找到原因并制订计划之后，严格执行PDCA。

最近我的朋友老杨来找我咨询。他是一家制造业工厂的物料经理，受到整个行业不景气的影响，眼瞅着快到年底了，年初定的销售目标肯定是达不到了。

销售不给力，企业陡然压力山大。从下半年开始，大老板看着苗头不对，就下决心要对库存开刀，要求老杨把原材料库存金额降低30%，从而减少库存占用的流动资金，缓解现金流的压力。

接到领导的命令以后，老杨在部门里发动了轰轰烈烈的降库存运动。先是开会传达精神，然后是分配任务，根据每个物料采购员账下的库存金额，按照比例制定了降库存的小目标。

老杨让工人每天都统计库存金额，然后分发给各个采购员，对于库存有降低的人给予表扬，对于不降反升的人提出警告。降库存行动实行了一段时间后，库存比上月下降了5%，老杨感觉起步的效果还比较满意，按照这个趋势，年底降30%还是有希望的。

就在满怀希望的时候，他被现实无情地打脸了——第二个月库存不但没有继续减少，反而还增加了2%。

从此以后，老杨每天的心情就像坐过山车一样，看到库存下降了就暗自窃喜，看到库存上升了就愁眉苦脸。他百思不得其解，于是就来找我咨询。

我大致了解情况以后，让老杨先准备好相关资料数据，然后相约在一处咖啡馆里，各自带上电脑，来共同分析库存降不下去的原因。

我让老杨事先准备好的数据，包括了原材料供应商的基本信息、物料的最小起订量、包装数量，还有从系统中导出的物料需求等。

我把这些数据依次导入已建好的库存分析模型里，Excel 在完成计算以后，根据库存的有效性百分比高低排序，然后再根据库存的金额，从大到小排序，挑选出了 TOP10 的物料逐一分析情况。

经过一个多小时的讨论后，我们大致整理出了导致老杨工厂库存高居不下的七个原因。

（1）安全库存

ERP 系统中设立了安全库存的数量，这部分的库存是为了应对需求的不确定性。需求是从终端客户逐级传递，通过工厂的主计划，转换为物料需求计划的。

为了在客户需求突然增加时，工厂依然可以保证按时足量交付，就需要备有安全库存，这是大多数工厂通行的做法。

可是设定好的安全库存点是否有定期的回顾呢？老杨说由于是手工在系统里维护，因此更新安全库存的频率是一年一次。这里就存在着问题。

当安全库存设置好后，如果后续的需求连续下降，那么这些库存很有可能都成了派不上用场的点缀。库存很少有机会能击穿安全库存，仅仅是在表面划过。

虚线以下的是安全库存，没有触底就说明安全库存设置过高，仍有改善空间（图 64-1 仅作参考示意）。

安全库存如果没有定期回顾并立即在系统里更新，那不就成了"刻舟求剑"吗？

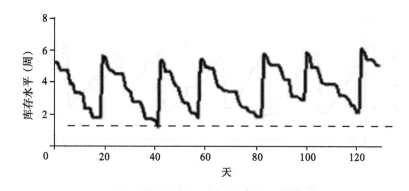

图 64-1　库存波动曲线安全库存示意图

用过去的需求来计算现在和未来的采购量,这样能成功降库存才怪呢。

(2) 最小起订量

在降库存的时候,我们需要打破传统的思维方式和行为模式,不改变库存原有的惯性,怎么能把它降下来呢?

比如在采购下单的时候都要考虑最小起订量(MOQ),这是一种传统惯性的思维,我们需要考虑改变它。

如果一个物料的 MOQ,可以维持 6 周的使用量,那么按照 MOQ 来下单,每次订单量至少可以用 6 周,再加上厂内原有库存,就会让该物料的库存瞬间冲到一个最大值。

我们可不可以按照每箱的标准数量,或是每个托盘的标准数量给供应商下单?这样就可以把库存的波峰砍掉一些,让库存降下来。

这里的虚线处就是库存的波峰,是最大值的库存,削减波峰高度可以降低库存的最大值,从而降低库存金额(图 64-2 仅作参考示意)。

老杨担心这样是否会遭到供应商的反对,因为 MOQ 是规定在采购合同里的,如果不按照这个量下单,恐怕供应商会不配合。

我笑笑回复他,这就要看你们和供应商的关系了,如果两家合作默契,关系良好,很信任对方,那么合理的要求是可以接受的。

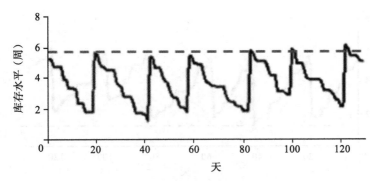

图 64-2　库存波动曲线中的波峰示意图

只要你们承诺还会长期向对方采购，供应商就不会担心做出来的产品以后接不到订单了。

再者说了，供应商设定的 MOQ 是否合理呢？他们也要考虑降低生产批量，毕竟大批量生产模式已经落伍了，可以趁着这个机会倒逼供应商改进生产模式。

（3）采购提前期

库存模型中有一个参数是采购的提前期，包括了从下订单开始，到货物抵达老杨工厂的全部时间。

有些物料的采购提前期长达 100 天，主要原因是供应商生产周期长，另外还有向他们的供应商购买原材料的时间，再加上运输的时间，这三项加起来就造成了超长的提前期。

提前期越长，对需求波动的反应越迟缓。今天下的订单，是为了 3 个月后到货准备的，但是在此期间需求下滑了，当时下的单就变成了冗余，只能留给老杨慢慢消化了。

想要缩短提前期，采购必须和供应商坐下来谈，尽管这并不容易。

（4）工程变更

工程变更的影响可能超乎很多人的想象。客户反馈产品存在缺陷，就需要对现有设计做出改动，接下来的问题就是：老状态的库存如果处理？这是非常现实的问题。

如果是采购方提出来的，那就有责任把老状态库存全部吸收掉，让供应商买单就不太合理了。

老杨不可能自己提出工程变更，因为他只是管理物料，却不是创建或修改 BOM 的人，换句话说，老杨在这方面永远是被动的。

采购把老状态的原料一次性买过来放在仓库里，结果可能是爆仓，三五个月都不一定能用完。

一个折中的办法是先下订单，但是分批送货，这样供应商也放心，老杨也不会一下子承担所有的库存压力。

（5）新品开发

因为客户的需求难以捕捉，所以这几年老杨公司开发了很多新产品，想通过撒网捕鱼的方式来碰碰运气，说不定哪个产品将来就成了爆款。

这样一来就给采购带来了很多影响，其中之一就是大量的新品物料。这些原料需求量都不多，但是 MOQ 比较大，可能是一个订单下好后，足够生产用半年以上的。

但是这些原料也不能不采购，因为这些新品是未来的潜在订单增长点，说不准哪天就成了热卖的商品。结合实际需求，仔细回顾每个物料的 MOQ 是老杨可以做的事情。

（6）运输时效稳定性

老杨有一些原料要从国外进口，运输方式是海运。我核查了实际的海上运输的时间，发现门到门运输的天数并不稳定，如果取平均值的话是 35 天，但实际情况有 30 天、40 天，甚至 45 天的都有，这样一来就给采购计划出难题了。

由于运输时效不稳定，采购员为了避免缺料，就会选用运输天数最大值,库存在不经意之间又被放大了,和其他因素累计叠加起来后变得越发不可控。选择靠谱的货运代理也是控制库存的关键之一。

(7) 采购员心理

采购员的心理也有可能给降库存带来阻力。

对于他们来说,一方面要把库存降下来,同时还要保证不能有缺货的情况。在流程没有改进,信息系统无法提供更智能化支持的时候,让采购员同时完成两个目标,就是鱼和熊掌不可兼得。

采购员由于害怕缺货而过量下单,如果消除这种恐慌心理?领导首先要关心、理解下属工作的难处,挡住一切质疑声,让下属安心工作,同时还要积极思考改善的方法,敢于尝试,打破库存原有的惯性。

我和老杨花了一个下午的时间,完成了原因分析的步骤,接下来就要靠他来执行库存改善的 PDCA 了。

降库存应该是一个闭环的行动,从制订计划开始,到执行行动,很关键的一点是要定期回顾改善的结果,并根据反馈来制订新的行动计划,确保我们是沿着正确的道路前进的。

即使有几天库存反弹,只要大方向没错,最终总能到达成功的彼岸,看到胜利的曙光。

065

数字化供应链，"双11"阿里京东谁更快

作者：宫迅伟

> 大数据就在你家门口，时时刻刻记录着你的一举一动。

"双11"从哪里下单到货快？阿里，还是京东？

阿里说12分钟，京东说7分钟。亚马逊说，我有一种武器叫"预测式购物"，马上就到。

似乎一个比一个能吹，现在社会似乎在比谁能吹。它们的这些话你信吗？

"双11"快递包裹的数量一年比一年多，物流速度反而越来越快，这是为什么呢？本文从数字化供应链的角度来解密。

究竟是马路通畅了，还是车子快了，还是使用无人机了呢？其实都不是，是管理水平提升了！

具体是什么管理水平提升了？是接到订单到发货流程中人员办事快了，还是手工流程IT化提高效率了？都不是，其实是你还没下单，货物已经在你家门口了！

现在我来带你看一场与"双11"有关的比赛。

（1）阿里的速度

阿里在 2013 年成立了一家叫"菜鸟网络"的公司，要在未来的 5～8 年内实现在中国的任何地区，网购快递 24 小时必达，全球 72 小时必达。

这件事在 2013 年，听起来好像是天方夜谭。

而事实上，根据菜鸟网络对"双 11"物流效率的统计，1 亿件快递从揽收到派送，2013 年用了 9 天，2014 年用了 6 天，2015 年用了 4 天，2016 年用了 3.5 天，而 2017 年只用了 2.8 天。甚至，第一件快递签收，居然只用了 12 分 18 秒。

你从北京寄个文件到上海，24 小时内到达，这不奇怪。因为北京到上海之间的航班、高铁很多。但如果从海南的海口寄到西藏的林芝，或者寄到黑龙江的漠河，24 小时怎么可能到呢？如果你寄的又是大件物品呢，比如一辆车？24 小时内到达中国任意城市？是白日做梦吧。

其实奥妙在这个地方：在"双 11"之前，天猫总是建议你，把要买的东西提前加入购物车，等到半夜 12 点再下单。你有没有想过，这是为什么？

当你把东西加入购物车后，它就能判断大概会有哪些东西要从哪里运到哪里，虽然不一定每件东西最后都会被下单，判断结果不会 100% 准确，但 80%～90% 还是有可能吧。所以在"双 11"开始前的一个星期甚至两个星期，东西已经提前向你家的方向开始运了。

一周前开始运，三天前到分拣站，也许两天前就到你家门口了，然后这时候你一下单，快递员拿起东西就往你家跑，保证了 24 小时内送达。

用一句话来总结就是，在你还没有下单之前，阿里就已经把东西送往去你家的路上了。

（2）京东的挑战

京东说，阿里 24 小时送货，很厉害，但是我要做得更厉害。(有没有发现，京东特别喜欢跟阿里比，本来不在一个数量级，比来比去大家就认为是一个数量级，最后真的就成为一个数量级了，这是商界的奇妙之处。)

2016年，《央视财经评论》节目主持人问刘强东，在京东上买手机，从下单到收货，一共用多久？猜一下——两小时？半小时？都不对。刘强东说：7分钟。

7分钟？这是怎么做到的？刘强东说：系统通过大数据分析，就可以判断出来这个小区今天有人要买这款手机，所以在他下单前，手机就已经送到小区里了。

（3）亚马逊"预测式购物"

京东7分钟送货，已经很厉害了。但是亚马逊说，我做得更厉害，我有预测式购物。

据说未来的快递，是这个样子。快递员就站在你家门口，你一下单，他就"咚咚咚"敲门说：你的快递到了！哇，这是天方夜谭吗？不是！

2014年亚马逊申请了一项专利，称为"预测式购物"。具体说，就是通过大数据，分析消费者的购物偏好，提前将他们可能购买的商品配送到最近的地方，一旦下单，立刻送到。

阿里、京东、亚马逊，这些公司到底在做什么？

它们正在用24小时快递、7分钟送货、预测式购物等方式，提高物流效率，比谁更快！电商巨头的武器是物流的"快"，而线下零售的武器是距离的"近"。

电商巨头和线下零售，正在进行一场关于"快"的比赛，一场有关"新计划经济"的比赛。各行各业，包括制造业，都需要向电商、零售业学习。

我们也拭目以待，看看每一年的"双11"，阿里、京东到底谁更快。

第三部分

管理的学问

管理是科学,也是艺术。说它是科学,是说管理有很多工具,这些工具可以帮助管理者提升绩效;说它是艺术,是说这中间有很多时候需要管理者拿捏分寸、掌握度、看火候。

本部分收录了"宫迅伟采购频道"公众号刊登的一些管理者在实践中的体会,期待与大家共同探讨管理的学问,值得大家结合实践去感悟。

066

总经理在采购管理中常犯的八个错误

作者：宫迅伟

总经理对采购的"轻视"与"无知"严重制约着企业的采购管理水平。

　　总经理对采购的"轻视"与"无知"严重制约着企业的采购管理水平。这里所说的"轻视"是指没有充分认识到采购的重要性，往往只局限在防腐败、低成本；"无知"是指不知道采购该怎样管，不知道如何培养采购的专业性和战略性。

　　我个人觉得，总经理在采购管理中常犯这样八个错误，这些错误严重制约了企业采购的管理。

（1）"采购是黑洞"

　　纪委书记找我，说："宫迅伟，采购是黑洞啊。"

　　我回答说："其实所有部门都是黑洞。"

　　仓库就不是黑洞吗？质量就不是黑洞吗？产品开发就不是黑洞吗？销售就不是黑洞吗？财务就不是黑洞吗？很多我亲身的经历告诉我，一个企业如果管理不善，处处都可能是黑洞！

　　曾听到几个采购人员跟我讲："宫老师，我们领导总是说采购是黑洞，我不黑人家也不信，那还不如黑呢。"心理学"暗示效应"在这里得到充分体现。

其实，采购的流程设计、权责分工是关键。如果没有流程保证，所有部门都是黑洞！

总结起来，就是组织保证、流程保证、人员保证！人员只是其中之一。

（2）"能降这么多，早干什么去了"

领导看到降本成果，大吃一惊，直接斥责"早干什么去了"。

这样的结果就是，采购不敢再降低成本，要给自己留"台阶"，要给他人留"面子"。

根据统计，全美《财富》200 强公司所使用的成本降低手法有 10 种。

这些成本降低的方法不是采购一个部门可以完成的，更不是一个采购员可以完成的，需要公司上上下下的努力。领导如果采取"责怪"的口气，会导致采购人员失去降低成本的积极性，会给不同人之间、不同部门之间的合作制造"藩篱"，这种"心理暗示"会影响合作的积极性。

领导必须"肯定"这些业绩，给予正向激励！

（3）"要让可靠的人管采购"

很多民企老板跟我讲，"宫老师，我必须让可靠的人管采购，否则……要么亲戚，要么朋友。肥水不流外人田。"

其实，这些"可靠的人"未必"可靠"。这些人大多没有专业性，背靠老板，大家没人敢也没人愿意反映问题，老板就很难看到问题。结果，成本下不来，质量上不去，还不知问题出在哪里。

（4）"采购员干一段时间必须换人"

这句话我们经常听到，很多企业为了预防腐败，经常换采购员。结果就是采购员没有长期打算，被人透过"有色眼镜"看待，所以也只是得过且过，熬过一个任职周期算胜利。这里忽视了采购人员的专业性。

采购需要专业性吗？我用三个数字、两个故事来说明采购要专业。

1）三个数字

采购额占销售额的比例平均为54.3%；采购成本降低10%，资产收益率可以翻番；采购成本降低10%，利润率可以翻倍。采购对公司有这么大的影响，不专业行吗？

2）两个故事

我搞过"两个集中"的改革，这样就可以通过采购集中，打造专业化的采购团队，由专业的人干专业的事，继而高效降低采购成本。

第一个故事是这样的。有一次，设备经理找了三家供应商，谈好价格后，到财务付款阶段。这时，公司发布文件，采购权限转给采购。结果我去谈，再降价20%，节省成本20多万元。这个故事说明，谈判是需要专业的。

第二个故事是这样的。生产副总找了三个供应商买3500套工作服，最后选择了价格最低的供应商A。一般情况下，这也没有问题，采购也是多家比价选择最低价者。但没想到是，供应商B把这个副总举报了。为什么这个看似正常的采购决策，却遭到举报了呢？主要是这个副总在谈判程序上出了问题。可见采购过程必须规范，必须专业。

频繁更换采购人员肯定不利于培养采购人员的专业性，也不利于采购人员的职业发展。企业这种做法，只能培养采购人员的"短期行为"，不但不能减少腐败，还影响采购管理水平的提高。

培训时经常有学员问我，"宫老师，怎样才算一个专业的采购人员呢？"我说，必须有能力回答这两个问题：

第一，为什么选择这个供应商？

第二，为什么是这个价格？

要回答这两个问题，就必须学会供应商的选择和评估，就必须学会采购成本分析和控制。

（5）"降本指标拍脑袋"

究竟该如何设立降本指标呢？

a）PPV 指标在计算方法上，可以用上年平均价、上年期末价、预算价等作为基准。

b）在具体数值上，要分为市场目标法、标准价法等。

当然采购绩效不能只看价格，还要看质量、交付、服务等，谓之 TCO。

现在评估供应商可分为三因素（QCD：质量、成本、交付）、六因素（QCDTES：质量、成本、交付、技术、环境、服务）、八因素（QCDTESSS：质量、成本、交付、技术、环境、服务、安全、社会责任）。在美国甚至还要评估供应商反恐条款。

具体到你的企业该怎么设，要根据自己企业的竞争策略、具体情况来定。

（6）价格审核，财务要参与

很多公司在财务部门专门设有价格科，流程上要么是由财务来审核采购谈好的价格，要么是由财务负责谈价格，财务被认为更专业。

财务谈价格就真的专业吗？

1）供应商定价要先考虑成本

成本包括六大方面，即直接材料、直接人工、制造费用、管理费用、财务费用、销售费用。

财务对材料价格熟悉吗？财务对供应商的工艺熟悉吗？财务知道物流成本吗？财务了解供应商有哪些成本吗？

其实，很多时候，他们什么也不了解，只是知道成本构成知识。

这些知识，采购人员通过培训完全可以掌握。我培训非常多的课程就是"采购成本分析和控制"，这个课程我给宝马汽车讲过 13 次，给大众讲过 26 次，公开课开过数十场，场场爆满。

2）供应商依据竞争定价

财务了解供应市场行情吗？财务了解供应商竞争结构吗？财务是谈判专家吗？而采购人员的核心工作和能力就是这些方面。

那采购人员的定价不需财务监督吗？当然需要，这个过程包括审计、建立成本数据库、标准成本控制等。

（7）"供应商不好就马上换掉"

我在做采购时，领导经常跟我讲，"供应商不好就马上换掉"。很多人也像我这个领导一样，把供应商当成对手，要求供应商"招之即来，挥之即去"。

这是不对的，供应商是我们的资源，要把供应商这部分资源培养好。没有好的供应商，我们不可能在竞争中取胜。

人们已经广泛认识到，"企业间的竞争就是供应链之间的竞争"。

如何最大化供应商价值呢？

a）供应商早期参与 ESI。

b）与供应商组成小组开展 VA/VE。

c）使用供应商管理四角模型。

要把供应商视为资源，针对不同的资源进行不同的关系管理，针对不同绩效的供应商，进行不同的开发培养方案，对供应商的准入退出也要严加管理。

这些就是一句话，供应商数据库管理。

（8）"会买东西就会干采购"

很多领导不是采购出身，不知道采购该怎样管。

两个刚上任的采购总监问我，"宫老师，我该怎么管采购呢？"

两个总裁朋友问我，"采购培训能讲什么？"

我对他们讲，作为专业的采购经理人，我们必须有能力回答四个问题：

- 为什么选择这个供应商？
- 为什么是这个价格？
- 如何控制合同风险与合规？
- 如何进行一场双赢的谈判？

那具体怎么管呢？

- 要培养专业化的采购团队。
- 要设计好职责分工、采购流程。
- 要进行"基于战略的采购管理"，让采购帮助企业创造竞争优势。
- 集团公司要注意三个"Same"：相同的语言、相同的流程、相同的文化。
- 要建立供应商数据库、成本数据库。

067

"传达"的学问

作者：颜家平

传达时要注意内容求实、语言简练、表达生动、形式多样等细节，最后追落实。

"传达"这个词应该是我们工作生涯中听过最多的词之一。可是我们极少去关注它，更谈不上研究它。

其实，在人的一生中，传达的作用是非常大的。我幼年时经常遇到传达"最新指示"，然后大家将指示"印在脑子里，融化在血液中，落实到行动上"。

改革开放之后，每一次传达都带来新的观念、新的潮流、新的目标。人的思想随着传达的内容，一次次地受到冲击，并发生明显的变化。在我从事管理工作后，上情下达成了基本工作之一，自己还时不时地搞点"花头"，传达给下属。即使退休了，还是会接受许多传达，由此保持了解社会、了解外部世界的状态。可见，传达是多么重要的一个词，很值得研究。

传达就是传播到达。它直接对应的是沟通的质量和结果。传达追求的是优质的传达与良好的结果，要做到这一点很不容易。我们经常会看到这么一个镜头：台上传达的人慷慨激昂，唾沫四溅；台下听传达的人似听非听，昏昏欲睡。这样的传达是无效的，是不合格的。在企业基层，要做到有效传达。我经过长期的观察与研究，总结出以下十条经验，与大家分享。

a）传达内容要求实。要让听者能够听到实际有用的、对工作有指导性的内容。空泛的论调是很难被人接受的。

b）传达话语要简练。要让听者在较短的时间里，了解与知晓传达的内容。喋喋不休会让人厌烦，极大地影响传达的效果。

c）传达的语言要生动。即便做不到抑扬顿挫，也要在讲到重点内容时，语速略微放慢，音量略微提高，以引起听者的重视。语言生动，对传达效果有辅助作用。

d）传达形式要多样。可以以讲台培训形式，可以以圆桌会议形式，可以照本宣读，也可以以幻灯片引领传达，有效就是硬道理。

e）传达对象要选准。一定要让应该听的人来听，让可听可不听的人随意，让无关紧要的人缺席。无关的人过多，传达的效果肯定会大打折扣。

f）大会传达要讲形式。传达者要着装整齐，仪表端正，声音洪亮，口齿清楚。对听者要有严肃的纪律要求，手机关闭，保持安静。这样的传达才有效。

g）小会传达要讲反馈。既然是小会，就说明传达的对象范围不大，针对性很强。这样的传达需要听者当时做出反馈，让传达者可以及时了解传达的效果，以便做出下一步的决定。

h）将内部的要求传达给外部的人时，要尽量关注听者的感受，尽量突出内容上与外部被传达者的共同点及合作点，以争取他们的理解与支持。

i）将内部的要求向下属传达时，要尽量讲清内容产生的背景，讲清这样做的必要性，讲清这样做与企业、部门、个人的利害关系，以争取下属的理解与支持。

j）传达后要关注传达内容的落实。如果我们传达过就算执行过了，根本不讲结果与效果，那么，传达精力就白白浪费了，有时还会产生严重的后遗症。

有许多事情，我们几乎每天都会看到、听到、接触到，但许多人都习以为常，不以为然。传达就是其中的一件。每个人几乎每天不是做传达者，就是做被传达者。我们喜欢言之有物的传达，厌恶空洞无味的传达。我们的思想与习惯是随着许许多多的传达而逐渐发生变化的。

做传达可以聚人心，得支持，益成长；听传达可以学知识，明目标，知路径。由此可见，传达展示着管理者的工作水平。若要达到经营管理的要求，实现个人的理想抱负，理应做好传达这门学问。

068

食堂管理怎么才能让大家都满意

作者：姚何

> 遇到烫手山芋时，让利益相关方一起参与决策！

如果有人说让一个公司的食堂做到大家都满意，我想所有的人都会会心一笑，"怎么可能"。事实上确实如此，众口难调，想要让大家都满意，除了那几家高在云端的公司之外，基本上没有能做到的！

那在这样的情况下，到底要怎么管好食堂呢？

当时我在的公司，员工有1000人左右，公司会给每个人补贴一部分餐费，员工自己再掏一部分，当时每餐员工要掏3～5元钱，但公司补贴的部分员工看不见。每到中午吃饭的时候，耳朵里面听到的都是抱怨声，难吃并且没别的选择。后面甚至发展到影响员工稳定的程度了，据说当时有一半员工离职都是因为食堂太差。

食堂是由行政部门管理的，没采购什么事，可能是因为领导觉得这事行政部门搞了几年，问题一直重复发生，于是这次找到采购部门，看看能否有更好的解决办法。他的理由也很充分，公司对食堂是有补贴的，是要花钱的，那就是采购部门要管的事情啊。

我接到这个任务的时候，脑袋是懵的。我想起的第一个问题就是：补贴还能加点吗？领导说：这个是不可能的。一下子就被否决了。

在此之前，我没有管理食堂的经验，不知道如何入手。下班回家后，我开始上网查询相关问题，问周围的朋友。大多数意见都归到一点：钱不够，怎么能吃得好啊。这么一圈了解下来，我当时是绝望的，觉得这事情真的就是烫手的山芋，但没法扔啊！

思来想去，没法加钱，即使加了钱可能还是不满意，那我干脆就不管了，我让大家去选食堂总可以了吧，你自己选出来的食堂，总不好意思说什么吧。有了这个思路，后面的事情就变得轻松了。

我让供应商开发工程师组建了一个食堂选择小组，公开召集成员，特别要产线上那些对食堂意见大又喜欢嚷嚷的"刺头"入选，最后发现"刺头"也就那么八九个人。然后我们根据食堂现有的标准，整理了一份简单的标书，再从各种渠道找到多家餐饮公司，网上找的、员工推荐的、自荐的都有。标书发出去后，应标的有五六家公司，再由供应商开发工程师组织这个食堂选择小组对应标的供应商提供的盒饭全部试吃，最后由这个小组投票，来决定选择哪一家餐饮公司。而且我特别关照，供应商开发工程师只负责组织、联系工作，不参与试吃，不发表意见，包括最后投票都不参与！

这样，整个筛选的过程差不多进行了两个月，最后经大家投票，选出了一家公司来承包我们的食堂。这家公司进场后，初期表现很惊艳，后面慢慢有所懈怠，但"刺头"们能找食堂提出改进意见，不像以前只是宣泄情绪，扩散负能量。食堂也能针对性地加以改善，达到良性互动的状态，员工对食堂的抱怨程度也降低了很多！

一句话：你们总不会说自己选出来的这家不好吧。

这件事情对我的启发很大：一件原本看似不可能完成的任务，当我跳出原有条条框框，让各利益相关方都参与时，他们就能更加全面地看待事情。如果再出问题，他们就不会带头抱怨了。

相反，当有人要抱怨时，"刺头"还会主动解释，而不是像以前那样跟着起哄。而我们本身不参与决策，规避了可能的误解。

遇到"烫手的山芋"时，最好的办法就是把它"抛"出去，让各利益相关方一起来参与决策。整个过程公开透明，让大家明白事情并不是看上去那么简单；集体决策，结果变得容易接受，即使后面遇到"挑战"，也有人出来帮你解释、挡刀。这样"山芋"就不再烫手，工作也能越做越顺！

069

为什么对外资公司来说，EBITDA比净利润重要

作者：汪浩

只要了解一个企业的这两个指标（EBIT和EBITDA），就可以对这个企业的运营状况有大致了解。

一个企业的财务报表一般包括资产负债表、现金流量表、利润表、所有者权益变动表等，除此以外，在大型的欧美跨国公司，企业的管理者或股东还需要看EBIT和EBITDA。另外，企业潜在投资者对这两个指标也非常感兴趣。

这两个英文缩写词，对大部分国内企业管理人员来说，可能比较陌生，甚至一些财务人员也不太熟悉。那么什么叫EBIT？EBITDA又是什么呢？

（1）EBIT

EBIT是英文Earnings before Interest and Tax的缩写，即息税前利润，是指一个企业在未扣除支付的利息和所得税之前的利润。即：

$$EBIT = 净利润 + 所得税 + 利息$$

EBIT指标主要用来衡量企业主营业务的盈利能力，通俗来讲就是一个企业的赚钱能力。

由于企业的财务报表内容很详细，人们需要详细阅读三张表中的数据并加以分析，才能得出企业的盈利状况和运营状况。单纯地看净利润这一个指标，并不一定能看出企业的盈利状况如何，而 EBIT 由于多了所得税和利息，反而更加能够体现出企业的盈利状况。

这是为什么呢？

第一，在不同的国家，企业所得税税率可能不同。即便在同一个国家，有的地区为了招商引资而提供税收优惠或者减免政策，而另外一些地区没有，那么这些企业的税率各不相同，对净利润就会有很大影响。

第二，根据中国税法，普通企业的企业所得税税率是25%，而国家高新技术企业的企业所得税税率是15%。两家同一个地区的企业，如果利润总额相同，一家是高新技术企业，而另一家不是，在税收上也有很大差异，最后造成净利润有差异。但这并不是企业运营管理的原因，有可能是由行业不同，或研发投入不同等其他因素造成的。

第三，税法规定，企业的亏损可以在今后五年内弥补。也就是说，即便当年盈利，而上一年亏损，或者之前五年内有亏损还未弥补完，那么当年的利润也须先弥补之前的亏损，如果当年的利润不足以弥补之前的亏损，企业还是不需要缴纳所得税。所以，如果两个企业的税前利润相同，负债又差别不大，一个因弥补之前的亏损而不需缴纳所得税，而另一个企业不需要弥补之前的亏损而缴纳所得税，这样就会造成 EBIT 区别不大，而净利润却相差很多。

第四，企业的资产负债率各不相同。有的企业负债率很高，每年需要支付很多利息给银行或者债权人，而有的企业完全靠自有资金运营，不需要借款，也就不需要支付利息。

在销售收入和总资产基本相同的前提下，一家自有资金很少、负债率较高的企业，利用财务杠杆进行融资来扩大经营规模；而另一家企业，负债率很低，几乎没有借款，完全依靠自有资金经营，最后获得了同样的净利润。毫无疑问，肯定是负债率高的企业其盈利能力更强，负债率高的企业其

EBIT 也更高。

需要强调的是,净利润这个指标并不能完全反映一个企业的盈利情况,除了净利润以外,所得税和利息也是企业所挣到的钱,只不过被支付出去了。

因此,在不考虑企业的资产结构和所得税政策的影响下,EBIT 可以帮助我们更加单纯和直接地了解企业的盈利状况。

对同一行业里的不同企业,不管其所在地的企业所得税税率有多大差别,或者资本结构有多大差异,我们都可以用 EBIT 这个指标来更为准确地比较盈利能力。而针对同一个企业在不同时期的盈利能力变化,用 EBIT 进行对比分析,比用净利润更具合理性。

(2) EBITDA

EBITDA,是 Earnings before Interest, Taxes, Depreciation and Amortization 的缩写,是指未计利息、税项、折旧及摊销前的利润。即:

EBITDA= 净利润 + 所得税 + 利息 + 固定资产折旧 + 无形资产摊销
　　　　+ 长期待摊费用摊销

EBITDA 主要用于衡量企业主营业务产生现金流的能力,可以作为现金流量表的补充,相比较 EBIT,多了折旧和摊销两项指标。前面讲到了 EBIT 比净利润多了利息和所得税两项指标,这两项也是企业所挣到的钱,但是必须支付出去。而 EBITDA 比 EBIT 又多了折旧及摊销这两个指标。这两项看似是企业应扣除的费用,却并不需要支付。

折旧和摊销这两项指标,虽然在财务处理上,作为费用需要在当期扣除,但实际这些费用都是企业前期建设阶段一次性投入的厂房和设备等的费用,并不需要在当期支付,所以实际这笔资金还是在企业的账上的。在有些企业,这笔资金甚至有可能远远大于企业的净利润。这笔资金可以用来作为公司的运营资金,却不能给股东分红。

有些企业,从财务报表上看,净利润是负的,似乎效益不是很好。虽然亏损不是很多，但是连续几年亏损，却仍然一直在运营，并没有破产或倒闭的迹象，你可能很难理解。

当企业利润总额已经是负数，则不需缴纳企业所得税，这时 EBIT 的值就取决于贷款的多少。如果这时企业的贷款不是很多，那利息就很少，EBIT 的值就接近于净利润，同为负数或略大于零。但一般 EBITDA 不会是负数，因为制造型企业的厂房和设备等固定资产很多，所以折旧和摊销费用也是一笔不小的数目。当一个企业的 EBITDA 都已经是负数，则说明这个企业亏损情况已经相当严重了。

所以，对大型制造型企业来说，即便净利润是负的，只要 EBITDA 是正的，而企业的应收账款不是特别多，资金链没有断，就不影响正常运营，甚至也不影响股东的信心。特别是现在互联网经济时代，有的上市公司并不看重盈利多少，而关注销售收入的增长以及市场占有率的提高，因为这些指标的提高对公司的市值增长有很大的帮助，而不是利润。

另外，对非财务专业人士或者企业管理者来说，财务报表中名目繁多的项目和专有名词可能很难看懂，但只要了解了一个企业的 EBIT 和 EBITDA 这两个指标，就可以对这个企业的运营状况有大致的了解。

070

上ERP是找死，不上ERP是等死

作者：宫迅伟

BOM表制作质量直接决定ERP系统运行的质量。

"上ERP是找死，不上ERP是等死。"这句话流行了很多年，相关情况已经有了很大程度的改善，但为什么现在还有人说？

最近，我给一个企业做供应链管理的培训，很多人问："宫老师，企业上了ERP后，部门间扯皮多了，抱怨多了，大家都觉得还不如不上呢。"

我说，企业上ERP一般要找IT咨询公司，也就是不光要买个ERP软件，还要找专门的ERP咨询公司，帮助企业人员学会使用ERP。

学员给我讲，"咨询IT公司了，他们有人说'上ERP是找死，不上ERP是等死'，这句话是什么意思？企业花了近千万元上ERP怎么还不如不上呢？"

企业产品结构复杂、品种多样，客户需求经常变化，只靠人脑手工，天才也不行，不上ERP就是等死，所以只要是有些规模的企业都会上ERP，当然很多是先上MRP，然后上MRP Ⅱ，再上ERP。

这个道理人人都懂，但上了ERP，企业管理水平跟不上，结果ERP把人限制死了，上了ERP还不如不上。人们手忙脚乱，数据杂乱无章，让人痛苦不堪。我碰到一个企业搞起了"两张皮"，手工一份资料，计算机一份资料，人们纷纷抱怨，上ERP就是找死。

为什么会出现这种现象，又如何避免呢？弄清楚BOM是关键。这里有两个关键问题要搞清楚。

（1）EBOM、PBOM、DBOM是不同的BOM

1）工程BOM——EBOM（Engineering BOM）

EBOM 是产品工程设计管理中使用的数据结构，它通常精确地描述了产品的设计指标和零件与零件之间的设计关系。对应文件形式主要有产品明细表、图样目录、材料定额明细表、产品各种分类明细表等。EBOM 通常仅限于图纸零件明细表出现的物料，说明图纸的层次和从属关系，做好技术文档管理，虽然也有指导采购和估算报价的功能，但主要是为了管理图纸。

2）计划BOM——PBOM（Plan BOM）

PBOM 是工艺工程师根据工厂的加工水平和能力，对 EBOM 再设计出来的。它用于工艺设计和生产制造管理，使用它可以明确地了解零件与零件之间的制造关系，跟踪零件是如何制造出来的，以及在哪里制造、由谁制造、用什么制造等信息。同时，PBOM 也是 MRP Ⅱ/ERP 生产管理的关键管理数据结构。

3）设计BOM——DBOM（Design BOM）

设计部门的 DBOM 是产品的总体信息，对应的常见文本格式表现形式包括产品明细表、图样目录、材料定额明细表等。

设计 BOM 信息来源一般是设计部门提供的成套设计图纸中标题栏和明细栏信息，有时候也涉及工艺部门编制的工艺卡片上的部分信息。

设计 BOM 一般在设计结束时汇总产生，如果存在大量借用关系的设计情况，可以在设计阶段开始就基本将设计 BOM 汇总出来，然后根据新产生的零部件安排设计任务。

(2) 要明白BOM表与零件表的区别

物料清单同我们熟悉的产品零件明细表是有区别的，主要表现在以下方面。

a) 物料清单上的每一种物料均有其唯一的编码，即物料号，明确所构成的物料。一般零件明细表没有这样严格的规定，零件明细表附属于个别产品，不一定考虑到整个企业物料编码的唯一性。

b) 物料清单中的零件、部门的层次关系一定要反映实际的装配过程，有些图纸上的组装件在实际装配过程中并不一定出现，在物料清单上则会出现。

c) 物料清单中要包括产品所需的原料、毛坯和某些消耗品，还要考虑成品率。而零件明细表既不包括图纸上不出现的物料，也不反映材料的消耗定额。物料清单主要用于计划与控制，因此所有的计划对象原则上都可以包括在物料清单中。

d) 根据管理的需要，在物料清单中对一个零件的几种不同形状，如铸锻毛坯同加工后的零件、加工后的零件同再油漆成不同颜色的零件，都要给予不同的编码，以便区别和管理。零件明细表一般不这样处理。

e) 什么物料应挂在物料清单上是非常灵活的，完全可以由用户自行定义。比如加工某个冲压件，除了原材料钢板外，还需要一个专用模具。在建立物料清单时，就可以在冲压件下层，把模具作为一个外购件挂上，它同冲压件的数量关系，就是模具消耗定额。

f) 物料清单中一个母件的子属子件的顺序要反映各子件装配的顺序，而零件明细表上零件编号的顺序主要是为了看图方便。

(3) 制作BOM表的要求

ERP系统本身是一个计划系统，而BOM表是这个计划系统的框架，BOM表制作质量直接决定ERP系统运行的质量。因此，BOM表制作是整个数据准备工作的重中之重，要求之高近乎苛刻，具体要求有以下三个方面。

1）覆盖率

正在生产的产品都需要制作 BOM，覆盖率要达到 99% 以上。因为没有产品 BOM 表，就不可能制订出采购需求计划和制造计划，也不可能进行套料控制。

2）及时率

BOM 的制作更改和工程更改都需要及时，BOM 必须在 MRP 之前完成，工程更改需要在发套料之前完成。这有两方面的含义：制作及时，更新及时。这两者要紧紧相扣，杜绝"两张皮"。

3）准确率

BOM 表的准确率要达到 98% 以上。测评要求为，随意拆卸一件实际组装件与物料清单相比，以单层结构为单元进行统计，有一处不符时，该层结构的准确度即为 0。

BOM 的建立对实施 ERP 的制约是可想而知的，众人都说实施 ERP 难，我们体会其中最难的就是 BOM 的完善，不少企业实施 ERP 进展缓慢或实施不正常，往往就卡在数据库不完善的问题上。

071

凭本事竞争，不要抱怨别人低价

作者：汪浩

低价是一种市场行为！

最近几年，总是有人抱怨现在低价竞争太厉害，说低价饿死同行、累死自己、坑死客户等。他们这样说，大概的意思就是表达低价主要是因为偷工减料，把品质做差了，把自己的招牌砸了，把价格水平拉低连累了同行，做不好质量把客户也坑了，害死人。

这种说法有一定的迷惑性，但仔细分析，却没有逻辑性可言。如果你真的认可这样的说法，那说明你真的不懂市场经济，不懂经济学，更不懂战略。

（1）低价是一种市场行为

低价并不是只出现在某一个行业、某一个企业身上。低价普遍存在于各行各业，既然这样，那低价就不是一种行业行为、企业行为或者个人行为，而是一种市场行为。在市场经济中，竞争是充分的，是不能被控制的。

（2）波特五力模型分析

要了解为什么会有人报低价，你必须了解波特五力模型（见图71-1）。

也就是说，如果你做一个企业，你就处在中间的位置，你要考虑五个方面的因素。

第一，你要面对同行业的激烈竞争。现在很多行业都饱和了，产能过剩，产品的差异化也不明显，同一个客户，大家都想去竞争，你怎么竞争才能取胜？报低价吧。

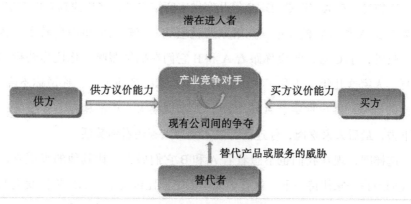

图 71-1 波特五力模型

第二，买方一看，这么多供应商，让我怎么挑呢，我只能选一个，你们就投标吧。一轮又一轮的招投标，供应商之间的自相残杀就开始了。

第三，因为你也有供应商，供应商的议价能力取决于你需要什么样的供应商、你有多少供应商、你的采购需求量有多大，不管怎么样，你得先有订单才能跟供应商压价。

第四，假如我在的这个行业利润还是可以的，周围是不是有人虎视眈眈，想进入我们这个行业里来分一杯羹？

第五，现在技术这么发达，大家一看利润很可观，也许有人在默默地投资搞研发，说不定哪天有人搞出来一种新材料，功能可以完全替代我的产品，成本还比我的低。

在这些情况下，你还能报高价吗？

（3）行业结盟抵制低价行得通吗

通常，在同行业内，大家都痛恨第一个降价的，并对他嗤之以鼻。在有的行业，大家呼吁抱团取暖，成立协会，并规定谁也不能破坏市场，大家应该公平竞争，谁率先降价，谁就成为大家共同的敌人。可是，你以为这样就有用了吗？你面对的客户是谁？他们在成本控制上有多厉害？你知不知道有一种采购称为战略采购？经验丰富的采购专家，可以轻易瓦解掉这种结盟。

比如说，有A、B、C、D、E等几家供应商结盟了，客户找到其中一家C，因为C比A和B规模要小，瓦解联盟就应从一家较弱的供应商着手。客户说，哎呀，小C呀，听说你跟着A和B它们在搞结盟呀，你说你瞎掺和什么呀，人家这几年早赚翻了，你才做几年，你赚到钱了吗？你说你不降价，同样的价格，客户肯定选A或B呀，人家规模大，产品稳定，你傻呀，这样下去，最后人家吃肉，你连汤都喝不到，人家还看你笑话。

这样吧，现在我们也不想看着A和B它们做大，让其他的没饭吃，所以我们想找一家扶持一下，就看你能不能把握住机会了，如果你按我们的要求降价，我先给你三个月的订单，后面我们进行长期的战略合作。我们会派一个团队给你提供技术支持，也会从专业的角度帮你提出改善的方法，降低你的成本。

如果你是C供应商的老板，你会怎么选择？

再比如，我是客户，你不是不降价吗，那么我给你玩个囚徒困境的游戏，看你降不降，我把C和D分别找过来谈。对C说，现在呢，你有两个选择，降价和不降价。不降价呢，那以后你就再也没有机会成为我们的供应商了。降价呢，还分两种情况。

第一种情况，你降了，D不降，订单全给你。

第二种情况，你降了，D也降了，如果你们价格一样，那订单你们各拿一半。

不过，还有第三种情况哦，就算你们都降价，也要看谁降得多，谁降得多订单给谁80%，谁降得少，订单给他20%。

然后，我再把D找过来，跟他说同样一番话。那么，你觉得最后会怎么样呢？

如果你是供应商C或D，你会做什么决定呢？

(4)抱怨别人,是因为你没有核心竞争力

苹果抱怨小米把智能手机的价格卖低了吗?海底捞抱怨别人家的火锅太便宜了吗?

阿里巴巴和淘宝把价格搞这么低,全国几乎所有的实体商家都在抱怨,但是抱怨有用吗?抱怨也解决不了问题。

市场发展到成熟阶段,就必然会产生激烈的价格竞争,在信息网络时代尤其如此,这是时代发展所决定的,是一种趋势,是一种必然。

有人觉得现在生意难做了,赚不到钱,就是这些报低价的人给害的。但是,世界上这么多人,凭什么生意要一直给你做,钱都给你赚呢?这个世界从来不缺少新旧交替和后来居上,你不创新就等着被别人超越吧。

所以,不要抱怨别人低价,抱怨是没有用的,而且别人报低价,有别人的原因。

有人厂房和设备的折旧已经摊销完毕,这部分不计入成本;有人新进入行业,宁愿亏本也做,或者砸钱换取市场;有人为了清库存,不计成本;有人看重销售收入,不看重利润;有人有更好的方法降低成本。

你抱怨别人不应该报低价,那是因为你没有核心竞争力,还在靠跟人拼价格;或者你也报了低价,但是没想到别人报的比你更低,所以你就昧着良心说别人降价无耻。

市场的竞争是充分的,不要用你的标准去衡量别人。如果你在一片红海中竞争,那么你必须建立核心竞争力,找到自己的蓝海,才有出路。所谓的蓝海战略,就是不与竞争者竞争。

(5)凭本事竞争,不要抱怨别人比你价格低

最后,我想说,饿死同行,累死自己,坑死客户,这样的说法简直太可笑、太愚昧了。饿死同行,我活下来就好,同行死活跟我有什么关系?!不对,有关系,同行死了我才能活得更好。

累死自己,累不累我自己心里清楚,而且只要有钱赚,再苦再累也值

得，我愿意。

坑死客户，客户如果只看最低价，被坑也活该，说明它没有很好的供应商选择流程，没有选对供应商，没有做风险评估和风险管理。

所以，请不要再说这种话了。大家凭本事竞争，不要抱怨别人比你价格低。

072

员工离职的真相是什么[一]

作者：大卫·科特莱尔（David Cottrell）　　译者：汪浩

> 他们离开，是因为他们和领导之间出现了一些问题！

每天都会有成千上万的人选择离职，他们达到了极限，发现自己已经受够了。他们和老朋友们、同事们说再见，离开熟悉和舒服的环境，转而进入未知的领域——新的工作、新的老板、新的同伴和新环境。

他们确信未知的环境会比现在的情况好。他们相信任何地方都比他们现在待的地方好。所以，他们选择离开。

在他们离开岗位前的最后几天，通常人力资源部门会跟他们有一个面谈，并问："你为什么要离开？"

他们的回答可能是，新工作的薪水更高，福利也更好，新公司离家更近，或者加班时间少一些。然而，在大多数情况下，这些都不是或者不完全是真正的答案。

他们为什么不说其他原因呢？

因为准备离开的人并不想跟老东家撕破脸，而且讲真话既不能改变什么，也不能得到什么。

他们给的原因虽然是可信的，但并不是准确和真实的。大部分的离职谈话都不能揭露所有真相。

[一] 本文选自 *The First Two Rules of Leadership*。

有些时候，如果薪水差别足够大，人们会下定决心跳槽。但是，绝大多数情况下，跳槽都不是钱或者职业发展的问题。钱只是这个问题的一部分原因，或者只是一小部分原因。

大部分人希望得到的不完全是更多的薪水，**他们更加在意的是，在哪里工作，跟谁一起工作，以及他与他所在的团队一起完成什么样的任务。**

在一项调查中，89%的管理者表示，他们相信员工离职是因为钱。然而，在对离职员工的调查中发现，比例完全相反，只有12%的员工离开是因为钱。另外一项17 000人参与调查的研究，只有10%的人表示薪水待遇和发展机会是一份工作最关键的因素。

假如你招聘面试官，当你面试某一个岗位的员工时，你问他为什么考虑离开现在的工作，他会怎么回答你？你听到过有人回答是因为你们的薪水更高吗？应该没有吧。

最常见的回答基本是这样，因为在我现在工作的地方，我的努力和贡献没有得到领导的认可。

如果你团队中的员工去别的公司面试，对于这样的问题，可能他们也会给出同样的回答。

一旦员工打算离职，他们并不想把局面搞得很僵，他们只想走出这家公司的大门，并不再回头看。他们希望逃离这个对他们而言有毒的地方。离职的人很多都有这样的感受，就是他们已经很讨厌来上班了。

更严重的问题是，你的团队中可能有那种懒散的、精神上已经辞职的人，也就是他们虽然人在这里，但心思早就不在了，而且他们告诉周围所有人，他的心思已经不在这里了，但你还蒙在鼓里。

这样的员工对你的团队业绩造成的伤害，比你的竞争对手给你带来的任何伤害都要严重得多。他把不忠实、不信任和冷漠渗入了你的团队。

真相是，绝大多数人，包括已经辞职并离开的，以及那种人虽然还在，心早就离开的人，他们已经下定了决心离开他们的领导。他们的离职或者不愿工作的态度，与薪水、福利、离家的距离或者工作时间没有任何关系。

他们离开是因为他们和领导之间出了一些问题。他们做好一项工作的欲望和能力已经被每天面临的阻碍和挫折蒙上了阴影。

可笑的是，绝大部分的这些挫折，是那个在他们第一天来到新的工作岗位时，热情地接待他们、与他们握手、欢迎他们成为这个团队重要一员的那个人所制造的。

当然，有些人离职，仅仅因为他们觉得这个工作现在不适合他们。但这些只是极少数的特例。

人们离职是因为领导不够称职吗？可能不是。领导者能够当上领导，说明他们大部分有能力把这个工作做好。

那么，人们离职是因为领导缺少求胜的欲望吗？可能也不是。绝大部分领导都希望把事情做好，都希望成功。

人们离职，是因为他们已经厌倦了。他们厌倦去执行错误的决定，厌倦由于决策时考虑欠妥，而让他们重复做同样的工作。他们厌倦领导因为爱面子，而不能培养一个积极的工作环境。

他们已经不想知道，为什么如此聪明的人总是让他们去执行那些看起来实在很愚蠢的决定。他们也厌倦了为那些至少在他们看来从来不关心他们的领导去工作。他们厌倦，还因为他们的领导没有给予帮助和支持，这样他们就不能把工作做到最好。他们对于领导失去了信心，所以他们需要重新寻找一个可以信任的人。

一个能够保持长期高效的领导是称职的管理者，他们也是激情澎湃的、值得信赖的、有创造力的和友善仁爱的。

盖洛普组织调查发现，员工生产力最重要的影响因素是员工与他们的直属领导之间关系的质量。这种关系需要领导者的期望是合理的、持续不变的、关心下属，重视他们的个性，并鼓励他们成长和发展。

伟大的领导者善于利用各种技巧来帮助自己了解大家，并通过其他人的共同努力来得到结果。

领导力是复杂的，因为你是与一个个活生生的人交往，他们每个人都有自己的需求和欲望。优秀的领导者知道怎么把与团队中每一个人积极的交往这种复杂的任务分解成最简单的形式。

073

流程也有性格

作者：姚何

> 流程是很好的工具，也是很好的挡箭牌，就看如何运用！

前几天，我看到一篇文章讲技术人员强行给采购介绍供应商的问题和应对办法，这引发了我的一点思考。我曾经也遇到过类似的问题，当时的应对办法有些不同，我把这个案例分享出来，同时也谈谈我对流程的一些观点。

我之前服务的一家公司，采购分为开发和采购执行，开发主要负责供应商选择和管理，同时也对物料的品质及交付等工作负次要责任，我主要管理开发部门。

公司有一位领导，职位很高。他总是喜欢介绍供应商给我，领导的朋友很多，他介绍的供应商水平也参差不齐，当时确实让我很为难。

冷处理，不理睬吧，领导总在问进度，我不好回答，而且他还可能质疑我的公正性；引进吧，如果没有必要，会打乱现有的采购策略，扰乱正常的供应商平台运作，还浪费团队的时间和精力。

一开始，我没有直接拒绝这位领导的要求，而是让具体负责这类物料的主管带领供应商考察团队，到其中一家看上去很小的供应商那里做现场认证，还特别嘱咐这位主管，要告诉供应商老板，我们是某某领导介绍过来的，必须给足这位领导面子。

回来之后，考察报告交上来，供应商规模确实很小，设备距离我们的基本要求差距很大，现场管理也比较混乱，记录也不完整。于是我就拿着这份报告找到了主管采购的副总裁，把这件事的来龙去脉讲清楚，报告也很有说服力。当时我提出了一个建议，我说现在供应商管理虽然归开发部门，但是公司领导、研发人员等都经常介绍供应商，或者先斩后奏，我们引不引进都挺为难的。

副总裁问道：那你打算怎么办？我说：我想应该建立相关流程制度，约束一下内部人员介绍供应商的行为。不是不能介绍，有好的资源我们非常欢迎，但也不能什么供应商都往我们这里塞。副总裁想了想，说道：那你就去拟一下这个流程，我们讨论通过就执行。

于是我就马上把《内部人员介绍供应商管理流程》给拟出来，简单明了，就是谁介绍供应商都要填一张表，交副总裁签字审批我们就处理，讨论也没有遇到什么阻力，谁敢说有意见啊。

流程发布以后，实际上没有用过一次，再也没有出现别的部门人员强行介绍供应商的情况。

为什么啊？很简单，有了流程规定，想介绍供应商，就要填写《内部员工介绍供应商情况表》，相当于把这个行为给记录下来了，这张表还要拿给副总裁签字才有效，谁没事敢去副总裁那里讨这个没趣啊。

于是这个流程就成了这种不当行为的拦路虎，我们部门也不用去编一套一套的理由和说辞去应付介绍人员了。甚至我们还"大言不惭"地说，我们十分欢迎大家介绍供应商，但请遵照流程，否则，我也很难帮你。

回到正题，从上面这个案例可以看出，流程是有性格的，喜欢什么，厌恶什么，非常清楚。不希望你强行介绍供应商，我就把前提设置得很难，让你费很大的劲才能完成。比如表格要填写的内容很多，你一想觉得麻烦，就放弃了；签字的层级设置得很高，想到要直接面对公司高层就害怕，就放弃了。

想到这样的敏感行为要留下记录，算了，就不介绍了。这正是我们的目的，嘴上不好说，还容易落人口实，但是通过流程的方式实现，就能不露声色，面子上都还过得去。

　　对于作为部门领导或者将要成为部门领导的人来说，部门相关流程建设是部门领导天然的职责，在制定或者修订流程的过程中，要对流程有性格这件事情有比较清晰的认识。对于要提倡的，流程关卡就要少，难度不能大，这样流程自然就容易执行下去；对于反对或者不提倡的，流程的环节可以设计得比较复杂，签字层级拉高，这样走一圈相当于唐僧取次经，慢慢地估计就没有人会这么干了。

　　流程是很好的工具，也是很好的挡箭牌，就看你如何运用这个工具。流程是为工作服务的，要高效简洁，但阻止一些事情也是工作的一部分。看完本文，你大概能明白流程是有性格的这句话的意思了吧。去看看现在公司的一些流程，分析下它们的性格是什么，再分析一下那些你觉得根本没用的流程却一直存在有什么意义，我想你对流程的理解一定能上一个台阶。

074

新来的出口部经理[一]

作者：彼得·德鲁克　译者：汪浩

新来的出口部经理到底在干什么？
及时沟通、报告进度很重要！

　　Ridge Wood 工具公司成立于 1924 年，是美国手动工具领域的领先企业。公司有很多出口业务，多年以来，公司在美国以外的业务，都是委托位于纽约的一家出口贸易公司独家代理的。

　　由于业务不断增长，公司在不同的国家开发了不同的经销商和代理商。1986 年，公司任命了一名出口部经理，但是从事的主要还是一些文员工作，比如处理一些海外的订单，通过银行来收客户的货款。

　　到了 1990 年，公司的业务量大增，以至于目前的方式已经不能适应公司的发展了，而且这位出口部经理也退休了。这时候，管理层认为，公司需要对出口业务进行有效的组织并管理起来。其中有一位董事，可能还考虑过在德国建一个工厂，因为公司的产品在德国有一定的知名度，非常受欢迎。

　　但是，公司里没有一个人懂得如何去开展国外的业务。

　　所以，公司就从通用电气的国际业务部门聘请了一个年轻、有活力的职员来做公司新的出口部经理，他叫弗兰克·安德鲁，那时他 35 岁。

　　安德鲁上任后，大概花了一个多月的时间，很快拜访了公司主要的国外经销商和代理商。回来之后，他对总裁说，他将会制订一个专门针对公司海外业务的计划。并且，回到办公室之后，他就任命了出口部的一位老员工作

[一] 本文选自 *Management Cases*。

为他的助理,并安排这位员工处理公司出口业务部的日常事务,工作节奏还是和以前一样慢条斯理。

那么,安德鲁自己都做些什么呢?

他每天都待在办公室,大部分时间门都是紧闭着。办公室的其他职员路过他的办公室时,常常会很好奇地向里面偷看,只看到他的桌上和柜子上都堆满了大量的书、文件和各种报告,以至于很难看到安德鲁先生的头。

那么安德鲁到底在干什么呢?

就这样持续了大概四个月,总裁的压力越来越大,终于有一天他坐不住了,打电话让安德鲁来他的办公室,问:"安德鲁,你到我们公司来了也快有半年了吧,但是大家都不知道你整天在干些什么。"

这让安德鲁感到非常惊讶,"你难道没看见我在学习吗?"他接着说:"总裁先生,在我把计划做出来之前,浪费您的时间有什么意义呢?"

"安德鲁先生,"总裁说,"很显然,你和我们都犯了一个错误,我觉得你还是重新找一份工作吧,这对我们大家都好。"

后来,总裁回忆起这件事的时候,坦言他仍然感到困惑。

"这个家伙来我们这里时,公司对他的印象是有活力、有责任担当,"总裁说,"但是他肯定要做出点成绩来吧。他离职之后,去了一家非常大的公司,而且现在已经是这家公司的欧洲区副总裁了,我听说,他做得非常好。可是他在我们这干了六个月,整天都坐在那,却什么也没干出来。"

而当安德鲁回忆起这件事时,不仅感到困惑,还有些痛苦。

"那些顽固守旧的人,"他说,"他们并没有意识到,要做国际业务,首先需要做一个计划。他们没有数据,没有计划,没有组织。他们聘请我,并不是让我去卖工具的,而是找到正确的方式进入国际市场。如果计划都没做好,那他们希望我干什么呢?"

有一天,安德鲁跟他的老朋友,一位资深的律师,也是他的大学同学,说到这件事时,他得到的回答完全出乎他的意料。

"当然了,"他的朋友说,"这些人是老顽固,没错,但是错还是在你,因为你表现得就像一个年轻、傲慢的蠢货。"

075

缺乏全球化思维是跨国采购的最大瓶颈

作者：宫迅伟

全球化人才需要具备六大思维。

我本人原来做采购，现在教采购，又创建了一个"中国采购商学院"。

供应商管理、成本、合同、谈判、供应市场分析、支出分析、战略采购……这些话题我天天都在讲。闭目回顾我二十多年的采购生涯，究竟什么才是制约跨国采购的最大瓶颈呢？

我把这个苦恼与某著名杂志社资深编辑进行了交流，交流过程中我突然感觉到，缺乏全球化思维是跨国采购的最大瓶颈。准确地说，我们中国极度缺乏具备全球化思维的人才。这个观点我在上海跨国采购中心论坛上也讲过，大家很是认同。

可能有人怀疑，中国有那么多跨国采购中心啊。但仔细琢磨一下，所谓全球采购，也仅仅是外国工厂发一个 RFQ 询价单，我们在中国找供应商，验厂、报价、打样、发货，似乎参与了采购的全过程，但一切都是外国工厂在主导。

什么需要全球采购，什么可以在中国采购，采购的物品使用情况、最终用户……中国的全球采购经理对于这些从来不关心，也无权关心。

再看，我们从国外采购的物品，那些供应商是怎么来的。要么是外国总部定好的，要么是外国客户指定的。采购似乎全程参与了"谈判"，实际上都是"外国人"在主导，这些供应商不是我们选的，不是我们决定的。当然也有外国供应商上门来的。我们对供应市场没有分析过，也从未考察过，对供应商的产能、质量控制都是一无所知，没有几个是我们自己独自全球寻源来的。

再看看所谓出口企业，绝大部分都是外国公司在中国的代理机构，包括全球采购机构，在中国寻找的。对于这些产品出口到哪里，用户是谁，最终用户使用情况，客户需求变化，我们很少了解。对市场不了解使得中国供应商很难主动做出反应，很难像开拓国内市场一样，布局国外市场。

综上可以看出，我们表面上做着全球的事，实际上从未认真想过全球的事，没有直接接触全球供应市场、客户市场。对供应市场缺少了解，怎能做好采购？对目标客户市场缺少了解，又怎么做好出口呢？

所以，我的结论是，缺乏真正的全球化思维是跨国采购的最大瓶颈。准确地说，中国非常缺乏具有全球化思维、全球化技能的人才。

在全球化思维方面，其实我们还不如一些小国家。比如瑞典，它只有900万人口，供应市场、销售市场都不可能只在国内，至少包括欧洲的法国、德国、荷兰、比利时、卢森堡。加上欧洲与美国基本互通，所以，瑞典企业，从一诞生就要具有全球化思维、全球化技能。另外像韩国等一些国家，国土面积小、人口少，政府鼓励全球化，企业自主全球化。

而我们中国，是从自力更生、自给自足逐步对外开放的，人口众多、幅员辽阔，可以撑起任何一个行业、任何一个企业，所以，中国成为全球产品生产门类最为齐全的国家。

但现在不行了，改革开放前期是请进来，现在中国要走出去，要"一带一路"，很多公司在国外兼并企业，全球化运营呼唤全球化思维，呼唤全球化人才。

那如何成为全球化人才呢？我认为，全球化人才需要以下六大思维。

（1）全球化思维

不是出几趟国、跟外国人能自由交流就是有全球化思维。精英不应只成为一个"精通英语"的人,而是要能对全球市场有更为全面的了解和理解。

比方说,你要买一双鞋,你要能知道全世界哪个国家鞋子最便宜,哪个牌子最好,哪个牌子适合自己,鞋的市场是垄断市场还是垄断竞争市场,用什么货币结算好,厂家有什么商务习惯,所在国家政治、经济、社会、技术、环境、法律(即PESTEL)是怎样的。毫无疑问,对供应市场了解得越深,采购才能做得越好。

而现实的情况是,我们对全球供应市场了解非常有限,很多人在培训课上问我,外国供应商怎么管?我说,同国内供应商一样,不行就出国考察呀,再不行就淘汰呀,很多人瞬间都懵了,表示"不可能"。

(2)战略思维

全球采购是跨过国境的,事情更为复杂,所以就更加需要从战略高度来看待。

我做过一个管理咨询项目,我们的诊断结论是"三缺一补"。首先缺的就是"支撑公司发展战略的采购供应管理战略"。大家可以闭目想一下,自己所在的企业是否也缺少呢?很多公司,采购定位是辅助支持部门,接受的是生产研发指令,都在被动执行;甚至有的公司采购部在财务部门的下边或生产部的下边,连与其他部门平起平坐的机会都没有,采购除了保证交货、年年降本,就是采购轮岗预防腐败,又怎能具有战略思维呢?

麦肯锡做过调查,在一些卓越公司,采购总监是进入董事会的。在德国大众,很多供应商选择、采购供应策略是董事会决定的。很多优秀的公司在筹建一个工厂时,是要采购提前介入并提供供应商解决方案的,这些实践都证明采购需要具备战略思维。

(3)供应链思维

跨国采购,实物流、信息流、资金流更为复杂,商务沟通由于语言、习惯、时差等原因也比国内采购复杂得多,所以跨国采购更需具有供应链思维。

美国在 2012 年出台《美国供应链安全国家战略》，中国在 2017 年出台《供应链创新与应用指导意见》，世界上两个大国都从国家层面专门出台供应链战略，为什么？因为大家都意识到，由于中国的崛起、世界格局的变化，全球价值链正在重构，全球供应链正在形成再平衡。这两年在领导人的讲话中，在新闻媒体报道中，在企业家口头演讲中，"供应链"这个词频频出现。

对于采购人来说，我们不仅要管好自己，还要管好供应商，管好供应商的供应商，以满足内部客户的需求，继而满足客户的需求。企业间的竞争就是供应链间的竞争。

（4）风险思维

跨国采购，既然跨国了，风险自然加大了。不仅有价格风险、质量风险、供应风险，还有汇率风险、罢工风险、政治政策风险。在过去，虽然有一些不连续的中断，但采购还是在一个商品价格不断上涨的相对稳定的环境中运作。未来呢，这种情况正在变化，随着全球对天然资源和商品需求的增长，供应链中断的风险正在加大。

有资料表明，本田汽车由于 2011 年日本地震海啸及泰国洪灾的影响，这两个地区的销量减少 26 万辆，利润减少 59%。再比如，混合动力电池所需金属镧严重稀缺，严重制约混合动力汽车的发展。并且有人预估，由于贸易保护、全球人口增加、发展中国家快速发展，供应链已经绷紧到危险的边缘，从最近中美贸易摩擦、中兴通讯遭美国制裁等一些事件中可以看出一些端倪。

（5）CRS 思维

CRS 即企业社会责任。我们以前选择供应商时，很少去关注企业社会责任、可持续发展这些事。尽管上市公司都会通报企业社会责任，但真正把它当回事的可能并不多。

但未来呢？未来的企业一定要讲社会责任！

为什么？这是由内外两方面因素决定的。

内，就是中国自身的发展到达一定阶段，仓廪实而知礼节，现代的人要求高了，需要好的工作环境，环保、安全、道德的意识都在增强。

外，中国产品，甚至中国工厂已经走出国门，时刻冲击国外的企业。外国政府如何阻挡中国进入，用什么方法来"贸易保护"呢？我觉得社会责任，将来可能成为重要的武器。

内外两个压力，使得我们在全球寻源、全球经营时一定要有 CRS 思维。

（6）专业化思维

有统计表明，采购成本占到企业销售额的 54.3%。采购非常重要，采购成本降低 10%，利润可能翻倍。一家公司要持续保持竞争力，就需要整条供应链具有竞争优势。采购在其中担任重要角色。它管理供应商，协调供应商关系，促进供应商与本企业的协同。而这些作用的发挥，都需要采购具备专业水平，需要全公司全社会的人，都把采购当作一项专业去对待。只有这样，采购才能发挥专业作用，才能为企业创造更大的价值，也只有专业化，采购个人的职业发展才能有一个好的未来！

076

利用时差"降"库存

作者：颜家平

适用于以月底库存量计库存的跨国公司。

刚到国外，我们感到最不舒服的就是适应时差，往往要经过几天才能适应。在倒时差的日子里，由于精神状态不佳，工作效率还会受到影响。但时差有时也有好处，我们也可以利用时差延长工作时间，与国外交流，进行全球协调。不过用在供应链上最多的还是催货，极少有人会想到用时差来"降"库存。

记得在前几年，我一直为进口件的库存量犯愁。根据集团规定，所有进口物料都实行上门取货，这样，当货一提，对方发票就开出，库存就属于提货一方。集团对库存的计算方法是以月底库存数为计数点，而不是以期初数加期末的平均值为计数点。根据这个规则，对海外供应商的物料，每月的最后一周是不提货的，到月初第一天提货，以避开库存计数日。

但集团内部的海外供应商同样面临降库存压力，他们就利用地域优势，尽可能在月底前通知我们的承运商将物料提走，开出发票，以降低他们的库存。甚至有时连货都未发，就将发票开给我们。因为价值比较高，双方经常为此发生争执，甚至将官司打到了集团层面。我把解决这个问题作为降库存措施之一，但一直没有想出有效的对策。

有一次，我到欧洲出差，因时差而无法入睡，突然想到，我们与欧洲有时差，可以利用这个来解决双方的矛盾，达到皆大欢喜。

具体的做法是，欧洲工厂在月末那天晚上六点之后发货与开票，这个时候，中国已经是次日凌晨，也就是第二月的期初了。这样在当月库存指标上既不能算他们的，也不能算我们的。

我把此想法告诉对方后，得到了积极响应，由此下降了许多在途库存。

我之所以将其称为"降"库存，因为这并没有真正降低库存，而是利用时差造成了库存在计算点上的消失。有时可以作为临时措施，暂缓库存指标压力。

一般来讲，在企业里，如果发生供货问题，从总经理到各部门都会全力以赴，积极配合；但遇到库存高的问题，则事不关己，高高挂起，认为这就是供应链部门的事情，而且似乎认为恰恰出于这个原因，而产生了供应链部门。供应链在库存问题上承受了很大的压力。

要做到真正把库存降下来，还是要分析库存高的原因。我们可以从供应商的采购周期、采购批量、采购频次上分析原材料高库存的原因；可以从生产节拍、换模时间、生产线的衔接上去考虑如何降低在制品库存；可以从成品发运周期、客户订单周期、成品交付方式等方面去分析成品库存；还可以提高客户需求预测的精确度来降低整个供应链上的库存。

另外，我们还可以从其他角度来限制高库存，如计划编排上的限制、仓库面积的限制、物流容器的限制、目视化管理库存。我们还可以从供应商开发时、新产品开发时、客户产品交付初期，就将库存要求考虑进去，提出相应的方案。

这样，从开始就抓住库存的龙头，防止以后库存的无约束增加。这些都需要从事供应链的人士进行长期的分析与研究。虽然利用时差"降"库存是旁门左道，但也是经过细心观察才能感悟出来的。说明凡事只要尽心竭力，一定会有收获。库存控制也一样，做了这么多年供应链工作，我的理解是，降库存要从一件件具体的"小事"做起。

077

为什么过量生产能够降低成本

作者：汪浩

在固定成本不变的情况下，提高产量可以分摊更多的固定成本，使单位成本下降！

威廉是 YG 公司的生产经理，做事很干练，比较讲究效率，能按时完成生产任务，而且经常会提前完成。

不过，每次总经理罗伯特一看他的工作完成得这么快，说明产能还没达到饱和，索性给他增加生产任务。

本身生产计划就比销售确定的需求计划要多一些，现在又往上加，或者开始生产下个月的订单，这样威廉就需要找供应链经理杰森申请提前领料。

时间长了杰森也烦了，你不按计划来，总是改计划提前生产，我的物料不是要提前到吗？

威廉说，我有什么办法，我当然知道精益生产，减少浪费，控制成本，可这是总经理决定的，有问题找总经理去。

这样的情况延续了好长时间，每个月都会过量生产，几个月下来，眼看着成品仓库快堆满了，生产还在不停地催料。杰森心里很着急，拉着威廉到仓库说，你自己看吧，你这都不是按发货计划排的生产。你们没命地生产，然后拼命往仓库里堆放，有些货在仓库已经放了很久。采购那边，我不知道你们要多少，总是要多于计划采购，这样下去怎么办？威廉叹了一口气说，这不是我决定的。

于是两个人约好，一起去总经理罗伯特的办公室。威廉对罗伯特说：老板，我们不能再这么干了，总是这样提前生产出来，杰森那边的物料也需要提前准备，导致成品库存增加，仓库里都放不下了。

杰森跟着说：是啊，老板，过量生产出来的产品，暂时没有客户要，放在那里占用仓库空间不说，还需要提前采购原材料，成本增加，库存积压，这都是浪费。而且，万一一直没有客户要，产品过期、变质了怎么办？

听到这些，罗伯特笑了笑，说，别的你们都不用管，就按我说的去做吧，仓库放不下，车间东边的角落不是还有一块空地吗，暂时先放那里吧。

两个人悻悻地离开了，心里都在说，真是搞不懂总经理，难道不懂什么叫精益管理吗？

什么是精益生产七大浪费？日本人大野耐一把生产中所存在的浪费归纳为七种，分别是：

- 生产过剩的浪费
- 不合格产品的浪费
- 等待的浪费
- 多余动作的浪费
- 搬运的浪费
- 多余加工的浪费
- 库存的浪费

在这几种浪费之中，过量生产往往被视为最严重的浪费，但是，情况或许并不是你想的那样。

有一句话叫作，老板永远是对的。因为老板看问题的高度，跟你不一样。

那么以上这个案例，总经理到底是怎么想的呢？为了方便计算和理解，我们举一个例子。甲公司去年生产了1000吨某种产品，公司的固定成本是1000万元，变动成本也是1000万元，那么生产成本就是2000万元，每吨的成本是2万元。这样，生产成本为2000万元的产成品进入存货，随后，这些货物全部卖出去，在财务报表上2000万元成为营业成本。

同样，在市场中还有一家乙公司，为方便理解，我们假定它的规模和甲公司完全一样，所以，乙公司的固定成本也是1000万元，但是，它对市场期待过高，生产了2000吨的产品，所以，乙的变动成本是2000万元，这样，乙公司2000吨产品的生产成本就是3000万元，每吨的成本是1.5万元。然而，市场并没有乙预计的那么好，最终去年只卖出去了1000吨产品。那么，去年乙公司的营业成本是1500万元。

相比之下，由于市场的价格是一样的，甲和乙都销售了1000吨，所以销售收入是一样的，但是甲的营业成本是2000万元，而乙的营业成本就只有1500万元。

乙生产的多，也没有全卖出去，甲乙销售额完全一样。如果按照我们的思路，两家公司卖出去的一样多，收入一样，但是花出去的钱明显是乙多啊，因为材料使用超出一倍啊。

然而，按照会计准则，乙多生产的1000吨产品计入存货了，是资产，并不是成本。那么乙的生产成本就比甲降低了很多，这样，乙的成本就比甲节约了500万元。

有了这500万元成本的差别，如果两家公司在其他成本和费用上没有太大差异，那么在两家公司的利润表上，就有可能甲公司是亏损的，而乙公司是盈利的，或者甲公司也盈利，但是乙公司比甲公司盈利更多。

没有增加销售，靠多生产，也能降低成本，也能扭亏为盈，这是不是很神奇？

有人说，那不行啊，库存那么高，库存的持有成本太高，周转率很低，这些指标不好看的。

那么我问你，如果你是总经理，你的运营成绩体现在哪里？销售额和利润。董事会、股东们非常关注这些。而且，如果你是上市公司，别人看你的年终报表，会首先看你是盈利还是亏损？如果你的报表是亏损的，那会很难看，很可能影响投资者的信心和股价的走势。几年前，有个上市公司全年亏损，为了盈利，卖掉了一套位于北京的房子，靠营业外收入来将报表从亏损变成盈利。

　　2004 年长虹董事长倪润峰退休时，留下了大量的成品库存，相当一部分都是呆滞库存，结果 2005 年公司库存计提亏损 11 亿元。有的专家说长虹的库存水平太高，没有控制好，是因为供应链管理的水平不够高，不是有意为之。我觉得，未必吧。

078

外来和尚会念经

作者：赵平

> 三人行必有我师，扬长避短，便他山之石可以攻玉！

2011年，公司准备实施精益生产。大家知道，开展精益生产在各公司无异一场革命。

一般的做法是选择一家咨询公司来推动实施。同时，公司会聘请一位精益的专业人士入职实施精益生产，更有公司让某个员工去学习，学成后来推动精益革新。

但是，靠内部员工推动的成功案例几乎未见！为什么是这样呢？

在公司精益咨询公司选择的招标会上，我把这个问题抛给了来投标的某个专家，得到的答案是："外来和尚会念经。"

那为什么盛行"外来和尚念经"呢？

（1）外来的和尚确实会念经

就拿采购与供应管理这个领域，业界有很多耳熟能详的专家。他们在企业采购与供应管理领域都有擅长的知识和技能，都有独到的见解和看法，都有丰富的经历和经验。

而在企业内部的我们，即使作为学霸的你，有着满腹经纶和对企业的了解，也有可能念不好。

作为采购与供应管理领域的从业人员，我们基本有过参加外训的机会：不管是专业领域内的学习，还是系统的学习认证。我们可能有过请业界名师到企业做内训的经历：有针对地提升，适时地互动。或许有的公司请业界专家做过对企业的全面体检咨询，改进提升。以上这些经历都是我们向业界专家学习、请教，提升我们在采购与供应管理的专业知识和能力。

而这些给我们讲课、咨询的专家有着共同的特点：有实际的从业经历、先进的工作经验；有丰富的授课资历、众多学员的认可；更重要的是已将自己的工作经验、学术研究、独到见解总结成册。

（2）外来和尚念的真经有何用

"外来和尚念的真经"确实对企业发展方向有引导作用，可以帮助企业找出存在的短板，给企业带来改善；给从业人员指明职业规划目标，找出个人不足，让从业人员有针对性地提升。

那么，家里的和尚为什么不如外来的和尚会念经？

我们就职于某一家企业，就算该企业再怎么成功，我们了解的仅是这一家企业的管理系统。少有系统学习过采购与供应管理专业课程的，也少有系统做过采购与供应管理各个环节的工作，如果再没有很好的总结能力，我们很难成为这个领域内的专家。

我们是居家小和尚，也有自己的世界。

我们扎根企业，深谙文化，熟悉流程，了解公司短板。如我们掌握了外来和尚的经，我们更懂得怎么把这些经验运用到我们的企业发展中。毕竟多数外来和尚只是讲他们自己的经，他们不了解我们企业的状况，不了解我们的企业文化、业务流程和企业的不足。

设想一下，一个企业要想发展提升，应该引进外来和尚，至少是引进外来和尚的经，让我们自己的和尚也学会外来和尚的经，他山之石可以攻玉。

我们应该正视自身的不足，要有自知之明，同时保持学习潜力，学会运用外来和尚的经。

丰田采购部部长曾经说过,丰田的精益生产没有企业可以学会。

为什么这么说呢?因为其他企业没有丰田精益生产的土壤,没有丰田的企业文化。因此作为深谙企业文化的内部采购人,我们要根据企业的实际状况来实践在外面学习的经验,要根据企业的文化转化实施好外来和尚的经。

我们要学习外来和尚的经,结合企业实际状况,将其运用到实际供应管理的实践中去。

以上我们探讨了外来和尚因其学识、经验、能力等所以会念经,得到企业领导认可,而家里和尚缺乏系统学习,系统总结,也令高层的难以认可。

但是我们学习外来和尚的经,结合自身长处,同样也可以把经念好。

三人行必有我师,扬长避短,便他山之石可以攻玉。

079

工作中取个英文名，有没有必要

作者：汪浩

取个英文名，不分职位高低，大家一起叫，气氛融洽，更有亲切感，更容易沟通。

最近两年，每到长假将至，网络上就会流行这样的段子。

"马上放长假了，那些北上广深写字楼里的 David、James、Jessica、Angela，回到村里，立马变成狗剩、铁蛋、小芳、二妮！"这些人的称呼一下子从洋气的英文名变成了小时候的乳名。

确实，在大城市特别是在外企工作的员工、从事国际贸易的人员，在工作中都给自己取一个英文名，在旁人看来他们很洋气。

其实并不仅仅是为了洋气，主要是为了工作方便。同事或者客户是外国人的话，不太会念拼音，也分不清哪个是姓哪个是名，记不住名字。

还有一种情况，有的人中文名字直接拼音念出来，让老外听了，容易误解。

同样，许多外国人来中国工作，为了便于大家记忆，也会取个中文名。可还是有人不理解，尤其是比较传统的人，觉得中国人取英文名或多或少有些崇洋媚外。

我从十几年前刚开始工作时就有英文名，所以，我常常在思考，为什么大家都要起英文名呢？到底是不是为了洋气？

我想来想去，觉得，还真不是为了洋气，也不是装。

十多年前，我所在的公司请来了一位澳大利亚的专家，到公司做培训和技术指导，为期两周，我做陪同翻译。

那段时间我和他一起工作。至今我仍然很清楚地记得那位专家的名字叫 Barry Dunwoody，六十多岁，是英国人，退休后移居到澳大利亚，穿着考究，西装领带，看起来非常斯文和严肃。

到了第二天，他突然悄悄地问我：Richard，我发现在你们公司里，没有人穿成我这样，在这里我也可以不穿西装不打领带吗？

我说：当然可以啊。

他很高兴地说：那太好了，那明天我就不穿成这样了。接着他马上就把领带解掉了。

这时候我发现，他显得没有那么严肃了，反而更有亲切感。接着他向我大诉苦水。

他说：以前我在英国工作时，每天都要西装革履地去上班，见到那些几十年在一起工作的同事，互相打招呼，但大家都不直接叫名字，他们从不叫我 Barry，而是说，早上好，Dunwoody 先生，我真的无法忍受。

所以，你叫我 Barry 就可以了，千万不要叫我 Dunwoody 先生。

看来英国人很古板啊，而我真的没料到这位年过六旬的 Barry 老先生的思想与一般的英国人不同，更加接近美国人的思想。

中国人很难理解，因为在中国的企业里，特别是国企，除了上级对下级以外，很少有直呼其名的，特别是新员工去一家公司上班，不知道如何称呼同事是好。

比如说，同样一个人，有人叫他刘经理、刘总，有人叫他刘哥、刘工，也有人叫他小刘，还有人叫他老刘。作为一个新员工，你真不知道叫什么好。

换作是你，你整天被不同的人用不同的称呼叫着，你也觉得烦。

现在看来，不仅仅是外企员工，越来越多的年轻人喜欢用英文名。而中文名，在上学期间叫得比较多。一旦进入社会以后，在工作中，人们互相称呼职务的比较多，叫名字的越来越少了，以至于有的领导职务比较高，工作中基本没人直呼其名，偶尔听到有人叫其名字反而会不习惯。

说实在的，名字取了就是给人叫的，但是中国文化博大精深，把大家弄得很苦恼，在工作中对怎么称呼显得很谨慎，生怕叫错了会让人不高兴。比如他明明是部门经理，你叫他刘工，他可能不太高兴。

其实在企业里，完全没有必要这样。在欧洲和美国的企业，大家都取个英文名，不用叫什么什么先生、什么什么女士，更没有中国企业那么多不同的叫法——什么总、什么经理，那样太有距离感。大家跟着老外一样叫，不分级别高低，不分年龄大小，也不看资历深浅，都直呼其名，这样同事之间气氛很融洽，互相之间也更有亲切感，容易接近和沟通。

所以我觉得，在工作中，为了同事之间称呼方便，取个英文名也未尝不可，并不是为了洋气，这也是一种企业文化的体现。

080

警惕处理缺料问题的误区

作者：卓弘毅

> 缺料如失火，先处理好问题，再分析深层原因。

老张是一名资深的物料计划员，在这家工厂里已经工作十多年了，他经常自诩是一名老职工。

由于在工厂里待得时间久，又经历过多次的体制和人事变动，老张凭借着工作的年资，被工厂内外的人尊称为张师傅。

老张学历不高，这是影响他升迁的主要原因，看着越来越多后进的同事都成了经理和主管，老张心中也时常有些愤愤不平。这种略带负面的情绪又时不时地影响着他的工作态度和处理问题的方式，导致领导对他的工作表现也颇有些看法。

在某个繁忙的工作日上午，物流部李经理神色匆匆地走进办公室，直接找到老张开口就问："老张，x12345 这颗料怎么缺货了，昨天夜班开始生产线就停了。早上开晨会的时候厂长问我这事，你赶紧把手头上的事停一下，把后续到货的情况整理一下，我待会还要去汇报。"

看到自己部门领导表情凝重的样子，老张也打起精神来核对订单和到货情况。

没过多久，老张就大致搞清楚了事情的来龙去脉，向李经理解释了情况。

"领导，事情我了解过了。情况是这样的，这个原料供应商以前是每周一、周四送两次货的，但是最近突然改为每周三送货，一周只送一次了，而且也没有通知我。还有啊，我看了我下的订单数量是够的，但是供应商没有按照我的订单量交货，这不关我的事。今天是周二，供应商应该是明天下午送货。"

焦急地等了半天，李经理只得到了这样的回复，不免怒从中来。虽然平日里他对老张这样的老员工都是以礼相待，但此刻他实在按捺不住内心的不满，说话的声音也不由得越来越大，周围的空气瞬间变得紧张起来："生产线从昨天夜班就停了，你说明天下午才能到货，我们就要损失差不多一天半的产量，我不能接受！这家供应商离我们这里也就是两个小时的车程，你让他们今天下午两点前一定要把货送到仓库，他们如果不肯送，你就自己开车去一趟，把货带回来。"

看到平时和气的领导变得这么严厉，老张突然像是被抽了一下，也忘记了争辩，一边应和着，一边转身摸出手机拨打供应商联系人的电话。

在费了一番口舌以后，供应商终于答应在中午之前派车，赶在下午两点前把货送到仓库，老张这才松了一口气，向领导汇报了情况。

李经理听完了以后，让老张持续跟踪到货情况，特地嘱咐了如有计划外的变动，要立即告诉他。

老张连连点头称是，看着李经理没有多说什么，心里暂时安稳下来。幸好供应商没有爽约，总算是在下午两点前把紧缺的原料送了过来，老张又赶紧通知生产部来领料，生产重新启动，这才算是过了关。

老张暗忖着今天真是不走运，被领导莫名训了一顿，整个下午都无精打采。

在工厂旧体制和惰性心态的影响下，老张早已习惯了一种思维方式，出了问题先看看能否撇清自己的责任，如果与自己无关，则"幸莫大焉"，如果是自己能解决的问题，就顺手处理一下，然后不忘记邀功。

对于自己搞不定的事情，他也不想多费精力，双手一摊了事。殊不知他的这套做法早就让领导不满,领导只是看在他资历深,碍于情面不便轻易发作,到了忍无可忍的时候,也就顾不得什么了。

把中国男足成功带进2002年世界杯的传奇教练米卢,有一句经典名言,"态度决定一切"。

在处理缺料问题的时候,老张的工作态度有待商榷。与其辩解,不如先处理缺料,然后再来分析问题的根本原因,最后给出解决方案,这才是正确的处理方法。

(1)先处理问题

当火灾发生时,消防员都是先考虑如何救人,然后再来分析着火原因。

缺料如失火,如果只想着如何推卸可能的责任,而不是保障内部、外部客户的权益,就会错失最佳补救的时机。

要先了解清楚缺料的影响,包括自己工厂生产线的停工情况、成品仓库发货的延迟情况,甚至是客户端的销售损失情况,根据影响的严重等级和可能造成的损失,来执行不同级别的补救措施,目的就是减少事故给工厂带来的终极影响。

对老张来说,他应该首先去了解短缺的数量,计算出需要维持生产运转最少的需求量,然后再让供应商立即把这些原材料送到工厂,把生产停线的损失控制到最小。

(2)分析根本原因

在解决了缺料的危机以后,接下来要做的是分析问题的根本原因。我们这样做是为了找到引发异常问题的根源,而不是找出一个替罪羊。

只有主动地攻击问题的根源,才能一劳永逸地彻底清除隐患,杜绝同样问题重复发生的可能性。

指责别人是一件容易的事,但是根除病灶需要花一番力气,要改进流程,补缺漏洞,甚至是触动一些人的奶酪。

原因分析需要客观和有理有据。相关的工具有鱼骨图或是 5Why 分析法。

老张已经对问题进行了初步的分析，但是还没有到刨根问底的程度，这样无益于缺料现象的彻底解决。

比如供应商为什么擅自减少送货的频次，为什么不能按照订单数量交货等，这些有待于进一步深度挖掘，或许他会发现意想不到的情况。

081

如何不让会议沦落为"浪费时间"[1]

作者：大卫·科特莱尔　译者：汪浩

开会是有成本的。

每一个领导者都要推动会议。开会从本质上来说，并没有错。如果开会用来讨论局势、制订计划、决策行动、角色分工，以及在集体完成一些事情之前进行激励，是很有必要的。那么，为什么"会议"这个词有着不太好的隐含意义呢？因为，对于那些经历过会议时间被用在一些无关紧要的琐事、错误的目标、个人的炫耀和无聊的事物的人来说，它意味着"浪费时间"。

开会是有成本的，它可能是利润表中没有显示出来的一项最大支出，很多的时间、金钱和注意力都浪费在会议上了。然而，如果一个会议是切中要点的、聚焦的，能够快速完成目标，然后终止——也就是说，没有浪费时间——就是好的投资。

至于如何改善会议，使之更加有效，你的团队成员应该可以给你一些很好的建议。你要听取他们的想法，他们会主动让会议变得更加有效。

以下几点建议，可以帮助你让会议变得更加有意义：

a) 不要有"固定日期会议"综合征，参加这样的会议只是因为它是定期召开的。要确保每一个会议都是绝对有必要的。常规的例会通常不是一项很好的投资。

b) 大部分的会议都是可以在其现在所用时间的一半以内完成的。作家

---

[1] 本文选自 *The First Two Rules of Leadership*。

罗伯特·奥本有句话说得很好："有时候我感觉在今天的美国，人们面临的两个最大的问题是让收支平衡和让会议结束。"这真是一针见血。

c）在工作日程上，要从最重要的事情开始，一直到最不重要的事情，按照这个方向去工作。这样的方法，确保你把需要完成的事项都覆盖到，对那些重要的事项没有仓促行事。如果你花费几千美元的成本开会，只是为了解决一项价值上百美元的问题，这绝对不是一项很好的投资。你要关注那些重要的事情，并按照日程安排去工作。

可能在会议管理上，最简单有效的方式就是严格按时间来开始和结束会议。不按时开会，是对人不尊重，也是一笔很差的投资。

如果有10个人参加会议，会议晚了3分钟，那你就浪费了30分钟时间的生产力。另外，避免对晚来的人进行内容的重复。因为如果你重复了之前讨论的内容，那你就是在奖励迟到的人，惩罚按时来参会的人。对迟到的人应该惩罚，而对那些准时到，并准备充分和进行有效会议的人要进行奖励。

准时结束。如果你的会议定在3点结束，那么，到了3点1分，每个人都开始看手表，他们在想会议到底什么时候才能结束。如果已经超过了预定的结束时间，那么可以确定无疑的是，参加会议的成员心思都不在会议上了。

d）不要掉进疲劳战略的陷阱，在做出决定之后，人们会不断"推销"自己的观点。有些人会再三坚持他们的观点，直到你厌烦了，对他们妥协，给了他们想要的。你千万不要掉进这样的陷阱。设定每个事项的时间限制，并持续前进。

e）边吃饭边开会？总体来说，我的原则是从来不要边吃饭边开会。要么先吃饭，要么先开会，两者不要同时进行。如果一个报告值得花时间，所有人都可以优先关注，这比吃任何东西都值得。当然，中途可以有一个30分钟的午餐时间，大家短暂休息一下。

在会议或者电话会议开始之前，把相关信息发送给所有参会的人去阅读和了解，这是一个很好的方法。但是，期望参会的人在会议之前阅读，然后你在会议或者电话会议开始之后，再阅读一遍，这并不是一个很好的方法。

　　如果你在会议开始的时候，会跟他们阅读一遍这些信息，那么他们为什么还要提前去看呢？这是愚蠢的做法，不要重复阅读信息。你可以假定他们都已经阅读了你让他们提前阅读的信息，然后充分利用你的时间，推动下一步的进展。

082

为什么有"权"力的人容易没出息

作者：宫迅伟

不要忘记权力是谁给的，心怀感
恩，淡定从容！

我常常有一种感觉，就是有"权"力的人常常没出息。

不信，你可以做个统计，看看那些有"权"力的人最后结局如何。

落马的官员都是有权力的人。我了解的国内某著名公司，某个岗位非常有权力（注意是销售岗位，不是采购岗位），我算了算，至少有10个"总""进去了"。

当然，我说的没出息，不是单指"进去了"。事实上，这些有"权"力的人，无论是职务发展，还是技术提升，往往都不是人们感觉的那样，或他自己期待的那样，更不是"规划"的那样。

为什么呢？

（1）有"权"力的人，容易"擅权"

"擅权"指的是专权、揽权，也就是容易做出超越权限的事，或者是用权力做坏事。如果权力不被制约，就很容易出现各种问题，这种制约除了"关进笼子"，自我制约也很重要，这种制约产生于信仰、价值观和自身掌控权力的能力。

我的父亲曾经教育我一句话，"当一个人的能力和德行不能驾驭这个权力的时候，这个权力反过来就会害了自己"。我非常认同这个观点！

你看那些贪腐的人、被历史抨击的人，都是没有正确使用权力，最后人们对他们的评价往往是"忘乎所以""胆大妄为""唯我独尊""专制"。

有"权"力的采购也容易这样。当别人向他推荐供应商时，他总是认为不行，觉得别人"有问题"。领导推荐供应商，也不行，认为领导肯定"有问题"。当供应商说 NO 时，非常恼火，必须让供应商服从管教。

他管的事别人休想插手，他觉得别人都是有企图的，只有自己为公司负责。

其实到此时，这位采购已经成了孤家寡人，离失败不远了。

前几天，供应商管理课上，一个学员就跟我讲，"老师，你说的这些话，我很受用……"

（2）有"权"力，容易招致嫉妒，成为"众矢之的"

有"权"即意味着可以调动资源、分配资源，别人会有"求"于你，于是就容易出现"羡慕、嫉妒、恨"。你只要有一点问题，就会被放大传播，即使没有问题，也会被个别人想象出问题来，添油加醋、越传越真。于是你就变成了一个"坏人"。

这其中夹杂着很多人性的弱点。

比方说，作为采购，供应商给你送包茶叶，如果你送给了隔壁办公室，他心里就会想，你肯定还有好多没拿出来；如果你不送，他们又会想，这个家伙吃独食；如果你说"我从来不拿"，人们又会说"此地无银三百两"。

二十多年前，我做一家汽车公司的采购部部长，是公司最年轻的部长，其他部长年龄最大的比我大 24 岁。为尊重前辈，一起出去吃饭时，通常我都主动买单。可是有一天，一个部长跟我抢着买单，结果另一个部长说，"让宫部长买吧，反正他会找地方报销"。从此我再也不主动买单了。

（3）有"权"力，容易"飘"，错把"权"力当能力

有权力的人，通常自我感觉良好，对自己的认知超过了自己实际的能力。

比方说，有权力的采购，很多时候接触的是供应商的总经理。供应商每天围着，预约排队，于是这个采购周边充斥着恭维，采购就会经常对供应商总经理"批评指导"，感觉自己很有"能力"。

我的一位朋友是一个民企总经理，他给我讲过一件事。他说，有一次去拜访客户，拜访对象是客户的一个"采购"，这位采购振振有词，说"我要是你，就好好抓抓管理，好好提升员工技能……要用实力争取订单"。

这话听上去没错，可是，作为客户你从来不给他预测，给了预测也毫无准确率，供应商怎么"均衡生产"？你从来不及时给供应商货款，你让供应商怎么"现金流平衡"？你经常变更设计，供应商又怎么能"保证质量""准时供货"？

前些天，我与一位采购总监聊天，他原是一家民企的总经理，再之前是一个外企的采购经理。他说，做外企采购经理时总觉得那些供应商很笨，结果自己去当了总经理之后，发现自己更笨，说说容易，做起来真的很难！

权力绝对不等于能力！

如今，他的感悟很多，现在又回过来做采购总监，他对供应商的态度也不一样了。

所以，有"权"的人，内心一定要"淡定从容"，不"擅权弄权"，要"找准自己的位置"，不要忘记"权力是谁给的"。要处理好"周边的人和事"，不断提升能力和功力。做采购就要做一个专业的采购，这样才能不失足、有出息。

友人的一句话，我一直视为警钟：别人把你当回事的时候，千万别把自己当回事，别人不把你当回事的时候，一定要把自己当回事！

人生当如此！

083

缺料之痛：愿采购的世界里再无缺料

作者：姚何

> 动用一切力量，想尽一切办法，保证正常交付，这是采购人员的天职。

前几天看到一篇帖子，题目叫：没有经历过缺料的采购，人生是不完整的。文中讲到的情况，让我仿佛又回到自己当年峥嵘采购岁月，感触颇深。

缺料，恐怕是采购最怕面对的情况，恐惧指数比降价还要高。因为降价毕竟有缓冲时间，可缺料也就是一两周的事情，搞不定就意味着停线，那事情就大了。

先不谈如何预防缺料，这次来聊聊我所经历的一些追料案例以及我的感悟。

（1）案例一

有一次贴片和二极管、三极管缺货，我了解到主要是因为市场价格上涨，供应商供货意愿不足。

我就实地到了供应商处，和主管销售的总经理进行了商谈，晓之以理、动之以情，最后这位总经理答应增加一些量给我们。

当时主要是边谈边在白板上修修改改，我们没有做笔记。

这位总经理有事要着急离开，没办法，我就硬拉着他跟我在会议室的白板前拍了张照片，白板上有我们会谈的内容，什么时间、什么型号、给多少货。这个情景至今还让我们几个印象深刻，都说没有见过这样追料的。

总结：在和供应商商谈好供货计划后，必须留有证据。

最好立即把所谈内容书面记录下来，双方签字确认，总之不能简单地口头协商好。这样做，一方面供应商会感觉到压力和公司的重视程度，同时不好意思出于一点小原因就变动交货计划；另一方面你回到公司就有了上报的证据。

（2）案例二

这一次缺料，供应商是外地的，我打电话过去了解到，缺料大致是因为材料价格上涨，申请涨价我们一直不批。

这个器件也有别的客户在要，分货有侧重。同时我也了解到这个供应商的销售经理这几天要来我司所在的城市出差，不过我们不在计划行程中。

了解到这个情况，我就主动邀请供应商到我们这里来，并提出我可以去机场接他，他不好意思就答应下来。结果那天飞机晚点，原计划下午四点到，实际七点才到，他也没让我去接，他们当地办事处有车去接了。他落地后打我电话，结果我还在等，他有些意外。

他过来之后，大家简单把情况说清楚，我提出要请他吃饭，他也没有拒绝。

结果这位销售经理回去后没有几天，就给我们发来了更新的交期表，完全满足了当时我们的需求，后来我离开这家公司不久，有前同事给我打电话，请我帮他联系这位销售经理，说他打电话人家根本不理睬，还一个劲问我的情况。我给他打电话过去，把我的情况给他说清楚之后，缺料的问题也一并请他帮忙解决了。

后面再和这位销售经理交流后我才了解，我是第一位等到下班还在等他的采购，也是第一位要请他吃饭的采购。就这一点，让销售经理觉得被尊重，自然就愿意为我的请求多努力一点。

追料时，常常会遇到这样的情况，就是看销售经理是否想帮忙。反正是分货的事情，哪家多分一点，哪家少分一点，反正怎么分都是错的，同时怎么分又都是对的。供应商愿意帮你，缺料的问题自然就能解决，供应商不愿意帮你，你就要检视一下自己平时的作为了。

跟供应商销售人员或者老板保持良好的关系，作为采购，在业务上确实占有一定的主动权，但如果滥用职务赋予的主动权，不尊重供应商，刁难供应商，等到追料的那一天，主动权反转时，采购人员就会陷入被动、尴尬的境地。

（3）案例三

这次是一个器件的制造商供应两个 OEM 客户，我们是其中一家，另一家在国外。而我们两个公司用这个器件做出的产品供应国外的同一个大客户。

这个器件的制造商生产出来的器件有一批出现品质问题，可品质好的器件已经打包要发给国外的客户。

要生产新的产品，却没有原材料，原材料进货周期是 4 周，生产要 1 周，也就是至少 5 周以后才有东西给到我们，而我们将在 2 周后开始用到这批器件。

当时了解到这种情况，我真的是想死的心都有了，打电话了解清楚情况后，跟他们的销售经理无论怎么商量，供应商都不同意把品质好的器件部分给我们。

正在绝望之时，我突然想起十几年前我跟他们公司的销售经理认识，但他的名字我都已经记不得了。于是我就找以前的朋友，问到这个人的名字，以及他还在不在公司。没想到这个人现在已经是这家公司的总经理了，销售经理还给了我他现在的电话，说是让他出面，应该能协调好问题。

当我打电话给这位总经理时，他应该是已经不记得我了，我讲了几件事情之后，他才回想起来。了解到我的情况和想法后，他答应出面协调一下。

结果第三天，当我再次打电话给销售经理时，我得到了我想要的结果，一是从打算给国外的货里面分一部分给我们应急，二是让采购催原材料供应商，提前2周供货，这样就可以满足我们的生产了。

动用一切力量，想尽一切办法，总之就是要保证正常的交付，这是采购人员的天职。

到了这个时候，采购人员不能再去想这是公司的事情，我不会动用自己的资源等，在公司任职，就得为公司解决问题，所谓"拿人钱财，与人消灾"就是这个道理。同时要注意积累资源，往往有时不经意的一些人会帮你解决你看似不可能完成的任务。

总有一些让采购猝不及防的缺料会冒出来，怎么办？

作为采购，保证物料正常供应是天职，不管什么原因造成的缺料，到采购这里，你没有任何借口和理由去推脱，能上要上，不能上也要上，这个时候与其找理由推脱，不如主动请缨，尽最大努力去解决问题。

要有舍我其谁的果敢！

追料的过程，不仅考验采购人员的应急能力、资源把控能力，也反映了采购人员平时与供应商相处得如何，如果大家是吃吃喝喝的酒肉朋友，真到这个时候，供应商是不会真心帮你的，毕竟如果出现了缺料最后又自己解决了的话，肯定是供应商承担了一定损失的。

作为采购人员应该对缺料有一定的预判。

比如原材料涨价、春节临近、哪家大公司发生火灾、某个地方地震等这些消息，你要时刻保持敏感，第一时间做出反应，跟相关的采购、计划、业务等人员密切沟通，跟对应的供应商深入沟通，必要时到供应商处实际了解情况。做到反应速度最快，才会尽量减少追料的发生。

084

向供应商催货的三个段位

作者：卓弘毅

看完此文对照分析一下自己在哪个段位吧。

催货不等同于催债，供应商欠的是货，而不是钱。欠钱的是大爷，但欠货的并不是孙子。

物料采购的一项重要工作，就是要让供应商能按时足量地把订单中的货物交上来。如果供应商不能做到按时足量交货，采购就需要施展各种"武艺"，和供应商进行高效沟通（打电话发邮件），晓之以理（再不交货就换供应商），动之以情（这次保证不给你开承兑汇票）。

在催供应商交货这件事上，最能够看出不同采购供应链人员的业务能力。有的人遇到了困难就双手一摊，表示搞不定了；有的人能够找到合适的解决方法，可能过程还有点不可言说。

还有极少数狠人，在处理掉问题以后，还可以反手给供应商上一课，让他们长点记性，这种操作就挺高级了。

如果用"小宇宙燃烧程度"来分类，燃度0%为小白，50%为老兵，100%为勇士。

（1）燃度0%——知难而退，委委屈屈

小王从事采购计划刚满两年，由于性格比较内向，他更喜欢研究数字，而不擅长与人打交道。

采购的工作注定是要经常与人沟通的，遇到了供应商交货异常的情况，无法按时交货的时候，写写邮件是不能解决问题的，小王需要和供应商的销售甚至是老板直接联系，催促交付。

"Lassie，你们公司的逾期订单价值已经超过 10 万元了，请问你们的出货计划是什么？"

"王先生，我们公司最近遇到一些情况，不瞒您说，我们的生产线产能紧张，所有的客户都在催着我们交货，我天天盯着生产部，一有货做出来，我就会安排的。"

小王皱了皱眉，说道："你上周也是这样说的，还说等到新机器调试好就可以提高产量，那么请问新设备准备得怎么样了，什么时候可以投入使用？"

"我们的设备是快准备好了，但是最近是农忙季节，我们很多工人请假回老家了。不瞒您说，我天天盯着人事部招人，就恨不得自己跑人才市场了。"

小王痛苦地捂住了脸，强打精神说道："你们工厂常年都缺工人，这个借口我已经听了一年多了，你们有什么解决的方法吗？"

Lassie 在电话里叹了口气，"王先生，不瞒您说，我只是一个小销售，缺工人的事情已经超出我的能力范围了，要不您直接联系我们经理吧……"

小王无奈地挂掉了电话，拿起了本子去找他的主管汇报工作，这件事情也超出了他的能力范围。然而，迎接他的不会是领导的和风细雨。

（2）燃度50%——小施惩戒，点到为止

老杨是供应链部门的主管。作为中层管理人员，他左右逢源，上下里外全都搞定。平日他主要精力放在了保障客户生产不停线、内部原料不缺货的工作上面。

这段时间，交货老大难的供应商又给老杨添堵了。连续多日交货不稳定，主要原因还是这家供应商的产品质量不合格，报废率太高，又加上产能有限，明明只能做一定量的生意，却偏偏要接超出能力范围的订单。

要不是看在报价低的份上，谁会向这家来采购原料。由于合格产量低，老杨每天都要跟踪供应商交货量、工厂生产计划和产出数量，安排货车给客户送货，每个月运费都会超出预算。

老杨早就向大领导反映过这家的情况，每月的 TOP3 最差供应商这家都榜上有名。公司也已经停止了新业务开发，给了时间期限勒令供应商整改，但是改善效果不会立即实现，开发替换的供应商也需要时间和资源，老杨也只能暂时忍受这个局面。

好在供应商的老板李总态度很好，自知理亏，基本做到骂不还口的境界，搞得老杨也发不出脾气。尽管如此，老杨逮到机会也要"教训"一下李总。

有一次李总打算亲自开着轿车来送货，老杨心里一盘算，可逮到机会了，我天天被客户催得像孙子一样，这次要让这位李总长长记性，让他以后好好交货。

老杨先在电话里询问清楚了这次送货的数量和原料规格，再和生产部确认了生产计划以后，制订了一个出货的计划，而供应商李总也要出点力。

"李总，感谢你这次亲自来送货，由于你们之前欠货太多，今天下午到货后我们立即安排生产，晚上还要给客户送过去。"老杨在电话里先交代了背景情况。

"是的，真不好意思，又给你们添麻烦了。"李总应声道。

"由于生产安排的关系，今晚要分两批才能把客户的货发走，第一批在晚上 11 点发货，我已经安排车了，但是第二批货做出来的时间是隔天凌晨 2 点了，我找不到运输车辆，所以想请李总帮个小忙。"

虽然不知道具体要帮什么，李总也只能回道，"有什么我能做的，你尽管说。"

老杨不急不缓地说："其实也没什么，就是想用李总的车，帮我们把第二批货直接送到客户工厂去，我算了一下路程和时间，应该是赶得上客户明天早班领料的，就是要李总辛苦跑一趟了。"

听到了这个要求，李总深吸了一口气，但转念一想，这次只要自己出点力就好了，别罚我钱就行，于是就答应了下来。

等到李总的车到了老杨工厂，简单寒暄几句后，老杨再把凌晨送货的安排和李总仔细讲了一遍，确保对方都搞明白了，毕竟李总不是专业司机，一些交接货物的细节要讲清楚。

当然老杨不是真的找不到物流车辆，只是想借这个机会给李总一点教训，让他也感受一下被客户催货支配的恐惧而已。

（3）燃度100%——先礼后兵，赏罚分明

Sandy最近从知名的《财富》500强外企，跳槽到一家工厂任采购部经理。她为人低调，工作细致缜密，做事逻辑性很强。

Sandy新官上任没有放上三把火，而是把所有交货表现差的供应商都仔细地捋了一遍。供应商们看Sandy年轻，资历也不深，貌似不是什么厉害的角色，就没太把她当回事。

Sandy经过一段时间的观察，发现在最初签订的供货合同里，没有关于交货表现未达标的惩罚性条款。

于是她趁着重新签订合同的机会，增添了一些交货条款的补充内容，包括工厂因为缺料造成的各项索赔计算方式，超额运费需供应商承担，还规定了每次物流事件的处罚金等。

接下来Sandy正式地在供应商大会上宣布了这些新内容，并让供应商代表们都签字画押留档。

工厂以前也制定过类似的考核指标和罚款机制，但是从没有认真执行过，所以供应商们也没多想，以为这次Sandy就是走个过场。

过了一阵子，采购部把交货表现最差的几家供应商老板一一叫过来开会，还郑重其事地把工厂总经理和财务总监都请来。

在会上，Sandy把之前统计的交货情况如实汇报，并且提供了因为延迟交货而给工厂造成的直接与间接损失，最后把一张张罚单放在了供应商老板

的面前。

老板一看罚单上的数字，都快赶上自己小半年的净利润了，当场惊得出了一身冷汗。

Sandy在会前就和总经理和财务沟通过了，由于供应商交货及时率差给工厂运营造成了负面影响，损失金额都是有理有据地计算出来的。如果想要改变工厂被动的局面，必须通过对供应商实行罚款来杀一儆百，倒逼着它们重视交货问题。总经理和财务都一致赞同Sandy的做法，这次开会就是来给她站台撑腰的。

供应商老板眼看无力扭转局势，以后还要傍着工厂做生意，不能彻底翻脸，于是就祈求少罚一点钱。

最后协商下来，Sandy对于给工厂造成直接损失的部分，采取50/50分摊办法，其他的罚款就看供应商是否能如期兑现整改的承诺而定。

供应商老板虽然很不情愿被硬生生地"拔毛"，但也无可奈何，只能心里感慨，"这个Sandy不寻常"。

催货是个技术活，如何让供应商配合采购的工作，体现出采购供应链人员的职业素养和能力水平。与供应商斗智斗勇，保障物料的按时足量供应，这就是采购的修行。

各位同行，来看看你的处理方式，是在燃度多少的位置吧。

085

领导为什么让你去供应商现场追料

作者：姚何

去现场远比在电话里说1000遍都有用，同时直接面对供应商生产、计划人员能收到意外效果。

发生缺料时，一通吵闹之后，领导最后拍板，谁谁谁，你去供应商那里追料！你又不是供应商的生产人员，去了不仅帮不上什么忙，还要人来接待，给供应商增加麻烦。可为什么领导总是最后拍板，让你去现场呢？你有想过这个原因吗？知道去之前应该做哪些准备吗？知道去了之后应该怎么办吗？

（1）为什么要去供应商现场追料

第一，到供应商处，给到供应商的压力远比你在电话里说1000遍"我们很着急，要停线了"有用。

第二，实际了解供应商的现场情况，比供应商跟你说更加靠谱。

第三，直接面对供应商的生产、计划人员，往往能收到意想不到的效果。

（2）去供应商处追料，要提前做好哪些准备工作

第一，查询与该供应商的合作记录，了解曾经发生过哪些较大的事情，是好事还是坏事，怎么发生的，怎么处理完结的。

第二，了解所追物料的主要加工工序，知道瓶颈工序是哪些。

第三，了解缺料的原因是什么，关键在哪个工序，最好有初步的对策方案。

这些准备工作做好之后，你就可以出发去供应商处了。注意一点，去供应商现场之前先给供应商打个电话，提前说一下行程安排。

专门提出来说，是因为这点很重要，容易被忽视，提前打个电话，一方面是对供应商的尊重，为接下来的追料创造良好氛围；另一方面是给供应商提前准备的时间，说不定就在这个时间，他就把你要的料搞上线生产了呢。

到了供应商处，你的关注点只有追料一件事情，其他所有的问题都忽略。即使看到不合理的地方、不满的地方，这个时候也不要提，要营造良好的沟通氛围，就谈如何保证及时交付这一件事情。

能见到更高层级的人员尽量要求见，有时候供应商的人员为了逃避责任，不愿意让你见到他们的领导，你得注意这一点，层级高通常意味着能调用的资源更多，更能直接做出决策。

（3）一定要见到生产、计划人员，给供应商生产、计划人员足够大的压力

生产、计划人员一般有两个特点：一是会给自己留较多的余量，二是不常跟外面的人打交道，对客户有天然的畏惧感。

要跟他们直接面对面，排生产工序细节：什么时候能上线，第一步要几天，第二步要几天等。先让他们说，你写出来，以便你下一步改短时间用。

到你说的时候，你的专业水平和谈判水平就需要实时展现出来。

要能敏锐地发现他们计划里面的水分，并挤出来；即使没有水分，也可以提出别的方案，缩短时间。这样做不是说要按照你的想法去执行，而是引导他们思考，因为大多数计划人员思维已经固化在原有模式里面了。你提新的方案，是让他们去想别的可能性。这一步最关键的就是什么时候能上线！一旦上线了，弹性就很小了，毕竟生产有自身的规律，但什么时候上线，那

时间弹性就很大了。

必要情况下,你可以考虑承担部分供应商因为赶料所发生的损失,当断则断,不要因为一些细枝末节影响了追料大计。你在现场,认为这个费用确属必要,跟供应商沟通过也还是没有办法省掉,那就立即请示,领导同意后就答应。果断不是让你独断,涉及额外的费用,必须向领导请示,得到授权后才可承诺。

(4)现场追料的所有结论,都必须有书面记录,并经过双方签字确认,防止生变

在回到公司之后,至少每天一个电话跟进确认进展情况,确保你给供应商的压力能持续到安全拿到货。

千万记住一点:追料,是以物料到公司并通过 IQC 检验合格入库为标志的,在此之前的所有承诺、协议都可能会发生变化,必须要时刻保持警惕,防止生变。

086

不会搞气氛，怎么带团队

作者：大卫·科特莱尔　译者：汪浩

> 及时提供激励，能创造一个利于成长的正能量的氛围环境。

每一个工作团队里，都有一种气氛存在——正面或负面的都有。

你的角色就是持续调整温度，给你的团队提供最有效的气氛，让他们成长。

就像在一个温室里，调整好温度，提供合适的环境让植物成长，所以你要控制住你团队的气氛调节器。

（1）团队气氛是必然存在的

你的团队气氛在你没有做任何事情之前就已经存在了。

现有的气氛可能是正面的，也可能是负面的，但是已经存在了，温度也在频繁变动。有时候你都不知道当前的气氛是怎么样的，但它依然存在，不管你有没有意识到。

除了每天调整变化的气氛，作为领导者，你个人肯定是会影响气氛的。不管你知不知道，你做的每一件事，或者你没做的事，都会影响气氛。

大多数人都能够意识到他们的行动是怎么影响气氛的，但是很多领导者低估了当他们无所行动时对团队带来的影响。

⊖ 本文选自 *The First Two Rules of Leadership*。

不管你做了什么，或是没做什么，你都控制了气氛和环境。

那么，怎么样能够创造一个利于成长的、有效的、正能量的环境呢？

（2）持续地提供激励

对你来说，最好的方法就是持续地提供激励。

但在你开始用激励来调整气氛之前，如果你的团队里每一个人都不知道该做什么和为什么要这么做，那你就是在浪费时间。

没有弄清楚做什么和为什么，你做任何再好的激励都是无用的。不能回答做什么和为什么，你的团队气氛将会停留在让每个人最舒服的任何温度水平。

长期的气氛变化需要持续不断的激励。这种激励并不需要多么重大或者昂贵——一切都重要，每件小事都有关。

小到什么程度呢？

小到写一个简单的感谢信寄到员工家里，小到当有人正在度过自己的个人危机时打一个电话，小到当众表扬一个人，小到员工过生日时打个电话问候一下，小到关心一下他们的家庭情况。

你的团队成员需要感受到，你确实在关注他们。

（3）激励要真诚、具体

你的激励必须是真诚、具体、及时、针对个人的。

如果你不真诚，别人就会看穿你。不真诚的表扬将会给气氛带来相反的效果。在解读领导是否有诚意时，大多数人都是专家（至少他们自己这么认为）。

虚情假意的激励是有风险的，一定要真诚，或者等到你可以真诚的时候再激励他们。

如果你在激励的时候不具体，那可能是在浪费时间。

你可以告诉某个人说，你的项目报告做得很好，但到底哪些是你希望继续保持的呢？具体一点来说，这份好的报告主要好在哪里？

但是如果你告诉他们，"非常感谢你做了一份很好很详细的报告，我特别喜欢你列出的下周行动计划大纲"，这样你就告诉了他们对你来说特别重要的是什么。"我特别喜欢"这个词是给出具体反馈的一个非常好的词。

（4）激励需及时

你的激励需要及时。对你想要加强的地方，你表扬得越快，效果就会越好。

如果你等了很久才去表扬，他们会认定你根本不在意。那么你就需要花费两倍的努力，才能得到相应气氛。

（5）激励要针对个人

你的激励必须是针对个人的，不要用对你而言重要、对别人不重要的东西去激励别人。

用一个对别人来说丝毫不重要的东西去奖励别人，对你来说没有任何帮助，不管这东西对你有多重要。相反，这也许还会带来坏处。

我明白这个道理，是因为若干年前我用一张足球赛的门票奖励了一个表现优异的人。这张足球赛门票对我来说非常重要，于是我在团队中发起了一项竞赛，胜利者将获得我的"珍贵的"门票。

赢得这个比赛的人并不是一个足球迷。对我来说简直无法相信的是，他居然不知道还有这样一场比赛。虽然他去看了比赛，但比赛对他来说没有什么意义。

后来我发现他是一个电影爱好者。如果当时我给他的是电影票，他肯定会很高兴。这对我来说不但少花很多钱，更重要的是，对他来说也更有意义，而且他会获得更多的快乐。

这是不是一个教训？旁观者看得更清。

如果要展示你的关爱，你要了解清楚对每个人来说重要的是什么，关爱才能体现出来。

（6）激励不一定要正式

认可别人不一定要正式，也没必要搞成一个特别大的事。

有大量的方法可以用来提高你的团队气氛。加利福尼亚的一家高档酒店，给他们"月度之星"员工发一本儿童书《小火车头做到了》。

你可能记得这本书："我觉得我可以，我觉得我可以，我觉得我可以。"最后他做到了。用这些针对小学生的简单的东西对成年人似乎有点傻，但确实有用。

当然，并不是书本身或者故事本身起作用，起作用的是CEO在书上的签名，他认可他们的成绩。不管你的财务预算有多紧张，你总是能够找到激励团队的方法。请找到最合适的激励团队的方法，并经常使用这些方法。

控制好你团队的气氛是一项全职的工作。

你的团队可能被一些负能量的人包围（这些人到处都是），他们喜欢触及所有人的工作氛围。虽然他们对你团队的影响力没有你大，但他们可以用冷嘲热讽、负能量和悲观情绪来把你团队的氛围打乱。

注意观察，是谁在给你的团队氛围传递负能量，并及时扭转局面。

当你在创建一个利于个人成长和成功的气氛时，每个人都在享受成长和成功。

对你自己和别人来说，最伟大的礼物是通过提升来激励他们。如果你每天都在激励你的团队，当他们开始问你可以做点什么来激励你的时候，千万别感到惊讶。

这就是正确的方式，你激励别人越多，别人激励你也就越多。

第四部分
职场快车道

身在职场,你需要了解职场"江湖";想进入快车道,你需要了解职场规则。

同样的职业选择,为什么有的人发展不同?同样的起点,为何别人比我快?同样的努力,为何机会总是别人的?为什么有的人什么都明白,却过不好这一生?

本部分收录了"宫迅伟采购频道"公众号刊登的一些资深职场人的感悟,都是真人、真事、真感悟。如何驶入职场快车道?让我们听听他们怎么说。

087

为什么采购"干不过"销售

作者：宫迅伟

这个问题，值得每个采购人
思考。

培训课上，我常常问学员，是采购"厉害"还是销售"厉害"？

大家常常说，当然是采购厉害！

我说，为什么说采购厉害？大家说，现在是买方市场，我不管三七二十一，先砍他一刀，不行我就买别人的，所以那些销售都拼命"巴结"采购。

这话听起来似乎有道理。

但我会继续问，公司会选择什么人做采购？

大家思索下，有人说要懂技术，有人说要懂沟通，有人说要懂商务，但一致的回答是：做人实在，老板放心！

又问，会选择什么人做销售？答，能说会道，头脑灵活！

再问，公司给采购培训多，还是给销售培训多？答，当然是销售。

然后问，公司是给采购"经费"，还是给销售"经费"？答，当然是销售。

接着问，是采购懂产品还是销售懂？答，销售！

采购买那么多东西，怎么可能比销售懂，也不可能比销售还懂所在的行业，更不可能比销售还懂所在企业。

继续问，既然这样，不懂产品、没有受过专业训练、没有经费、做人实在的采购,和懂产品、受过专业训练、有经费、做人灵光的销售碰到一起,结果如何?

最后问,采购厉害还是销售厉害?

接下来继续对话。

一问,是采购主动还是销售主动?当然是销售主动!

二问,是采购善于表达成绩还是销售?当然是销售!

三问,是采购善于沟通还是销售?当然是销售!

四问,是采购善于了解客户需求还是销售善于了解客户需求?销售!

五问,公司里谁是我们的客户?生产、研发……突然醒悟,是老板!

最后问,一个不主动、不善于表达、不善于沟通、不善于了解客户需求的采购,遇上一个主动、善于沟通表达、了解客户老板需求的销售,谁会得到赏识?

采购"厉害"还是销售"厉害"?

全场静默,思考中!

我做采购20多年,深刻体会到,做采购时间长了,容易养成一些不好的习惯,这些习惯会被带到日常的工作沟通和人际交往中。它们影响着采购人的职业发展。

当然,采购有采购的"强项",课堂上,我将26年的职场经验与采购朋友们分享,讲如何做好采购,如何做一名专业的采购人员,采购人员的职业生涯该如何规划。

大家收获很多。

北京一个学员曾经专门打电话给我,说我到了北京他一定请我吃饭。我问为何?他说,老师课上一句话对我影响很大,改变了我一些做事的方法,现在觉得工作顺畅,升职了!我说,那好,这顿饭我去吃!

那一刻,做老师的成就感、幸福感内心涌起,泪湿衣衫!

088

是什么限制了采购人的职业生涯

作者：宫迅伟

职场成功，很大程度上取决于知名度！

我在做培训的时候，经常有学员问我：老师，我现在做采购，以后能做什么呢？前几天我给一汽大众的供应商进行培训，有个学员就问我，"我未来的职业目标是总经理，我怎样才能当上总经理呢？"

我一个朋友，做过生产，做过采购，后来做了销售，现在是市政府领导。前不久我们一起吃饭，他说，我做了销售工作之后，明白一个道理，就是总想着给别人创造价值，不像你们采购，总是想着从别人身上获得价值。这话让我有点汗颜。

如果你主动跟别人沟通，主动跟别人交换名片，那就会不一样。多递一次名片，就多一次机会；多结识一个人，就增加了一份可能。可我发现采购很少给老师递名片，相互之间呢，也不主动认识同桌。那么大家想想看，如果我手上有个机会，我给谁呢？当然先想到我熟悉的，经常主动联系的人。那些不主动的采购就失去了这些发展"机会"。因为是老师，经常有公司老总让我推荐采购人，对此我感受非常深！

长时间做采购，我们容易养成一个习惯，就是总在"等待"。做采购通常也确实能等来，因为供应商很多，销售总会主动找到采购的。但是，职业"机会"呢？机会不会主动找到你，机会不会在人群中苦苦去找你，机会要你自己找。

我们在每年12月会搞一个活动，叫"中国好采购"评选活动，目的就是给采购人提供平台，让他们展示自己，提供与同行交流的机会。大家在这个场合，可以结识相当多的同行，聆听总裁、猎头、专家、老外心中的"好采购"是什么样子，聆听物流、销售又是怎么评价"好采购"的，让大家从多角度审视自己，寻找前行的方向。

说实话，这些声音，你在企业里面可能听不到，企业内会有一些顾忌，在这样一个相对公开的场合，不针对特定人，评价相对客观公正。

另外，参加"中国好采购"案例评选，还可以获得专家辅导，学会更好地展示自己；参加"最佳采购团队"的评选，可以提升企业品牌和团队影响力；参加"最佳经理人"评选，可以提升个人的品牌。这些都是给大家提供展示自己的机会。

"中国好采购"的宗旨是"聚焦专业，打造荣誉"，我认为这是提升采购专业性、展示采购人形象的绝佳机会。很多人正是认识到这一点，积极报名参加，但在报名过程当中，也确有人羞答答的，比如有的人说，采购要低调！我就问他们，采购为什么一定要低调呢？你为什么不能跟别人交流经验呢？为什么不能展示自己呢？给你机会，你都不擅于抓住机会来展示自己，你内部缺少机会，外部也缺少机会，内外部都缺少机会，那你怎么会有很好的发展空间呢？

年底了，各个组织都在搞活动，有的人就本能排斥，总觉得这是"广告"。其实这些活动都是各个组织负责人给大家精心打造的盛宴，如果有可能，一定要参加，不要排斥，这些都是机会。

所以我说，采购人之所以没有大出息，没有机会当总经理，非常重要的一点就是你缺少一种才华——展现自己、给自己找机会的才华。

我们可以看到，所有成功人士都非常擅长表现自己，非常善于利用机会锻炼自己、展示自己，让更多的人去认识自己。当然，获得更大成就的人，还会通过个人才华的展现，影响更多的人。

一个高级领导跟我讲过，其实职场成功很大程度上取决于知名度，认识更多的人，让更多的人认识自己！增加机会，增加可能，职场一定成功！

089

采购人，要避免被"卸磨杀驴"

作者：盖启明

乱世英雄太平贼，切莫居功自傲。

"乱世英雄太平贼"，这是一句佛偈语，它是什么意思呢？我先来讲几个故事吧。

故事一：刘邦杀韩信。西汉帝国建立，韩信与彭越立下了巨大的功劳，尤其是韩信，为刘邦打下了大汉帝国的半壁江山，被封齐王后迁为楚王。可以说没有韩信就没有刘邦的大汉帝国，但后来韩信被以谋反罪名诛杀。公元前196年，韩信被吕后用竹竿捅死并被灭三族。

故事二：明英宗杀于谦。于谦，不是和郭德纲说相声的那个于谦，是写"千锤万凿出深山，烈火焚烧若等闲。粉身碎骨浑不怕，要留清白在人间"的于谦。他是明朝名臣、民族英雄，杭州府钱塘县人。正统十四年明英宗亲征瓦剌，发生土木堡之变，皇帝被俘。他力排南迁之议立新皇帝代宗，整饬兵备，亲自督战，保卫京师，率师22万，列阵北京九门外，破瓦剌之军，稳住了大明朝的江山，后来被释放回来的明英宗杀害于公元1457年。

故事三：雍正皇帝杀年羹尧。年羹尧，清朝名将，进士出身，官至四川总督、川陕总督、抚远大将军，还被加封太保、一等公，高官显爵集于一身。他运筹帷幄，驰骋疆场，曾配合各军平定西藏乱事，率清军平息青海罗卜藏丹津叛乱，立下赫赫战功，得到雍正帝特殊宠遇。但翌年风云骤变，年羹尧被雍正帝削官夺爵，列大罪九十二条，于公元1726年赐自尽。

以上三个故事，在老百姓的眼里，都是典型的"卸磨杀驴"的故事。

水有源，树有根，事事都是有原因的。

以韩信为例，韩信在郦食其已经劝降齐国的情况下，仍然攻打齐国，破城70余座，导致郦食其被烹杀。事后韩信给出的理由是刘邦并没有下令停止进攻，自己攻打齐国是"尊汉王令"。既然齐国已破，刘邦当时并没有处罚韩信。而后韩信又以齐国新破，人心不稳为由逼迫刘邦封自己为齐王。韩信被杀，可以说此时就埋下了伏笔。

韩信、于谦、年羹尧，他们都一样，杀自己的刀都是自己磨的。可他们的行为，在当时都是被纵容，甚至是被歌颂的。

回过头来理解"乱世英雄太平贼"，意思就是，一个人在乱世当中的所作所为，被看成是正当的，甚至可能被歌颂，但同样行为在太平盛世的时候就会被定为盗匪。

引申出来，就是一个人在事情发生时违反常规的解决办法，会成为事情解决后，自己被处理的把柄。

笔者在早年，就曾经有过多次所谓的"临危受命"，处理断供、质量异常等事件。当时笔者与供应商交涉的多数手法，都不是走正常程序。

事情解决了，马上会有人说，还是"盖总"有"能力"，一出马就解决了。时过境迁，又会有人说，小盖这家伙有"问题"，你看当初什么什么事，本来应该怎么怎么样，结果他和供应商是这么这么处理的！

你想想看，如果这种话传到老板那里，我还会有好下场吗？

掉的坑多了，笔者除了能一眼认出谁是"工兵"，哪里有坑以外，还总结出一套"躲坑"的办法。

办法一：要有计划。在笔者眼里，计划不是行动指南，而是检查清单。就是说，给一件事做计划，不是为了照着它一条一条去做，而是用来确定该做的事、有没有做，并且确定达没达到效果。

办法二：要有汇报。笔者的意思不是让你事事汇报，而是在你要做一个你很可能控制不了结果，或者可能招致非议的决定或者行动时，你要向你的上级请示汇报，甚至有可能的话，你要直接向老板请示汇报。笔者年轻气盛的时候，觉得事情没什么大不了，后来职位越来越高，才发现身上的每件事，都小不了。

办法三：要有总结。总结未必一定要写下来。笔者有一个习惯，每天晚上要空出一两个小时，干什么呢？就是把每天从走进公司大门到走出公司大门这段时间，见过的每一个人，说过的每一句话，做过的每一件事，打过的每一个电话，全部仔细回想一遍。包括，说话人的表情、语气、反应，事情的处理过程、结果。如果认为自己哪一句话说得不对，哪一件事办得不好，立刻思考补救方法。

你可能觉得这样做有些过分了，但笔者自认为这是这么多年来自己行走江湖、安身立命的方法。

以上这三条，希望对你在避免被"卸磨杀驴"这件事上有用。同时请你记住两句话。

第一句话：理解"乱世英雄太平贼"。

第二句话：不要亲手去磨用来杀自己的刀。

好的职业生涯规划有三条标准

作者：宫迅伟

> 你现在做的是你感兴趣的吗？可以养家糊口吗？符合未来的发展方向吗？

经常有人问我，采购人的职业生涯应该怎么规划？甚至有年长者问我，孩子该考什么专业？大家为什么问我这些问题？大概是因为他们觉得我是一个成功者。

其实，在我心里，我从来不认为我成功，这不是谦虚，是因为我的好多人生理想都没有实现，并且有很多理想，在规划时就变了方向。

所以，我有时觉得，人生不是规划出来的，所谓的职业生涯规划也只是HR造出来的。我觉得人生是选择出来的。

但这话如果说给20岁、30岁的人听，似乎又有些不负责任，因为他们要努力学习、努力工作，要确立人生理想，要规划人生。

那理想的人生究竟是什么？究竟怎样达到理想的人生或实现人生的理想呢？

我觉得有三条判断标准：

- 你现在所做的是你感兴趣的吗？
- 这份工作能让你养家糊口吗？
- 这份工作符合未来的发展方向吗？

如果这三条都是"是的",那就说明,你的人生是理想的。

(1) 你现在所做的是你感兴趣的吗

有人会说,兴趣是可能变化的。

对的,确实是可能变化的。随着地位的不同、金钱的不同、视野的不同、人脉的不同,尤其是年龄的不同,人的兴趣都是可能变化的。未来会怎么变,你自己也不一定知道。

但有一点你是知道的,也是确定的,就是兴趣会让你快乐!

谁不希望能有快乐的一生呢?

所以,坚持兴趣很重要!

(2) 这份工作能让你养家糊口吗

工作是用来养家糊口的。

当然有人说,工作是用来满足兴趣的,但我想如果这份工作仅仅满足兴趣,不能用来养家糊口,那你的家谁来养?

也可能有人说,工作要承担某些使命和责任,我同意,但是如果这份工作不能养家糊口,那么你的家谁来养?国家养?别人养?

不管是什么表现形式,工作肯定是要养家糊口的。

(3) 这份工作符合未来的发展方向吗

你现在的工作能够养家糊口,也是自己的兴趣,但如果不符合未来的方向,也是不行的。

因为如果这是一份"夕阳"工作,那过不了几年工作消失,你怎么办?所以,好的职业,不但要有兴趣,要能养家糊口,还要符合未来的发展方向。这样你可以持续养家,不断满足兴趣,并且不断享受幸福的人生。

好,那怎样实现这样理想的人生呢?

你必须具备选择这样的人生的机会。

如果你不知道结识更多的人脉，怎么可能有这样的机会呢？我在培训时，经常有这样的感觉，那些销售出身的人，特别"主动"，特别会"表现自己"；而采购出身的人，大多"被动"，不太会"表现自己"。

不信，你注意观察，看谁课上主动发言，看谁主动接受自己，看谁主动递交名片。

做销售的都懂，多递一次名片就多一次机会，而采购往往上课没带名片，也较少有人主动递名片。因为做采购的，大部分都是等供应商主动上门。但你想想看，你不主动，如果将来有机会，机会怎么找到你呢？我手上经常有些大公司让我推荐采购人员，我自然是有谁的联系方式就推荐谁，谁跟我联系多我就推荐谁。

另外，你要有选择机会的能力。

所谓机会总是留给有准备的人，就是指你要有选择机会的能力。

比方说，你想在采购领域发展下去，那你就要具备专业采购必须具备的能力，你想升官就要具备做官的领导力。

这些道理大家肯定都懂，现在给你讲的是让别人知道你有能力的能力，也就是展示自己才华的能力。这是很多人欠缺的，尤其是很多采购人欠缺的。

参加专业培训，参加专业社交，就是一个好的选项，我的很多职业变化都与此有关。这也是此类活动持久不衰的魅力所在。

091

猎头告诉我的四个采购职业发展趋势

作者：宫迅伟

外企跳槽到民企是趋势，是方向。

最近这两年，好多朋友问我职业发展的事。

有的说，我都干十年采购了，以后干什么呀？有的说，我现在年龄大了，还能做什么呢？还有的人说，我们公司可能要被兼并，我该怎么办呢？

面对这些问题，我给他们发了我写的文章"好的职业生涯规划有三条标准"，供他们参考。

企业裁员，忧心忡忡；采购工作做得时间长了，又忧心忡忡；年龄大了，也是心事重重。春天来了，百花盛开，职场人的小心脏也都开始蠢蠢欲动了。加上现在的"新常态"，以及就业形势，很多人都在张望，看看外面有些什么样的工作机会。

2016年3月24日，我们在上海举办了一场沙龙，一家发展迅猛的猎头公司的项目经理，向参加活动的同学们介绍了工业领域采购职业生涯的挑战与突破。

过程当中，我与猎头和同学们进行了深度的交流，这让我了解到四个趋势。

a) **民营企业越来越多地通过猎头公司找人了。**

猎头朋友告诉我，民企通过猎头招人的越来越多，原来占比20%，现在占50%。

以前通过猎头招人的都是外企。后来有少量的国企，因为国企有一套严密的人才培养体系和干部任命体系，通过猎头公司，并不是非常多见。

现在我们看到，有越来越多的民营企业在通过猎头公司招聘。

这说明什么呢？说明大家越来越重视人才了，采购也越来越被当作人才了。

通过专业的猎头公司准确地找到所需要的人，表面上看多花了一点钱，但是，找到了合适的人，减少了很多失败成本。这个道理，已经被越来越多的民营企业所接受。

b）民营企业招聘的岗位，不是替换的岗位，而是新增的战略采购岗位。

这说明什么呢？说明，民营企业在转型升级，在发展，在前进。它们需要越来越多的新兴岗位，需要与企业发展规模、发展方向相适应的采购管理岗位，如战略采购。

这点我也深有感触，因为我收到很多邀约，让我去讲"战略采购"的课程，或做战略采购咨询——"战略采购"出现的频率越来越高了。

而外企呢？需求在减少，很多也都是替换性的岗位。这说明什么呢？说明外企在中国，现在不是蓬勃发展的态势，而是稳定发展的态势，甚至部分是处于萎缩的态势。

c）民营企业的高端需求在增加，不仅仅是数量的增加，更是水平的增加。

这说明什么呢？说明民企正在转型升级，此时的中国民营企业需要大量的高端人才。

现在很多民企已经变成集团性企业了，它们需要一些具备集团化管理经验的职业经理人。

有些企业上市了，就需要一些与上市水平相适应的人才；有一些民营企业已经走出国门，变成了跨国公司了，这些企业就需要一些具备国际化经验的人才。

而四十多年的改革开放，外企在中国培养了很多人才，这些人才恰是当今中国民营企业所需要的。

所以，外企跳槽到民企，是趋势，是方向。

d）出现了新型品类经理。

这种新型品类经理，不是从前的简单谈价格，这个岗位需要深厚的技术背景，需要早期参与，与供应商深度互动，共同策划产品，共同研究如何降低成本，更多地研究如何缩短交期，共同研究如何提升的质量。

对这种新型品类经理要求更高，不仅需要他们有更深的技术背景，还需要他们有超强的沟通能力，更需要他们有良好的项目管理水平。

从这四个趋势中，你能感知到自己采购职业生涯的发展方向吗？

092

如何成功避开同事挖下的坑

作者：姚何

> 冷静对待，设置门槛，留下记录，避免质疑。

作为采购，特别是刚加入一家新公司，接手新的工作时，我们经常会面临同事或前任遗留的问题。这些问题，一般都不好处理，要不然别人怎么都没搞定呢？一个新人，来龙去脉都没搞清楚，哪能轻松搞定呢？但是不好处理，却又不能不处理，刚加入公司，不处理好历史遗留问题，又如何在公司立足？

（1）刘一刀横空出世

那年，我刚加入一家公司，主要负责寻源方面的工作。才进公司没几天，手下一个寻源主管小吴找到我，请我协助他处理一个难题，确切地讲，是以前的同事老刘给他挖下的坑。

因为公司发展比较快，管理层对寻源工作的要求很高，总希望自己的采购价格是行业里最低的。于是，老板决定成立一个成本控制部，主管姓刘。这个部门与寻源部门平行，目标只有一个，就是降价，可以不管流程，不管战略，不管平衡。通过这种竞争的方式，来降低公司的采购成本。

果不其然，这个成本控制部的主管老刘确实够狠，不管什么供应商，都要求降价，一刀一刀砍，不同意就立马换供应商。这样一来，降成本绩效立竿见影,很多物料在短期内降低了 5%~10%,甚至更多。供应商恨死老刘,却没办法,暗地里都叫他"刘一刀"。

一时间,寻源部门的领导被这"血淋淋"的现实搞得"灰头土脸",在公司的各种会议上都抬不起头来;而刘一刀因为成绩突出,不仅得到了不少的奖金,也得到高层领导的认可。

(2)小吴无奈收拾残局

好事并没有持续多久,这种近乎野蛮的只看价格的模式,带来的品质问题、交付问题层出不穷。但刘一刀根本不管这些影响,"我只管价格够低,出了问题,那是寻源部门要去处理的"。刘一刀这样一搞,很多工作无法顺利开展,公司里怨声载道,领导也发现这样下去不是办法,慢慢将刘一刀边缘化了。

这样一来,寻源主管小吴就得收拾刘一刀留下来的残局,最突出的问题是原来的一个供应商 M 公司的问题。当时为了拿到低价,刘一刀把公司用量很大的一个器件的订单全部给了 M 公司,而且这个 M 公司也只做这一个型号,量大加上品种单一,M 公司的报价就比别家便宜 4% 左右,这是一个不错的成绩,也是刘一刀的得意之作。

后来一段时间,公司对这种产品的需求量越来越少,M 公司就不乐意了,提出不再给我们供货。于是当时新进公司的小吴就顶着压力,把这款产品涨价转给了另外一家供应商 Z 公司。然而过了大半年,这款产品的量又慢慢多了起来。

有一天,刘一刀过来找小吴,说原来的供应商 M 公司找过他几次了,由于当初 M 公司被切换得太突然,他们那里还有些原材料,是专门给我们备的库存,只能用于我们这款产品,希望我们帮忙消化掉!

小吴一听,立马就火了,"当时不是他们自己嫌量小,主动提出不交货的吗?怎么现在看到我们需求量大了,又想来做了,不理他!"当场就拒绝了这个请求。过了几天,M 公司的销售经理找到小吴,口气可就没有那么好了,"吴主管啊,这个原材料库存是专门给你们备的,除了你们的这款产品,别的都没法用,我已经找过你们之前的刘主管,他说现在他不管这些了,是你在管。你要是不处理,我的损失很大啊,那样我只能找你们大老板说理去了。"

这不是赤裸裸的威胁吗?小吴不想惹麻烦,但也很为难,现在的供应商Z公司在临危之际接了当时的烂摊子,虽然量少,但人家没什么怨言,还是正常接单供货。现在需求量逐渐增长,又要转走给别人做,要是过几天需求又减少了,是不是又转回来给Z公司?当人家是Z公司是福利院啊!

可是如果不理睬,刘一刀和M公司总是这么闹下去,也不是个办法。他很苦恼,正好我加入公司,于是小吴就把这件事情的前因后果原原本本给我说了一遍。最后说道:"我是无论如何都不会让他们得逞的,天底下没有这样的好事,有肉吃的时候就围上来,啃骨头的时候就跑了,留下的烂摊子还要我们来处理。"

我听完觉得,这就是一个大坑啊!我跟他分析,刘一刀找了你,M公司的领导也找了你,而且语气不善,如果不能妥善处理,他们肯定会去找老板,这样你可能有麻烦。你解释不清楚为什么人家价格低4%,可你就是不让进,就算你把事情经过讲给老板听,我估计他也懒得去想这中间的复杂关系,所以你必须要处理!

小吴感到很委屈:"那我怎么处理?把M公司再引进来?消耗完它的库存?他们说的库存可是够我们现在一年的用量啊,这样做的话,对Z公司也不公平啊,以后有困难谁还愿意帮我们啊。"

我说,"处理是要处理,但并不是只有消化它库存这一条路啊,这样吧,你找一下刘一刀,跟他说你跟我汇报过了,我请他约一下M公司,尽早处理好这件事。"

(3)巧妙设障化险为夷

去跟供应商M公司见面的有三个人,我、小吴和刘一刀,寒暄完了之后，当着我的面，M公司把诉求讲了一遍，完了之后还一脸委屈地哭诉："姚总啊，我找了你们的人很多次，他们都不理我们。"我笑着说："放心吧，这个库存肯定是要处理的，大家合作也不是一天两天了。"

然后我的目光转向刘一刀，征求他的意见，我说，"现在这个产品的量不大，我想把其他产品也做起来。"刘一刀连忙表示认同，"是的，是的。"M公司也表示同意，希望尽快处理完库存。我就总结了一下，消化库存没有问题，需要满足两个条件，第一是保持原有价格不变，第二是扩大合作范围，要接我们别的型号的订单。M公司表示同意，然后大家在会谈记录上签了字。

会谈结束后，小吴一脸狐疑地问我：老大，你真的要下单给它啊？我不紧不慢地点了一根烟，瞥了小吴一眼，说："着什么急，你不会给他增加点难度啊。"小吴摸摸后脑勺，似懂非懂地看着我。

我接着说道："先发几款别的型号给他们，请他们报价再说。"小吴一下子就明白了我的意思，于是很快就发了几款型号过去，请M公司报价，邮件里面语气也客气很多。

过了几天，没等来M公司的报价单，反而刘一刀来找我们了，问我们为什么还不发订单给M公司，小吴说："我们发过去的询价单，他们到现在还没有报价过来，不是说必须要接我们别的型号的订单嘛！"我在旁边说道："老刘，你当时不是也在场嘛，当时谈得好好的，我们的订单，他们都要接，不能只接一个型号的，你看，到现在报价单也没发过来，这个事情还需要你去协调一下。"

刘一刀冷冷地看了我一眼，扶了扶他那副黑框眼镜，说道："好吧，我去协调看看。"然后就悻悻地离开了。看着刘一刀离去的背影，我跟小吴互相对视了一下，微微一笑。

结果老刘这一协调，也不知道怎么回事，就把自己给协调走了，后面也就没有了下文。刘一刀离开公司，M公司也就失去了靠山，再也没有了声音，因为我们手里有了当时的会谈记录，也不再担心他们去找大老板说什么了。

（4）总结

谢天谢地，这个坑算是有惊无险地蹚过去了。回想一下，如果当初一直对着干，有刘一刀帮着他们，M公司肯定会恶人先告状，去找到大老板的。就算小吴能把事情解释清楚，老板也许会相信小吴人品没问题，但保不齐还是会同意让供应商M公司来供货。可谁又能保证老板不会怀疑小吴有问题呢？那小吴就有被牺牲掉的危险，对我也不利。这些都是不确定的，也就是有可能发生的！

作为采购，在处理一些两难的问题时，应该保持冷静的头脑，避免直接对抗，要不然事情很容易失控；同时要想办法拿到相关的证据及材料，避免整个事情都是口述，没有证据，很难有说服力！对于不正常的交易行为，最好的办法，就是顺着这样的行为，快速放大这样的行为，让其后果尽快显现，用结果来证明自己，而不是简单地设卡阻止，这样做反而容易落人口实，给对手攻击你的机会。

采购，本身就是一件斗智斗勇、需要谋略的工作，只知道按照流程、规定来应对工作中的事情是不够的。要学会分析、策划，灵活地处理在工作中遇到的事情，要时刻反省自己在处理过程中的得失，及时总结，能在后面的事情中进退自如，方能保全自己，提升自己！

093

没晋升过就跳槽的人往往越跳越"糟"

作者：盖启明

业绩需要足够出色，敢于承担更大的责任，为公司创造更多价值。

（1）没晋升过就别总想跳槽

我相信，大部分人的职业生涯中，不止有一次面对晋升的竞争。

你身边也一定有这样的一个人，年纪和你差不多甚至比你年轻，进公司也不比你早，可是已经坐上了比你更高的位置。

而你始终还是一个中基层的员工，于是你就感觉公司对你不公，想着跳槽。对此我给你一个忠告：没晋升过就别总想跳槽，因为结果往往是越跳越"糟"。

在熟悉的环境里，如果都没有成为管理者的经验，在陌生的环境里成为一个成功管理者的可能性很低。

（2）升职的"潜规则"

作为一个职场人或企业管理者，我们要清楚公司选人、育人、用人、留人这些人力资源决策背后的"规则"。这些道理和方法，越早知道越好。

"潜规则"一：**职位是稀缺资源**。任何一个公司，无论有多大，能够提供的职位都是有限的，职位越高就越稀缺。道理很简单，没有一个公司会有两个总经理。

如果有（无论是现实的还是隐形的），请尽快离开。

"潜规则"二：**竞争是资源配置的最优手段**。经济学告诉我们，竞争是资源配置的最优手段。将职位视为资源，公司就一定会创造各种竞争的环境和条件。

请尽快离开靠亲戚和裙带关系才能升职的公司。

"潜规则"三：**职位对应责任**。对于你来说，升职不仅仅代表收入的提高，更意味着要承担更大的责任。如果你只想加薪不想担责，后面的内容就不要看了。

"潜规则"四：**业绩第一位**。业绩、业绩、业绩！重要的事情说三遍。业绩还不错，比平均水平好，是不行的。只有那些业绩足够出色的员工，才能承担更多责任，获得更大的机会。

"潜规则"五：**未来比现在重要**。晋升，不仅仅是对你过去工作的认可，更是对你未来价值的预期。一个员工晋升，意味着企业马上就要付出更高的工资成本。

这种成本，如果不能由这个员工在未来为公司创造更多的价值来抵消，对企业来说，就等于增加了经营风险。

想升职，一定要关注未来可能为公司带来价值的业务。

（3）这些人升职无望

1）不靠谱的人

老板都渴求手底下至少有几个百分之百可靠的人，将工作任务交给他们后就无须担心，因为任务肯定会完成。

如果老板给你安排工作后，还得时不时打电话问问你做得怎么样，那么他不开除你已经算对你不错了。升职就别想了。

"靠谱"的人并不会把所有工作都揽下来，很多所谓"不靠谱"的人，最大的问题是不懂得拒绝。

做那些不在你能力范围内的工作，并不一定会让你变得强大。学会说"不"是变得更可靠的关键。这很难。但很重要！

我理解的"靠谱"就是，有能力把事情做成该有的样子。

2）拖延的人

"拖延症"不是病，是对失败的恐惧，是对过程的反感，是对结果的厌恶。

你之所以拖延，是因为做这类事情，可能会给你带来痛苦。

这个世界，不是按你喜欢的方式存在，工作也是。即便你很喜欢现在的工作，也不能确保工作当中每一件事都令你心情舒畅、情绪高涨。

调整你的工作动机——不要追求所有事情都有意义，它足以限制你一生中所有的成功。

将工作分成几部分来完成。每完成一部分，就奖励自己一下。

多拉一些人来，一起干。总会有一个擅长并喜欢干的。就算都不喜欢干，出出主意也是好的，"三个臭皮匠，顶个诸葛亮"。所以你要保持好在公司的人缘，并清楚每个人都能干什么。

3）自私的人

以自我为中心、见荣誉就上、见困难就让的人，反正我不喜欢（自私的人，最希望全世界只有他一个人自私，这是个哲学问题）。

关注自己的目标或立场，这本身没有错，问题在于几乎不花心思去了解别人的目标和意见。最麻烦的是，还不知道别人的核心利益在哪里。

我的态度是，没必要把自己锅里的米分给别人，但也别轻易去动别人已经捧在手里的饭碗。

094

如何克服当众演讲的三重障碍

作者：汪浩

> 是人才未必有口才，有口才必定是人才。

英国前首相丘吉尔说：你能够面对多少人讲话，你的成就就有多大。

巴菲特说过：有一件事是你必须去做的，不管你喜欢与否，那就是轻松自如地当众演讲，这可能得花些功夫，这是一种财富，将伴随你五六十年之久，如果你不喜欢这样做，那就是你的不利条件，同样会伴随你五六十年，这是一项必备的技能。

是人才未必有口才，有口才必定是人才。30岁之后，你要敢于当众讲话。

对于我们很多采购经理人来说，平时面对供应商的时候，大家还是有一定架势和气场的，甚至摆出一副高高在上的姿态。但是如果要当众做一个演讲，多数人是没有底气的。

宫老师在讲课的时候经常提到，个人的发展要有"三化"意识，即**知识结构化、能力显性化、个人品牌化**。如何实现这三化呢？工作中，你要有机会表现，才能让大家注意到你。当然，前提是机会来临的时候，你能够把握住。所以，你需要做好充分的准备。

当众演讲，是一个提升自己的好方法，但很多人不太愿意，或者不敢尝试当众演讲，这里有三重障碍。

（1）不敢当着陌生人的面讲话

虽然你在公司开会的时候，也会经常当着众人的面发言，但那毕竟是你认识的人。如果你面对的是一群不认识的人，让你面对他们讲话，你是不是有些担忧了呢？

人性都是有自卑感的，很多人不敢当众讲话，首先是出于对自己的相貌或者仪表不自信或者不满意。这个世界上很少有人对自己的相貌完全满意，有人觉得自己的身高不够高，有人觉得自己的身材不够好，有人觉得自己声音不太好听，有人觉得自己五官长得不够好，等等。

如果你真有这样的担忧，建议你记住马云的一句话，人的才华，往往是跟相貌成反比的。这样，你是不是马上就信心倍增了？

克服了对自己相貌不自信的障碍，你要开始准备演讲的内容，演讲的主题可以是你的个人成长经历，也可以是你所从事的领域相关的，或者你所感兴趣的，总之，你对所讲的内容要非常熟悉，而且要能够把这些内容梳理出来，表达的时候要顺畅，并有一定的逻辑性。

做到这些，你基本就完成了对自我的认知，在公众场合讲话不太会怯场了，克服了第一重障碍。

（2）不敢当着资深的人的面讲话

当你克服了第一重障碍，你敢于上台了，恭喜你，你已经勇敢地迈出了第一步。万事开头难，有了这一步，你已经成功了一半。但这还不够，如果你在讲话的时候，发现下面坐着的人，很多都比你年轻，或者资历都没有你深，你可以侃侃而谈，还是能够保持自己的自信的。

但是，如果你突然发现，台下的人群中，有一些是比较年长的，他们可能留着胡子，可能头发花白，可能穿着考究，他们的表情可能很严肃或者稍稍带有一些不屑，或者你认出他们有一些是行业里资深的人时，你开始有一点点心慌和胆怯了。你担心他们可能会嘲笑你讲得不对，指出你的错误，或者站起身来离开，场面会让你尴尬和难堪。

记住，这时候，你一定要提醒自己，在你演讲的领域，你是专业的或者更有经验的，前提是你的确做过充分的准备。所以，你要相信在这方面你比他们都强大，你才是这个领域里的专家，你的演说更要铿锵有力，把另外一只手举起来。就算有人起身离开，你也不要担心，他们也有可能是出去打电话或者去上洗手间，千万不要觉得是因为自己哪里讲得不好，打乱自己的思绪，一定不要对自己产生怀疑。

（3）不敢当着更多人的面讲话

当你克服了前面两重障碍之后，你基本上能够应付一般的演讲，没有什么太大的问题了。但是，面对的人数不一样，仍会有一定的影响。比如，你面对 30 个人，和面对 100 个人，压力会不一样；你面对 100 个人和面对 1000 个人，也是完全不一样的。

无论你是在公司做领导，还是参加一些社交活动，甚至你做了多年的培训讲师。很多时候，你的演讲对象一般都不太会超过 200 个。所以，当你面对更大的舞台时，你的心里其实还是有一些慌乱的。

不过，如果真有这样的机会，让你面对数百甚至上千人讲话，你也不要过于担心。因为，对于演讲的内容，其实你已经烂熟于胸了，你要做的就是休息好，调整好精神状态，头天晚上不要失眠。另外，你要知道，在这样的场合，舞台一般比较大，演讲之前，对个人仪表要稍加重视。要选择合适的服装，男士的发型、胡子最好打理一下，女士的话如果有化妆师帮你化一下妆会更好。

上了舞台，灯光会打到你身上，几台摄像机会对准你，台下无数观众会从各个角度对你拍照和录像，可能会让你有些不适，这时候你会发现确实和百来个人的场面不一样，甚至有一种想逃离现场的冲动。不过提前做好思想准备，上台之后再稍微调整一下，你很快就能够适应了，你要进入自己的状态，目光要朝人群的后方看去，不要长时间停留在前排。

当然，在这样的场合演讲，体力消耗会更大，因为面对如此多的人，你的演讲要投入更多的感情，你的气场也要显得更为强大，说话要更加铿锵有力，要能够将气氛带入高潮，才能获得观众潮水般的掌声。平平淡淡的演讲会让人提不起精神，听得昏昏欲睡。

乐嘉曾经教过一个人学习演讲，这个人的演讲水平获得了很大的提升，他就是崔万志先生。虽然他的身体有先天缺陷，但他克服了自卑感，也有自己的事业。经过训练之后，他的演讲非常成功，也非常励志。他每次演讲完，听众都非常感动，现场无数人流泪，他自己也是大汗淋漓，需要人搀扶着走。

由此可见，演讲的能力并不是天生的，是可以通过学习和训练得到提升的。千万不要对自己没有信心，只要愿意努力，每个人都能够站上演讲的舞台。

095

做斜杠青年，享受SOHO生活

作者：宫迅伟

> 人类已跨入知识创造力的时代，人才是生产要素中最重要的部分！

前几天培训，一位"90后"学员问我，宫老师，你知道斜杠青年吗？她说，我要做斜杠青年！

斜杠青年来源于英文Slash，出自《纽约时报》专栏作家麦瑞克·阿尔伯撰写的图书《双重职业》。他们不满足单一职业和身份的束缚，而是选择一种能够拥有多重职业和多重身份的多元生活。这些人在自我介绍中，会用斜杠来区分自己的身份，例如，宫迅伟，培训师/记者/董事长。

斜杠青年的出现并非偶然，而是社会发展的必然，是一种社会进步。人们不再满足于朝九晚五的生活，也不希望去承受城市的拥堵，把时间浪费在上班往返的路上，他们渴望利用自己的碎片时间，利用自己的兴趣和特长创造价值。

SOHO即Small Office（and）Home Office，指能够按照自己的兴趣和爱好自由选择工作，不受时间和地点制约，不受发展空间限制的白领一族。SOHO族与上班族最大的不同是，工作与生活不再有明显的分割，办公与居家合二为一，收入高低由自己来决定。他们免掉了上下班交通拥挤，远离了办公室的人事纠纷，从事着自己所喜爱的工作。

SOHO族自由、浪漫的工作方式吸引了越来越多的中青年加入这一行列。也正是因为它自由，所以它极具挑战性。因为他们的大部分工作是在家中独立完成，或通过在网上与他人协同工作来完成，需要很强的自制力。另外，由于 SOHO 族每个月没有一笔固定的薪水，所以实力对于他们也很重要。

在后工业时代，服务业成为最大的产业，交换的大多为个人技能、知识和时间，个人成为独立的服务提供商。当互联网基础搭建完成，所有点都被连接在一起时，比拼内容的时代就来临了，最终的价值创造需依靠能产出高品质内容、创造出有真正需求的产品和服务的人。

人类已跨入知识创造力的时代，人才是生产要素中最重要的部分。此时，组织方式发生了变革，集中在固定时间和场所的传统工作逐渐被松散、合作的方式取代。

旧的管理理念是，雇员们被严格管理，在固定的时间和场所做重复劳动。这在知识和创造力时代已行不通，因为人只有在自主和自我驱动的状态下才能拥有最蓬勃的创造力。

事实上，组织创新已在硅谷如火如荼地进行，在北大纵横等一些咨询公司也在实践着。在那里，员工有着极大的自由来选择与谁工作，参与什么项目，在哪里工作以及何时工作。有机构预测，未来全球自由职业市场规模可能达到 3 万亿元左右。这就意味着，在未来的职场中，员工可能大部分都会成为自由职业者，而非受雇于单一组织。

不过这也给采购管理带来了挑战，采购在评审智力服务供应商时，不再像评审生产企业那样关注办公地点、公司规模，而是关注有关人员的知识背景、项目经验。

2016 年，在美国，自由职业者已超过了 5300 万人。希拉里在演讲时说，美国自由职业者占职场数量的 1/3，并有望在 2020 年达到 1/2。据统计，美国在 2014～2015 年间，远程工作数量就增长了 27%，每五个人中就有两个是在线上完成工作⊖。

在互联网发展突飞猛进的今天，由于技术帮助供需双方解决了信息不对称的问题，人们的角色变化更为便利了。

⊖ 资料来源：Upwork "2016 年美国自由职业者报告"。

096

做最好的自己，活着踏实

作者：宫迅伟

不忘初心，方得始终。

培训时总有学员询问我职业生涯发展的问题。

有的问，我不能总做采购呀，未来我该干什么？

有的问，我的孩子要高考了，关于考什么专业，我跟孩子意见不一致，怎么办？

也有人问，孩子即将毕业了，应该选择哪个行业、什么企业？

我开办了几次采购人职业生涯沙龙，场场火爆，气氛热烈。在大家的眼里，老师是成功者，是指路人。每每此时，我倍感教师的神圣和责任。

跟大家分享几个故事，大家可以从中感悟。

1）考上公务员了，去还是不去？

一个学员，毕业于著名学府，在著名公司工作，人人羡慕。

一次，他给我发了短信，"宫老师，我考上公务员了，我去还是不去？"

我回复，"公务员是一个非常好的平台，作为年轻人，你可以得到很好的锻炼，也有非常好的前景，我觉得应当去。"（此处，我没有说，做公务员可以为党和国家多做贡献……）

他回复我说，"可是……可是……这个公务员岗位是清水衙门。"

那一刻，我真的很无语，作为一个年轻人，如果在做职业选择时，把是不是清水衙门当作一项衡量指标，结果会是什么样子呢？

2）一个多年老友，我曾经让他不爽，如今一见面却说要感谢我

当年，这个老友想去某个岗位工作，委托我向领导说说。那时我是可以跟领导"说得上话"的人。因为是老友，所以我向领导"非常认真"地说了。没想到，领导说，"年轻人，不要去那个岗位了，都学坏了。"

（我理解，这也是领导的托词，领导也有难言之隐，因为那个岗位被某个直线领导牢牢地控制着，安排的都是"自己人"。）

这位老友，当时很不爽，因为那个岗位是非常让人"羡慕"的岗位，他很想去。

多年过去了，正是这个让人"羡慕"的岗位，中央巡视组一到，立即落马，包括那个直线领导。

所以，我这个老友现在见到我，非常真诚地对我说："真得感谢当年领导没让我去，如果我去了，也可能把控不住。"

3）"第一人"，真的是第一吗？

每当我看见那些"大师"，那些"第一人"，心里总是很惶恐。我常常想，那些"第一人"的"第一"是如何得来的？做第一，压力不会很大吗？

有个老师非常有名，打开网络往往就能跳出他的名字。我曾经买过他写的书，准确说，我买了他好几本书，我确实想学习这个"名师"有何先进的观点和做法。但书买回来后，我实在看不下去，书里都是堆砌拼凑的文章。听说他从来没做过采购，却是这个领域的"名师"。

微信朋友圈里一名培训师对此类现象写了一首打油诗：

亚洲称首创，乱戴全球帽；

自称第一人，虚妄惹人笑；

下巴没有毛，敢把总裁教；

狂吹成功学，效法那一秒；

胸无点滴墨，培训靠热炒；

我点了"赞"。

我做了几年培训咨询，客户非常认可，知名度越来越高，也常被机构宣传成"名师"。培训现场也总是有人说，宫老师不愧是采购供应链领域的大师，讲的东西实战实用。

说实话，"实战实用"听着受用，"大师"实不敢当。

我经常开玩笑说，"你这么说，让我怎么去见那些卓越的同行。"

世界发展日新月异，新知识、新概念、新模式、新工具层出不穷在知识如此爆炸的年代，做第一，哪有那么容易呀？

别人怎么宣传，是别人的事。但面对大师的称谓，我内心压力确实是越来越大，该如何努力，才能配上这个称谓呢？

4）我与她是好友，不同的选择，不同的结局

我从国企跳槽到了外企，后来又进了民企，再后来，自己创业。

国企、外企、民企、创业……于是总有人在课堂上问我，"为什么？"

一位女性朋友，那时我们交流得很多。

有一天，我告诉她，我要走了。她惊愕："为什么？你在这里可是有大好的前程！"

我说，"我不想做温水里的青蛙，想去主动寻找奶酪，到改革开放的前沿、中国经济最发达的地区上海去。"

她说，"我也想，但是……我觉得，这个温水挺好的，还没等温水把我煮死，我先退休了。"我俩的判断和感受是一致的，不同的是，我认为，没等我退休，温水会先把我煮死。待到大势来临，已经不再年轻的我，无论从能力还是心理承受能力，都无法接受市场经济的冲击。

几年间，我在上海经受着市场经济的煎熬，她平步青云登上了前呼后拥的宝座……没想到，正在我准备羡慕她时，她被中央巡视组"邀请"去了。估计，她现在非常羡慕我们的"自由"。

"如果那个名利地位,不是用自己的能力换来的,你是无法驾驭它的,它反过来会害了你。"长辈的教导常常萦绕我耳际。

我觉得,在这个浮躁的世界里,做最好的自己,活着踏实。

对,"**做最好的自己,活着踏实**",我要把它作为座右铭!

097

升职的事谁说了算

作者：盖启明

> 影响你晋升的三类角色：评估者、决策者、影响者。

谁在决定你的升职？升职这件事到底谁说了算？

（1）影响你晋升的三类角色

虽然不同的公司，具体的人事制度有所不同，但总体来说，公司里直接关系到你晋升的，有三类角色：评估者、决策者和影响者。

以我曾经服务过的一个优秀企业为例。

评估者：他们通常是人力资源部相关同事，以及你的直接上级——我称之为"小老板"。

新的财年之初，人力资源部根据事业部预算，制定出晋升的细则，比如评判标准、预算、名额数、流程。

再具体点来说，你在岗位待了多久，表现怎样，你们部门有多少名额，等等。

你的直接上级，也就是"小老板"，他会给他的上级提出晋升评估方案，包括职位、人选、薪资，以及人员的业绩表现、领导力、价值观评估等，来帮助决策者做最终的决定。

可能有"考察期"，也可能没有。没有考察期就根据你以往的表现，但不可能领导决定让你晋升你就晋升。

决策者：通常是你老板的老板，我称之为"大老板"。

他决定了最终升职加薪情况；他往往是一个方面的负责人，在我们公司他就是 CEO 了。

为什么不能由"小老板"来决定？因为有两种可能会发生情况，一是你越能干，他越舍不得让你晋升；二是你要升职，只能他让位。

你想一想，你没有被升职是不是有这两方面原因。

影响者：有的公司并不只有一个决策者，可能会有一个管理委员会，这里面的每一个人，都对你的晋升有影响。而且，他们在做决策的时候，会参考其他相关者的意见。这些相关者，可能是你的同事，也可能是你的客户。他们一起构成了一个关于你的舆论圈。

（2）当心"踩雷"

搞清楚了三种角色，你就要避开雷区。

雷区一：**不要搞砸和你的"大老板"一起工作的机会。**

本来你和大老板一起工作的机会就少，如果你把它搞砸了，就太可惜了！

而且在大老板面前留下一个好的印象，间接也帮助到了你的小老板。因此在和大老板一起工作之前，一定要做好准备工作。

但是，最重要的一点，就是不要绕过小老板，越级汇报。

原则是，大老板直接安排的事，要主动告知；大老板直发的邮件，回复的时候，记得抄送；给大老板的材料，先交给小老板过目。

雷区二：**不要在晋升前松懈。**

无论有没有考察期，公司往往会让晋升候选人提前承担更多的责任，通常是一些额外的单个项目。如果你能够胜任额外的项目工作，基本上就通过了。

在做项目时，你平时工作时不容易被看到的优缺点，都会被暴露出来，比如领导力、全局观、沟通合作能力等。因此这是一把双刃剑，要尤其上心。

所以，千万不要把这种"额外"的工作，当成是老板给你穿小鞋，老板给你制造麻烦；恰恰相反，这可能就是"组织正在考验你"。

退一步讲，项目机会、学习机会，都能提升你的市场价值。哪怕你在公司内部，将来晋升的机会有限，简历上写上这些经历，对你跳槽找工作也有好处。所以，如果有这样的机会，你一定要珍惜。

雷区三：**管住嘴巴**。

人是复杂的，人际关系也是复杂的。

工作圈子有多小，有时候是你无法想象的。而你的同事或者你的客户，又构成了对你评估的一个舆论圈。

你一句无心的话，你感觉八竿子打不着的两个人，就可能把一切都毁了。如果你因为这个失去了晋升的机会，实在是得不偿失。

（3）升职后要做的事情

第一，**要谨言慎行**。

每个人都希望证明自己，特别是在升职之后。很多人在升职之后都希望立刻有一番作为，其实，高调对你没有任何好处（特别是跨部门升职），反而会引起别人的反感。

你要做的是，先明确自己在新岗位的定位，然后再决定何时、以怎样的方式表现自己。

第二，**要重建"关系桥"**。

升职代表着，原来与你平级的同事成了你的下属，上级领导变成平级，"大老板"也可能成了直接领导。你和这些人的关系都需要重新搭建，相互磨合。这个过程叫作重建"关系桥"。

你可以表现出你想要跟新关系合作、共同学习的意愿。你也可以主动了解你的同事，最好是私下喝杯咖啡聊聊天。

第三，**密切留意团队的动态**。

这并不仅仅是说，你要留意团队中每个人的情绪和思想波动（这个肯定会有）。重点是，特别是对跨部门来说，你要花时间去了解整个团队的情况，弄清楚团队如何运作、如何沟通、如何做决策，以及团队里的成员对哪些问题比较敏感。

（4）升职后最好不要做的事

第一，不要急于证明自己。

人力资源管理中有个彼得原理，其意思是：在一个等级制度系统中，每个职工趋向于上升到他所不能胜任的地位。我的态度是，让彼得见鬼去吧！因为，他是以一种静态的方式在思考，而人是在学习中不断成长的。

升职之后，觉得新岗位对自己来说有点难，这很正常，因此你没必要为了证明自己而拼命表现，这样会让其他平级的新同事觉得你"傻乎乎"的。

第二，在新同事关系中，不要太顺从。

虽然你需要重新搭建同事关系，但也不要太顺从。否则你的观点从一开始就不会被重视。不卑不亢很难，但你至少可以做到，没想好的事情，不要马上答复。你可以采取合作的心态跟每个同事沟通，让大家明白你只是想把事情做好，而不是想和对方对着干。

第三，不要太在意"背后"的话。

每个升职之后的人，都希望别人对自己的评价是正面的，认为自己升职是"实至名归"的。我告诉你，不可能！

"树欲静而风不止"，你想要重新树立形象，但其他人对你的看法不可能一下子扭转过来。你要有足够的耐心，降低自己的敏感度，不要过于在意别人的态度。

如果心里还过不去，我建议，如果你是初级水平的，那么可以读读《菜根谭》；如果你水平较高，那么可以读读王阳明的作品。

098

采购要管好自己的嘴

作者：汪浩

"说话"和"吃饭"是嘴巴的基本功能，做采购的一定要管好自己的嘴。

嘴巴是用来说话和吃饭的，当然，这两件事每个人都要做，但对于采购来说，又有一些不一样。

到底有什么不一样呢？

（1）说话

采购每天要跟很多人说话，特别是要跟各种不同的供应商打交道，如何说话是特别要注意的。

因为供应商的销售人员，悟性高得已经超出了你的想象空间，他们非常善于揣摩客户的心理，会对你说的每一句话、每一个字进行研究，揣摩你的意思。你随口说一句话，他们会认为你是在暗示什么。

所以，很有可能他理解的意思，并不是你想表达的。

有一件事情让我印象非常深刻，那次我的手机听筒坏了，有个不常联系的供应商打电话给我，我接了电话听不见对方的声音，就挂了。由于一时工作忙，同时我也觉得没什么重要的事，就没有用座机回过去，并很快就把这事给忘了。没想到，第二天，供应商就来了，其实也没什么事，因为离得不远，过来就比较方便。我们谈话中聊到前一天电话没打通的事，我就随口说了一句，昨天手机坏了。

供应商大约一秒钟就反应过来，嗨，这算什么事呀，我这就叫人去买一个，现在苹果刚出来的，你喜欢黑色还是白色？这时，我突然意识到，我说错话了，虽然事情就是这么个事情，情况就是这么个情况，但话这么说，还是有问题的。我赶紧解释道，打住，你千万不要理解错了，我的手机已经修好了，我也不喜欢什么苹果手机。

后来我在一本书上看到一个销售人员的案例，这个销售人员抱怨客户的采购太混蛋。

事情是这样的，这个采购姓胡，是个老头，这位销售人员在跟老胡聊天的时候得知，老胡的孙女过两天过10岁生日。销售就理解成，老胡这是在暗示。于是在老胡的孙女生日那天，销售送去了价值1000元钱的礼物。之后不到半个月，老胡就退休了。销售就在跟朋友聊天的时候，大骂这老胡无耻，都要退休了还要敲诈一笔。

可仔细想想，人家老胡真是这个意思吗？未必。老胡说孙女要过生日，可能是随口一说。销售就理解成老胡是暗示自己送礼，然后回过头又说老胡是个混蛋。

我讲这些就是想说明，采购在说话的时候，特别是跟供应商说话的时候，需要十分注意，尽量不提及个人的事情。

销售就是研究人，搞定人，他们在跟你沟通、聊天的时候，打探你个人的一些事情，看看是不是老乡，是不是校友，是不是有共同的兴趣爱好，有没有共同喜欢的明星，等等。

他们分析你每一句话的含义，就是在寻找突破口。销售经常喜欢说，生意做不成无所谓，可以先做个朋友嘛。这就是一种麻痹，可别相信这样的话，供应商肯定是为了跟你做生意的，否则才没有时间搭理你。做朋友？你缺少朋友还是他缺少朋友？

（2）吃饭

在工作中，供应商和客户之间，难免会遇到有人请吃饭的事。是否接受饭局，这个要根据不同情况而定，但你至少要有能力判断，对方的邀请是否真诚。

有一个重要供应商的总经理某天下午来拜访，也见了我的老板，谈了一会儿，老板就对供应商的总经理说，晚上我请你吃饭吧。供应商的总经理一听，非常感动，心想客户的总经理要请我吃饭，我不能不识抬举啊，就答应了。

可过了一会，老板可能想起了其他什么事，又改变了主意，就说，如果你忙的话那就下次再吃饭吧，反正以后还有机会。搞得供应商总经理很尴尬，特别是他的下属也在场。这时我赶紧圆场，说今天周末，老板的翻译下班后就去外地了（老板是外国人，不会中文），所以你们也没法沟通，总不能大眼瞪小眼吧，所以这饭吃不起来啊。然后大家就哈哈地笑了。

判断对方邀请是否真诚，是否有诚意，有一个办法是通用的。

就是对方要连续提出三次以上，才是有诚意的，而且这个方法在所有的宴请中都是通用的（当然关系特别好的除外）。

如果对方只提一次，一般来讲就是客套话，也有可能只是随口一说，他自己都没有想好，还有可能是试探。所以，果断拒绝。

当对方第二次提，有可能还是试探。还是拒绝。

只有对方连续说了三次或者三次以上，才说明对方是诚心邀请。很多经验丰富的销售，在提出邀请的时候，会说清楚时间地点人物，就是订好了哪个饭店，哪个包厢，几点钟，哪几个人，这时候，就可以看出是有诚意的，但是否接受，还需视情况而定。有些不能吃的饭该拒绝的就要坚决拒绝。

说话和吃饭，是嘴巴的基本功能，但是，做采购的，一定要管好自己的嘴。

099

职场人士如何保持竞争力

作者：卓弘毅

能力显现化、知识结构化、个人
品牌化。

2019年7月7日，对于德意志银行的员工来说，是终生难忘的日子。

在7日的晚间，伦敦德意志银行的雇员就收到了来自人力资源部发出的电子邮件，要求他们在8日上午8点到公司报到，唯一的主题是与人力资源部会面，并被告知他们即将失去工作，等待着他们的只有离职补偿方案，并且要求在8日上午之前完成所有签字，收拾个人物品，永远离开为之奋斗了数年，甚至更久时间的公司。

德意志银行是一家拥有着近150年历史的老牌德国投资银行，它在业务最辉煌的时候，是整个欧洲最为庞大的银行集团。

但是现在它不得不低下高贵的头颅，裁撤人员，缩减开支，并进行一项高达74亿欧元的重组计划，最终退出所有的股票业务。被裁减的18 000人，主要是从事股票业务的。

真是"覆巢之下，焉有完卵"，整个部门，整项业务，都被裁掉了。

那些失去工作的员工，有些因为无法接受这个冷酷的现实，当天就在公司附近的酒吧喝得酩酊大醉，借酒消愁。

资本是无情的，面对不断失血的业务只有壮士断腕，才能让亏损的公司有起死回生的机会。

但是这对于普通的员工来说，就未免有些残酷了。

在经济下滑的时候，想要再找一份和之前待遇相近的工作是比较困难的，有些人需要更长的求职期，比如花上 3~6 个月才能找到一份令人满意的工作。

因经济形势不好而失去现有的工作，是当下很多职场人士普遍担忧的。

在 2019 年 6 月 29 日举行的一次会议上，有一位参会者向宫迅伟老师提出了这样一个问题，他的一些做采购工作的朋友，现在越来越担心自己的工作是否能保得住，因为已经有一些人"被"离职了，也就是非自己主动申请离开了公司。

他想向宫老师寻求建议，如何可以让自己变得更有竞争力，不被公司淘汰。相信这也是当天很多参会者都很感兴趣的话题。

2019 年，一些公司的业务有不同程度的下滑，比如浙江一带的汽车制造行业，业务下降 10%，是比较普遍的事情。

单子少了，老板还要照常给员工发工资，对民营企业主来说，经营的压力也是与日俱增。

一些有积累的公司，能够凭着厚实的家底扛过这段时期，但还有一些底子比较差的小公司，可能就没有这么幸运了。停产、裁员都是不得已而为之。

这就是大家都很关心自己明天还能不能有饭吃的原因。面对这个问题，宫老师略加思索，提出了他的看法，简而言之就是三句话，"能力显性化、知识结构化、个人品牌化"。

我听了以后深有启发，这三句话值得每位职场人反复琢磨思考。

（1）能力显性化

很多采购人在多年的工作积累之下，都对自己的业务非常熟悉，可以说都是做业务的一把好手，对于不管是供应商的报价、成本分析、供应商谈判还是质量控制等，都了然于胸。

但是中国的职业经理人普遍存在一个问题，那就是不知道怎么把自己的能力展现出来，让公司的老板和同事、外部的供应商和客户了解到自己的全部能力。

我们很擅长做事，却不善于表达。我们往往会对到处吹牛、夸夸其谈的同事表示不屑。

但我们也忽略了自己的短板，没能把自己的能力全部展现出来，让大家看到。

在公司里做事，我们要学会"高调做事，低调做人"，同时展现自己的能力。每当公司遇到什么困难或者是难题的时候，领导就会第一时间来寻找能够解决问题的人，如果你能够在领导的面前留下印象，你是一个能够处理问题的好手，那在领导的心中，将来升职加薪的肯定有你。

能力的显性化，是职场人士增加自己在公司的话语权和重要性的关键途径。

传统文化要求我们谨言慎行，这使得很多人没有考虑到展现自己能力的重要性，让自己的才华被漠视，与那些能力平庸者混在了一起，没有让领导发现，这是非常令人惋惜的。

（2）知识结构化

很多采购经理人在参加工作以后没有太多的读书时间，对专业书籍的阅读就更少，也很少参加专业的培训，他们的能力都是基于自己在工作中摸爬滚打得出的经验。

虽然实操能力很强，但没有系统地总结过，很多人的脑子里有很多经验，却不知道该如何有条理地把他们的知识梳理好，系统地表达出来。

他们所呈现出的是东一块西一块的知识碎片，就像是散落在地上的珍珠，纵使有一些成色很好的大珍珠，由于没有用线把这些珍珠串在一起，就不能卖出个好价钱。

那些有经验的经理人，他们脑中的知识和技能也需要进行梳理，根据一定的结构把这些知识串联在一起，变成一个结构化的知识库。

想做到这点并不难，因为这些知识都是现成的，来自实际工作的经验和教训，有些内容甚至可以说是信手拈来，不用做很多的 PPT 也可以讲半天。如果没有用系统化的方式把所有的知识梳理出来，那真是非常可惜，简直是暴殄天物。

（3）个人品牌化

号称"口红一哥"的李佳奇，曾在短短 5 分钟之内，销售出 1.5 万只口红。这就是网红的实力，也是个人品牌的绝佳案例，李佳奇个人的品牌效应非常大。

宫老师提到的个人品牌化对我也有很大的借鉴意义。我们不是要去做网红，但是我们也需要树立自己的个人品牌形象。

在公司里，我们需要打造出专业高效，尽职尽守，能为公司带来价值的个人形象。

是什么让你能够脱颖而出、与众不同，每年升职加薪？

那就是你的个人形象比较突出，能够获得公司领导的赏识，能够得到同事的拥护，能够得到下属的爱戴。

在公司以外，我们也可以积极拓展个人的影响力，比如说经常通过参加一些分享活动，让更多的人了解到自己的专业度和能力。

这些影响力，未必能够在短时间内帮助你获得更多的收益，但是从长期的效果来看，这是增加你在整个行业内知名度和影响力的绝佳方式。

现在已经有很多职业经理人在往这个方向发展，突破自己的舒适圈，来挑战一些自己曾经认为不可能做到的事情，比如公开演讲，做一些经验分享，撰写一些文章，结识更多的朋友，积极参加社交活动等。这些都是拓展自己个人品牌很好的方式。

由于职业经理人有一份稳定的收入，从事一些兼职活动不会对他们产生太大的负担，因此参与这些活动是低成本、有收益的。

能力显性化、知识结构化、个人品牌化，这是宫老师给我们的非常有启发意义的金句，值得我们经常拿出来回味并思考。

客观看待自己的现状，回顾最近一段时间的所作所为，思考未来发展的职业道路，这样我们才能够使自己的思想不落伍，永远在前行的路上。

也不用整天担心自己会不会失去饭碗，而是坚信自己，并且看到远方的曙光。

100

领导让我帮他代买保健品，这释放了什么信号

作者：正来

仁者见仁，智者见智。

经过上一次和领导敞开心扉，交流那10个点的去向，他还算满意（请参阅"035.副总突然问我，供应商是不是给采购留了10个点"）。

后面工作上他比较信任我，一些私人事项也渐渐让我协助他处理。2019年的开头，我有种特别好的感觉。

春节过后的一个周末，我突然收到领导的一条微信，是一个天猫海外购页面的截屏，附带一句话：请帮忙代购一下，感谢！

随后又发一条信息解释，他自己的支付宝不支持此笔进口交易，费用星期一给我（天猫海外购仅支持大陆身份证认证）。

我点开图片看，那是一款助睡眠的保健品，价值不高，也就三四百元。之前他让我帮忙，都是整理一些私人用的资料或者是家电故障，安排人帮他处理一下，从来没有涉及费用。

那么问题来了，这次他让我帮他代购一款私人物品，到时候，这个费用我是收还是不收呢？我有点拿不准。

领导培养了我多年，这点小保健品，我还收费用，好像有点不懂人情世故。但他作为我的直接上司，如果不收他的费用，他会不会过意不去？

甚至，这会不会让他对我的人品判断产生改变？进而也联想到我会不会

对下属也这样？我感觉自己想得有点多，但又不能不想。

先不想了。领导交办的事我先处理好，费用后面再说吧！作为一个年轻人，我玩天猫是轻车熟路。原价 350 元，我通过各种优惠券的叠加组合，最终下单价 305 元。真是采购做久了就有了职业病，处处想着降成本。

订单处理好了，我心里还是有些纠结，两天之后的周一到货，费用问题怎么处理？

面对一手培养我，让我成长起来的领导，我一直心怀感恩，但因为上下级关系，考虑避嫌，以往过年我均是给他电话及短信送祝福的。

我也想过给他送点礼品，表达一下感谢之情，却又担心聪明反被聪明误。以我对领导的了解，他平时不喜欢搞这一套。

但这次不一样啊，是他主动让我代为下单。接受这么多年的培养和关照，送个 300 元的小礼物，我认为合情合理！考虑再三，决定先不收费用。

同时我还要考虑一下备选方案，万一他不同意，我应该如何把气氛再转回来？

周一下午三点多快递收到了，我想好方向，整理一下思绪，选好一个合适的时机，进了他的办公室。

我把整理好的语言一一表达之后，他很是感谢，但坚持要付款。在我离开之际，他起身拉住了我，场面一度有点尴尬，刚好我见办公室门外有一位部长要进来找他，随即转移了一下话题，顺便告诉他，这个事情不急，我后面再找你。

第二天上午，领导微信上发来一条信息，顺带将 350 元直接微信转账给我。

我知道，如果我再不收取，这个事情处理就有点不合适了，于是启动备选方案：

a) 将原价、优惠券领取的一些过程及最终交易价截屏给他。

b) 感谢他对我工作上一些想法的支持，让我得以有机会体会这个执行的过程。

c）后期请他多多指教，我会把工作做好，尽可能让他没有烦恼。

他愉快地将费用给到我，同时对价格的优惠非常感谢！借这样一个机会，我顺便和领导做了一次小小的思想交流，同时确定每个季度都进行一次一对一交流，双方都很欣喜。

这件事情算是告一段落，我也非常庆幸，我能遇到这样一个清事理，明下属，支持工作的好领导！

也许有人认为这种事情我想得有些复杂。从人情角度来讲，领导主动提出来的，如果下属不收费，本身就让老板过意不去！我不应该用这种事情做文章！又或者有朋友认为，这个马屁拍得好。

我把这个特别的案例从头至尾，包括心理过程，都描述给大家，只希望表达清楚，你所听说过的那些潜规则，并不是社会的全部！

近朱者赤，近墨者黑。

仁者见仁，智者见智。

后记

如何打造供应链竞争优势：三个流、两条主线、一个突破口

什么是供应链？为什么大家都在强调供应链？如何打造供应链竞争优势？

十多年前，我在一家集团公司做过三年供应链总监，管理国内八家工厂、海外两家工厂的供应链；也做过汽车零部件公司总经理、董事长，它是汽车整车厂一级供应商，整车厂要求很高，我每天都在强调着供应链。但说实话，那时我对供应链的理解有些肤浅，更多强调"供应"，而不是"链"。我阅读过几乎市面上能见到的所有供应链图书，有的书非常写得非常深奥，让我对供应链的理解有些像雾像雨又像风。从计划、采购、制造、配送到退货，供应链涵盖的范围很广，供应链管理包括计划、组织和控制从最初原材料到最终产品及其消费的整个业务流程，对供应链过程中涉及的跨部门、跨企业、跨产业、跨地域运作的物流、信息流、资金流进行整体规划和运作的管理活动，国标中对它的描述又显得博大精深。我做采购与供应链咨询培训已经十年，一直在思索，希望打通任督二脉，找到供应链管理最本质的内涵，然后用最简单的语言把它表述出来，让大家听得懂、记得住、用得上，能够大处着眼构建全景图，小处着手落地又实操。

2018年春节，一个阳光午后，我搬来几十本供应链图书，一本本翻阅着，试图追寻大师们的思维轨迹，探寻供应链管理的根本问题到底是什么，解决这些问题的答案又是什么。我时不时眺望窗外，发呆、冥想，突然，我灵光一闪，脑中蹦出12个字："三个流、两条主线、一个突破口"。这不就是我苦苦追寻的答案吗？不就是我一直想提炼总结的一套供应链管理的方法

论吗？我马上给它取了个名字"供应链管理321"，那一刻，我很兴奋。

我在不同的时间、不同的地点，对不同的人讲过这个"321理论"。既在一些公开课、总裁班、大型论坛上讲过，也到一些大型企业为高管做内训时讲过。我开设了一门课，叫"如何打造供应链竞争优势"，估计触达1万名管理者，我想传播这个观点，也想求证这个理论。

让我印象比较深刻的有两次。

一次是在2019年10月，我应浙江大学管理学院邀请，为100多位企业高管做了一场"如何打造供应链竞争优势"的演讲，他们来自大型汽车集团和一些快速发展的民营企业。这些企业正在做供应链数字化转型，既想了解什么是供应链，也想了解怎样用数字化手段解决供应链问题。当我解读"三个流、两条主线、一个突破口"的时候，大家都有点醍醐灌顶、豁然开朗的感觉，非常认可。这是中国一汽集团一位高管在总结时讲的。

另外一次是在2019年12月，全球贸易协会和《可持续发展经济导刊》联合主办的关于数据应用与协作和促进供应链透明度建设的"第二十一届中欧企业社会责任圆桌论坛"在上海举办，邀请我做了"如何提升供应链透明度"的演讲。出席会议的演讲嘉宾来自一些国家的商学院和使领馆，参加会议的是国企、外企、民企的代表，大家研讨企业社会责任，研究如何提升供应链透明度等一些涉及人类发展的宏大话题。我在演讲中对这个方法论做了详细的解读，得到了在座国内外企业家、高管和专家的高度认同，大会主席、著名供应链透明度和社会责任专家殷格非教授给予高度评价。

为什么我在不同的地方，不断宣传"三个流、两条主线、一个突破口"这个主张？我觉得这就是供应链管理的核心所在，是解决供应链管理问题的钥匙。

那么，"三个流、两条主线、一个突破口"的含义到底是什么呢？

"三个流"是指实物流、信息流、资金流，这是供应链的基本要素。

"两条主线"是指"组织之间的高效协同、供需之间的精准对接"。这是供应链管理要解决的两个根本问题。

"一个突破口"是指"周期"。"周期短、反应快"是供应链改善的抓手。

　　2020年，一场突如其来的新冠疫情，对供应链造成了很大影响。物流中断、一罩难求，一个制造大国，被一只口罩难住了。这让人们看到了供应链的脆弱性，看到了提升供应链管理能力的必要性，看到了供应链风险管理的极端重要性。如何弥补疫情暴露出的供应链管理短板，我在本书中提到的"供应链管理五个短板和解决方案""321理论"或许就是解决这些问题的最好答案。

　　2020年2月25日，国家人力资源和社会保障部公布了15个新职业，其中包括"供应链管理师"。同日，教育部官网公布，同意17所院校设置供应链管理本科专业。

　　在2020年这个难忘的春天，又一个阳光午后，窗外的玉兰花正艳，清新可人，阳光驱走了阴霾，我不由地感叹，供应链的春天来了，我的课程"如何打造供应链竞争优势"火了，让我们一起用"321理论"去尝试解决供应链的管理问题吧。

宫迅伟
2020年3月12日
上海